资源和能源安全法律速查手册

刘祎　李欣欣　编著

华中科技大学出版社
http://press.hust.edu.cn
中国 · 武汉

图书在版编目（CIP）数据

资源和能源安全法律速查手册/刘祎，李欣欣编著. -- 武汉：华中科技大学出版社，2025.6. --（全民安全分类普法手册）. --ISBN 978-7-5772-1915-8

Ⅰ.D922.674；D922.64

中国国家版本馆CIP数据核字第2025WE9948号

资源和能源安全法律速查手册　　　　　　　　刘祎　李欣欣　编　著

Ziyuan he Nengyuan Anquan Falü Sucha Shouce

策划编辑：田兆麟

责任编辑：张　丛

封面设计：沈仙卫

版式设计：九章文化

责任校对：田兆麟

责任监印：朱　玢

出版发行：华中科技大学出版社（中国·武汉）　　电话：（027）81321913

　　　　　武汉市东湖新技术开发区华工科技园　　邮编：430223

录　　排：九章文化

印　　刷：武汉科源印刷设计有限公司

开　　本：710mm×1000mm　1/16

印　　张：19

字　　数：273千字

版　　次：2025年6月第1版第1次印刷

定　　价：68.00元

CONTENTS 目 录

第一篇 综合篇

第二篇　专项篇

第三篇　案例篇

第一篇　综合篇

1.哪些资源能源属于《国家安全法》重点保护范围?

《中华人民共和国国家安全法》第十九条规定,国家维护国家基本经济制度和社会主义市场经济秩序,健全预防和化解经济安全风险的制度机制,保障关系国民经济命脉的重要行业和关键领域、重点产业、重大基础设施和重大建设项目以及其他重大经济利益安全。

2.我国在国家安全层面对利用和保护资源能源有哪些要求?

《中华人民共和国国家安全法》第二十一条规定,国家合理利用和保护资源能源,有效管控战略资源能源的开发,加强战略资源能源储备,完善资源能源运输战略通道建设和安全保护措施,加强国际资源能源合作,全面提升应急保障能力,保障经济社会发展所需的资源能源持续、可靠和有效供给。第三十条规定,国家完善生态环境保护制度体系,加大生态建设和环境保护力度,划定生态保护红线,强化生态风险的预警和防控,妥善处置突发环境事件,保障人民赖以生存发展的大气、水、土壤等自然环境和条件不受威胁和破坏,促进人与自然和谐发展。

3.我国对各类资源能源的所有权是如何规定?

《中华人民共和国民法典》第二百四十七条至第二百五十二条规定,矿藏、水流、海域属于国家所有。无居民海岛属于国家所有,国务院代表国家行使无居民海岛所有权。城市的土地,属于国家所有。法律规定属于国家所有的农村和城市郊区的土地,属于国家所有。森林、山岭、草原、荒地、滩涂等自然资源,属于国家所有,但是法律规定属于集体所有的除外。法律规定属于国家所有的野生动植物资源,属于国家所有。无线电频谱资源属于国家所有。

同时,第二百四十六条规定,属于国家所有的财产,属于国家所有即全民所有。国有财产由国务院代表国家行使所有权。法律另有规定的,依照其规定。第二百六十二条还规定，对于集体所有的土地和森林、山岭、草原、荒地、滩涂等，依照下列规定行使所有权：（一）属于村农民集体所有的，由村集体经济组织或者村民委员会依法代表集体行使所有权；（二）分别属于村内两个以上农民集体所有的，由村内各该集体经济组织或者村民小组依法代表集体行使所有权；（三）属于乡镇农民集体所有的，由乡镇集体经济组织代表集体行使所有权。

4. 城乡规划应当遵循哪些自然资源保护原则与程序？

《中华人民共和国城乡规划法》第四条规定，制定和实施城乡规划，应当遵循城乡统筹、合理布局、节约土地、集约发展和先规划后建设的原则，改善生态环境，促进资源、能源节约和综合利用，保护耕地等自然资源和历史文化遗产，保持地方特色、民族特色和传统风貌，防止污染和其他公害，并符合区域人口发展、国防建设、防灾减灾和公共卫生、公共安全的需要。在规划区内进行建设活动，应当遵守土地管理、自然资源和环境保护等法律、法规的规定。县级以上地方人民政府应当根据当地经济社会发展的实际，在城市总体规划、镇总体规划中合理确定城市、镇的发展规模、步骤和建设标准。

同时，第二十五条、第二十六条还规定，编制城乡规划，应当具备国家规定的勘察、测绘、气象、地震、水文、环境等基础资料。县级以上地方人民政府有关主管部门应当根据编制城乡规划的需要，及时提供有关基础资料。城乡规划报送审批前，组织编制机关应当依法将城乡规划草案予以公告，并采取论证会、听证会或者其他方式征求专家和公众的意见。公告的时间不得少于三十日。组织编制机关应当充分考虑专家和公众的意见，并在报送审批的材料中附具意见采纳情况及理由。

5. 对涉及资源能源安全等重要空间或用地开发利用我国城乡规划有何要求？

《中华人民共和国城乡规划法》第三十三条规定，城市地下空间的开发和利用，应当与经济和技术发展水平相适应，遵循统筹安排、综合开发、合理利用的原则，充分考虑防灾减灾、人民防空和通信等需要，并符合城市规划，履行规划审批手续。第三十五条规定，城乡规划确定的铁路、公路、港口、机场、道路、绿地、输配电设施及输电线路走廊、通信设施、广播电视设施、管道设施、河道、水库、水源地、自然保护区、防汛通道、消防通道、核电站、垃圾填埋场及焚烧厂、污水处理厂和公共服务设施的用地以及其他需要依法保护的用地，禁止擅自改变用途。

6.若出现能源供应严重短缺、供应中断等应急状态应当采取何种措施?

《中华人民共和国能源法》第五十四条规定，出现能源供应严重短缺、供应中断等能源应急状态时，有关人民政府应当按照权限及时启动应急响应，根据实际情况和需要，可以依法采取下列应急处置措施：（一）发布能源供求等相关信息；（二）实施能源生产、运输、供应紧急调度或者直接组织能源生产、运输、供应；（三）征用相关能源产品、能源储备设施、运输工具以及保障能源供应的其他物资；（四）实施价格干预措施和价格紧急措施；（五）按照规定组织投放能源储备；（六）按照能源供应保障顺序组织实施能源供应；（七）其他必要措施。能源应急状态消除后，有关人民政府应当及时终止实施应急处置措施。

同时，第五十五条还规定，出现本法第五十四条规定的能源应急状态时，能源企业、能源用户以及其他有关单位和个人应当服从有关人民政府的统一指挥和安排，按照规定承担相应的能源应急义务，配合采取应急处置措施，协助维护能源市场秩序。因执行能源应急处置措施给有关单位、个人造成损失的，有关人民政府应当依法予以补偿。

【相关法律】

中华人民共和国宪法（节录）

（1982年12月4日第五届全国人民代表大会第五次会议通过　1982年12月4日全国人民代表大会公告公布施行　根据1988年4月12日第七届全国人民代表大会第一次会议通过的《中华人民共和国宪法修正案》、1993年3月29日第八届全国人民代表大会第一次会议通过的《中华人民共和国宪法修正案》、1999年3月15日第九届全国人民代表大会第二次会议通过的《中华人民共和国宪法修正案》、2004年3月14日第十届全国人民代表大会第二次会议通过的《中华人民共和国宪法修正案》和2018年3月11日第十三届全国人民代表大会第一次会议通过的《中华人民共和国宪法修正案》修正）

……

第九条　矿藏、水流、森林、山岭、草原、荒地、滩涂等自然资源，都属于国家所有，即全民所有；由法律规定属于集体所有的森林和山岭、草原、荒地、滩涂除外。

国家保障自然资源的合理利用，保护珍贵的动物和植物。禁止任何组织或者个人用任何手段侵占或者破坏自然资源。

第十条　城市的土地属于国家所有。

农村和城市郊区的土地，除由法律规定属于国家所有的以外，属于集体所有；宅基地和自留地、自留山，也属于集体所有。

国家为了公共利益的需要，可以依照法律规定对土地实行征收或者征用并给予补偿。任何组织或者个人不得侵占、买卖或者以其他形式非法转让土地。土地的使用权可以依照法律的规定转让。

一切使用土地的组织和个人必须合理地利用土地。

……

中华人民共和国国家安全法（节录）

（第十二届全国人民代表大会常务委员会第十五次会议于2015年7月1日通过 中华人民共和国主席第二十九号令公布 自2015年7月1日起实施）

......

第十九条 国家维护国家基本经济制度和社会主义市场经济秩序，健全预防和化解经济安全风险的制度机制，保障关系国民经济命脉的重要行业和关键领域、重点产业、重大基础设施和重大建设项目以及其他重大经济利益安全。

......

第二十一条 国家合理利用和保护资源能源，有效管控战略资源能源的开发，加强战略资源能源储备，完善资源能源运输战略通道建设和安全保护措施，加强国际资源能源合作，全面提升应急保障能力，保障经济社会发展所需的资源能源持续、可靠和有效供给。

......

第三十条 国家完善生态环境保护制度体系，加大生态建设和环境保护力度，划定生态保护红线，强化生态风险的预警和防控，妥善处置突发环境事件，保障人民赖以生存发展的大气、水、土壤等自然环境和条件不受威胁和破坏，促进人与自然和谐发展。

......

中华人民共和国民法典（节录）

（第十三届全国人民代表大会第三次会议2020年5月28日通过 2021年1月1日起施行）

......

第二百四十三条 为了公共利益的需要，依照法律规定的权限和程序可以征收集体所有的土地和组织、个人的房屋以及其他不动产。征收集体所有的土地，应当依法及时足额支付土地补偿费、安置补助费以及农村村民住宅、其他地上附着物和青苗等的补偿费用，并安排被征地农民的社会保障费用，保障被征地农民的生活，维护被征地农民的合法权益。征收组织、个人的房屋以及其他不动产，应当依法给予征收补偿，维护被征收人的合法权益；征收个人住宅的，还应当保障被征收人的居住条件。任何组织或者个人不得贪污、挪用、私分、截留、拖欠征收补偿费等费用。

第二百四十四条　国家对耕地实行特殊保护，严格限制农用地转为建设用地，控制建设用地总量。不得违反法律规定的权限和程序征收集体所有的土地。

第二百四十五条　因抢险救灾、疫情防控等紧急需要，依照法律规定的权限和程序可以征用组织、个人的不动产或者动产。被征用的不动产或者动产使用后，应当返还被征用人。组织、个人的不动产或者动产被征用或者征用后毁损、灭失的，应当给予补偿。

第二百四十六条　法律规定属于国家所有的财产，属于国家所有即全民所有。国有财产由国务院代表国家行使所有权。法律另有规定的，依照其规定。

第二百四十七条　矿藏、水流、海域属于国家所有。

第二百四十八条　无居民海岛属于国家所有，国务院代表国家行使无居民海岛所有权。

第二百四十九条　城市的土地，属于国家所有。法律规定属于国家所有的农村和城市郊区的土地，属于国家所有。

第二百五十条　森林、山岭、草原、荒地、滩涂等自然资源，属于国家所有，但是法律规定属于集体所有的除外。

第二百五十一条　法律规定属于国家所有的野生动植物资源，属于国家所有。

第二百五十二条　无线电频谱资源属于国家所有。

第二百五十三条　法律规定属于国家所有的文物，属于国家所有。

第二百五十四条　国防资产属于国家所有。铁路、公路、电力设施、电信设施和油气管道等基础设施，依照法律规定为国家所有的，属于国家所有。

第二百五十五条 国家机关对其直接支配的不动产和动产，享有占有、使用以及依照法律和国务院的有关规定处分的权利。

第二百五十六条 国家举办的事业单位对其直接支配的不动产和动产，享有占有、使用以及依照法律和国务院的有关规定收益、处分的权利。

第二百五十七条 国家出资的企业，由国务院、地方人民政府依照法律、行政法规规定分别代表国家履行出资人职责，享有出资人权益。

第二百五十八条 国家所有的财产受法律保护，禁止任何组织或者个人侵占、哄抢、私分、截留、破坏。

第二百五十九条 履行国有财产管理、监督职责的机构及其工作人员，应当依法加强对国有财产的管理、监督，促进国有财产保值增值，防止国有财产损失；滥用职权，玩忽职守，造成国有财产损失的，应当依法承担法律责任。违反国有财产管理规定，在企业改制、合并分立、关联交易等过程中，低价转让、合谋私分、擅自担保或者以其他方式造成国有财产损失的，应当依法承担法律责任。

第二百六十条 集体所有的不动产和动产包括：（一）法律规定属于集体所有的土地和森林、山岭、草原、荒地、滩涂；（二）集体所有的建筑物、生产设施、农田水利设施；（三）集体所有的教育、科学、文化、卫生、体育等设施；（四）集体所有的其他不动产和动产。

第二百六十一条 农民集体所有的不动产和动产，属于本集体成员集体所有。下列事项应当依照法定程序经本集体成员决定：（一）土地承包方案以及将土地发包给本集体以外的组织或者个人承包；（二）个别土地承包经营权人之间承包地的调整；（三）土地补偿费等费用的使用、分配办法；（四）集体出资的企业的所有权变动等事项；（五）法律规定的其他事项。

第二百六十二条 对于集体所有的土地和森林、山岭、草原、荒地、滩涂等，依照下列规定行使所有权：（一）属于村农民集体所有的，由村集体经济组织或者村民委员会依法代表集体行使所有权；（二）分别属于村内两个以上农民集体所有的，由村内各该集体经济组织或者村民小组依法代表集体行使所有权；（三）属于乡镇农民集体所有的，由乡镇集体经济组织代表集体行使所有权。

第二百六十三条　城镇集体所有的不动产和动产，依照法律、行政法规的规定由本集体享有占有、使用、收益和处分的权利。

第二百六十四条　农村集体经济组织或者村民委员会、村民小组应当依照法律、行政法规以及章程、村规民约向本集体成员公布集体财产的状况。集体成员有权查阅、复制相关资料。

第二百六十五条　集体所有的财产受法律保护，禁止任何组织或者个人侵占、哄抢、私分、破坏。农村集体经济组织、村民委员会或者其负责人作出的决定侵害集体成员合法权益的，受侵害的集体成员可以请求人民法院予以撤销。

第二百六十六条　私人对其合法的收入、房屋、生活用品、生产工具、原材料等不动产和动产享有所有权。

第二百六十七条　私人的合法财产受法律保护，禁止任何组织或者个人侵占、哄抢、破坏。

第二百六十八条　国家、集体和私人依法可以出资设立有限责任公司、股份有限公司或者其他企业。国家、集体和私人所有的不动产或者动产投到企业的，由出资人按照约定或者出资比例享有资产收益、重大决策以及选择经营管理者等权利并履行义务。

第二百六十九条　营利法人对其不动产和动产依照法律、行政法规以及章程享有占有、使用、收益和处分的权利。营利法人以外的法人，对其不动产和动产的权利，适用有关法律、行政法规以及章程的规定。

第二百七十条　社会团体法人、捐助法人依法所有的不动产和动产，受法律保护。

……

第二百八十八条　不动产的相邻权利人应当按照有利生产、方便生活、团结互助、公平合理的原则，正确处理相邻关系。

第二百八十九条　法律、法规对处理相邻关系有规定的，依照其规定；法律、法规没有规定的，可以按照当地习惯。

第二百九十条　不动产权利人应当为相邻权利人用水、排水提供必要的便利。对自然流水的利用，应当在不动产的相邻权利人之间合理分配。对自然流水的排放，应当尊重自然流向。

第二百九十一条 不动产权利人对相邻权利人因通行等必须利用其土地的，应当提供必要的便利。

第二百九十二条 不动产权利人因建造、修缮建筑物以及铺设电线、电缆、水管、暖气和燃气管线等必须利用相邻土地、建筑物的，该土地、建筑物的权利人应当提供必要的便利。

第二百九十三条 建造建筑物，不得违反国家有关工程建设标准，不得妨碍相邻建筑物的通风、采光和日照。

第二百九十四条 不动产权利人不得违反国家规定弃置固体废物，排放大气污染物、水污染物、土壤污染物、噪声、光辐射、电磁辐射等有害物质。

第二百九十五条 不动产权利人挖掘土地、建造建筑物、铺设管线以及安装设备等，不得危及相邻不动产的安全。

第二百九十六条 不动产权利人因用水、排水、通行、铺设管线等利用相邻不动产的，应当尽量避免对相邻的不动产权利人造成损害。

……

中华人民共和国城乡规划法（节录）

（2007年10月28日第十届全国人民代表大会常务委员会第三十次会议通过 根据2015年4月24日第十二届全国人民代表大会常务委员会第十四次会议《关于修改〈中华人民共和国港口法〉等七部法律的决定》第一次修正 根据2019年4月23日第十三届全国人民代表大会常务委员会第十次会议《关于修改〈中华人民共和国建筑法〉等八部法律的决定》第二次修正）

……

第四条 制定和实施城乡规划，应当遵循城乡统筹、合理布局、节约土地、集约发展和先规划后建设的原则，改善生态环境，促进资源、能源节约和综合利用，保护耕地等自然资源和历史文化遗产，保持地方特色、民族特色和传统风貌，防止污染和其他公害，并符合区域人口发展、国防建设、防灾减灾和公共卫生、公共安全的需要。在规划区内进行建设活动，应当遵守土地管理、自然资源和环境保护等法律、法规的规定。县级以上地方人民政府应当根据当地经济社会发展的实际，在城市总体规划、镇总体规划中合理确定城市、镇的发展规模、步骤和建设标准。

......

第二十五条 编制城乡规划，应当具备国家规定的勘察、测绘、气象、地震、水文、环境等基础资料。县级以上地方人民政府有关主管部门应当根据编制城乡规划的需要，及时提供有关基础资料。

第二十六条 城乡规划报送审批前，组织编制机关应当依法将城乡规划草案予以公告，并采取论证会、听证会或者其他方式征求专家和公众的意见。公告的时间不得少于三十日。组织编制机关应当充分考虑专家和公众的意见，并在报送审批的材料中附具意见采纳情况及理由。

第二十七条 省域城镇体系规划、城市总体规划、镇总体规划批准前，审批机关应当组织专家和有关部门进行审查。

第二十八条 地方各级人民政府应当根据当地经济社会发展水平，量力而行，尊重群众意愿，有计划、分步骤地组织实施城乡规划。

第二十九条 城市的建设和发展，应当优先安排基础设施以及公共服务设施的建设，妥善处理新区开发与旧区改建的关系，统筹兼顾进城务工人员生活和周边农村经济社会发展、村民生产与生活的需要。镇的建设和发展，应当结合农村经济社会发展和产业结构调整，优先安排供水、排水、供电、供气、道路、通信、广播电视等基础设施和学校、卫生院、文化站、幼儿园、福利院等公共服务设施的建设，为周边农村提供服务。乡、村庄的建设和发展，应当因地制宜、节约用地，发挥村民自治组织的作用，引导村民合理进行建设，改善农村生产、生活条件。

第三十条 城市新区的开发和建设，应当合理确定建设规模和时序，充分利用现有市政基础设施和公共服务设施，严格保护自然资源和生态环境，体现地方特色。在城市总体规划、镇总体规划确定的建设用地范围以外，不得设立各类开发区和城市新区。

第三十一条　旧城区的改建，应当保护历史文化遗产和传统风貌，合理确定拆迁和建设规模，有计划地对危房集中、基础设施落后等地段进行改建。历史文化名城、名镇、名村的保护以及受保护建筑物的维护和使用，应当遵守有关法律、行政法规和国务院的规定。

第三十二条　城乡建设和发展，应当依法保护和合理利用风景名胜资源，统筹安排风景名胜区及周边乡、镇、村庄的建设。风景名胜区的规划、建设和管理，应当遵守有关法律、行政法规和国务院的规定。

第三十三条　城市地下空间的开发和利用，应当与经济和技术发展水平相适应，遵循统筹安排、综合开发、合理利用的原则，充分考虑防灾减灾、人民防空和通信等需要，并符合城市规划，履行规划审批手续。

第三十四条　城市、县、镇人民政府应当根据城市总体规划、镇总体规划、土地利用总体规划和年度计划以及国民经济和社会发展规划，制定近期建设规划，报总体规划审批机关备案。近期建设规划应当以重要基础设施、公共服务设施和中低收入居民住房建设以及生态环境保护为重点内容，明确近期建设的时序、发展方向和空间布局。近期建设规划的规划期限为五年。

第三十五条　城乡规划确定的铁路、公路、港口、机场、道路、绿地、输配电设施及输电线路走廊、通信设施、广播电视设施、管道设施、河道、水库、水源地、自然保护区、防汛通道、消防通道、核电站、垃圾填埋场及焚烧厂、污水处理厂和公共服务设施的用地以及其他需要依法保护的用地，禁止擅自改变用途。

……

中华人民共和国能源法（节录）

（2024年11月8日第十四届全国人民代表大会常务委员会第十二次会议通过 2025年1月1日起施行）

……

第一条　为了推动能源高质量发展，保障国家能源安全，促进经济社会绿色低碳转型和可持续发展，积极稳妥推进碳达峰碳中和，适应全面建设社会主义现代化国家需要，根据宪法，制定本法。

第二条 本法所称能源，是指直接或者通过加工、转换而取得有用能的各种资源，包括煤炭、石油、天然气、核能、水能、风能、太阳能、生物质能、地热能、海洋能以及电力、热力、氢能等。

第三条 能源工作应当坚持中国共产党的领导，贯彻新发展理念和总体国家安全观，统筹发展和安全，实施推动能源消费革命、能源供给革命、能源技术革命、能源体制革命和全方位加强国际合作的能源安全新战略，坚持立足国内、多元保障、节约优先、绿色发展，加快构建清洁低碳、安全高效的新型能源体系。

……

第七条 国家完善能源产供储销体系，健全能源储备制度和能源应急机制，提升能源供给能力，保障能源安全、稳定、可靠、有效供给。

第八条 国家建立健全能源标准体系，保障能源安全和绿色低碳转型，促进能源新技术、新产业、新业态发展。

……

第三十七条 国家加强能源基础设施建设和保护。任何单位或者个人不得从事危及能源基础设施安全的活动。

国务院能源主管部门会同国务院有关部门协调跨省、自治区、直辖市的石油、天然气和电力输送管网等能源基础设施建设；省、自治区、直辖市人民政府应当按照能源规划，预留能源基础设施建设用地、用海，并纳入国土空间规划。

石油、天然气、电力等能源输送管网设施运营企业应当提高能源输送管网的运行安全水平，保障能源输送管网系统运行安全。接入能源输送管网的设施设备和产品应当符合管网系统安全运行的要求。

……

第三十九条 从事能源开发利用活动，应当遵守有关生态环境保护、安全生产和职业病防治等法律、法规的规定，减少污染物和温室气体排放，防止对生态环境的破坏，预防、减少生产安全事故和职业病危害。

......

第五十一条 国家建立和完善能源预测预警体系，提高能源预测预警能力和水平，及时有效对能源供求变化、能源价格波动以及能源安全风险状况等进行预测预警。

能源预测预警信息由国务院能源主管部门发布。

第五十二条 国家建立统一领导、分级负责、协调联动的能源应急管理体制。

县级以上人民政府应当采取有效措施，加强能源应急体系建设，定期开展能源应急演练和培训，提高能源应急能力。

第五十三条 国务院能源主管部门会同国务院有关部门拟定全国的能源应急预案，报国务院批准后实施。

国务院能源主管部门会同国务院有关部门加强对跨省、自治区、直辖市能源应急工作的指导协调。

省、自治区、直辖市人民政府根据本行政区域的实际情况，制定本行政区域的能源应急预案。

设区的市级人民政府、县级人民政府能源应急预案的制定，由省、自治区、直辖市人民政府决定。

规模较大的能源企业和用能单位应当按照国家规定编制本单位能源应急预案。

第五十四条 出现能源供应严重短缺、供应中断等能源应急状态时，有关人民政府应当按照权限及时启动应急响应，根据实际情况和需要，可以依法采取下列应急处置措施：

（一）发布能源供求等相关信息；

（二）实施能源生产、运输、供应紧急调度或者直接组织能源生产、运输、供应；

（三）征用相关能源产品、能源储备设施、运输工具以及保障能源供应的其他物资；

（四）实施价格干预措施和价格紧急措施；

（五）按照规定组织投放能源储备；

（六）按照能源供应保障顺序组织实施能源供应；

（七）其他必要措施。

能源应急状态消除后，有关人民政府应当及时终止实施应急处置措施。

第五十五条　出现本法第五十四条规定的能源应急状态时，能源企业、能源用户以及其他有关单位和个人应当服从有关人民政府的统一指挥和安排，按照规定承担相应的能源应急义务，配合采取应急处置措施，协助维护能源市场秩序。

因执行能源应急处置措施给有关单位、个人造成损失的，有关人民政府应当依法予以补偿。

……

第六十三条　县级以上人民政府能源主管部门和其他有关部门应当按照职责分工，加强对有关能源工作的监督检查，及时查处违法行为。

第六十四条　县级以上人民政府能源主管部门和其他有关部门按照职责分工依法履行监督检查职责，可以采取下列措施：

（一）进入能源企业、调度机构、能源市场交易机构、能源用户等单位实施现场检查；

（二）询问与检查事项有关的人员，要求其对有关事项作出说明；

（三）查阅、复制与检查事项有关的文件、资料、电子数据；

（四）法律、法规规定的其他措施。

对能源主管部门和其他有关部门依法实施的监督检查，被检查单位及其有关人员应当予以配合，不得拒绝、阻碍。

能源主管部门和其他有关部门及其工作人员对监督检查过程中知悉的国家秘密、商业秘密、个人隐私和个人信息依法负有保密义务。

……

第七十九条　中华人民共和国境外的组织和个人实施危害中华人民共和国国家能源安全行为的，依法追究法律责任。

……

自然资源统一确权登记暂行办法

（自然资源部、财政部、生态环境部、水利部、国家林业和草原局2019年7月11日发布 自然资发〔2019〕116号）

第一条 为贯彻落实党中央、国务院关于生态文明建设决策部署，建立和实施自然资源统一确权登记制度，推进自然资源确权登记法治化，推动建立归属清晰、权责明确、保护严格、流转顺畅、监管有效的自然资源资产产权制度，实现山水林田湖草整体保护、系统修复、综合治理，根据有关法律规定，制定本办法。

第二条 国家实行自然资源统一确权登记制度。自然资源确权登记坚持资源公有、物权法定和统一确权登记的原则。

第三条 对水流、森林、山岭、草原、荒地、滩涂、海域、无居民海岛以及探明储量的矿产资源等自然资源的所有权和所有自然生态空间统一进行确权登记，适用本办法。

第四条 通过开展自然资源统一确权登记，清晰界定全部国土空间各类自然资源资产的所有权主体，划清全民所有和集体所有之间的边界，划清全民所有、不同层级政府行使所有权的边界，划清不同集体所有者的边界，划清不同类型自然资源之间的边界。

第五条 自然资源统一确权登记以不动产登记为基础，依据《不动产登记暂行条例》的规定办理登记的不动产权利，不再重复登记。自然资源确权登记涉及调整或限制已登记的不动产权利的，应当符合法律法规规定，依法及时记载于不动产登记簿，并书面通知权利人。

第六条 自然资源主管部门作为承担自然资源统一确权登记工作的机构（以下简称登记机构），按照分级和属地相结合的方式进行登记管辖。国务院自然资源主管部门负责指导、监督全国自然资源统一确权登记工作，会同省级人民政府负责组织开展由中央政府直接行使所有权的国家公园、自然保护区、自然公园等各类自然保护地以及大江大河大湖和跨境河流、生态功能重要的湿地和草原、国务院确定的重点国有林区、中央政府直接行使所有权的海域、无居民海岛、石油天然气、贵重稀有矿产资源等自然资源和生态空间的统一确权登记工作。具体登记工作由国家登记机构负责办理。各省负责组织开展本行政区域内由中央委托地方政府代理行使所有权的自然资源和生态空间的统一确权登记工作。具体登记工作由省级及省级以下登记机构负责办理。市县应按照要求，做好本行政区域范围内自然资源统一确权登记工作。跨行政区域的自然资源确权登记由共同的上一级登记机构直接办理或者指定登记机构办理。

第七条　自然资源统一确权登记工作经费应纳入各级政府预算，不得向当事人收取登记费等相关费用。

第八条　自然资源登记簿的样式由国务院自然资源主管部门统一规定。已按照《不动产登记暂行条例》办理登记的不动产权利，通过不动产单元号、权利主体实现自然资源登记簿与不动产登记簿的关联。

第九条　自然资源登记簿应当记载以下事项：（一）自然资源的坐落、空间范围、面积、类型以及数量、质量等自然状况；（二）自然资源所有权主体、所有权代表行使主体、所有权代理行使主体、行使方式及权利内容等权属状况；（三）其他相关事项。自然资源登记簿应当对地表、地上、地下空间范围内各类自然资源进行记载，并关联国土空间规划明确的用途、划定的生态保护红线等管制要求及其他特殊保护规定等信息。

第十条　全民所有自然资源所有权代表行使主体登记为国务院自然资源主管部门，所有权行使方式分为直接行使和代理行使。中央委托相关部门、地方政府代理行使所有权的，所有权代理行使主体登记为相关部门、地方人民政府。

第十一条　自然资源登记簿附图内容包括自然资源空间范围界线、面积，所有权主体、所有权代表行使主体、所有权代理行使主体，以及已登记的不动产权利界线，不同类型自然资源的边界、面积等信息。

第十二条　自然资源登记簿由具体负责登记的各级登记机构进行管理，永久保存。自然资源登记簿和附图应当采用电子介质，配备专门的自然资源登记电子存储设施，采取信息网络安全防护措施，保证电子数据安全，并定期进行异地备份。

第十三条　自然资源统一确权登记以自然资源登记单元为基本单位。

自然资源登记单元应当由登记机构会同水利、林草、生态环境等部门在自然资源所有权范围的基础上，综合考虑不同自然资源种类和在生态、经济、国防等方面的重要程度以及相对完整的生态功能、集中连片等因素划定。

第十四条　国家批准的国家公园、自然保护区、自然公园等各类自然保护地应当优先作为独立登记单元划定。登记单元划定以管理或保护审批范围界线为依据。同一区域内存在管理或保护审批范围界线交叉或重叠时，以最大的管理或保护范围界线划定登记单元。范围内存在集体所有自然资源的，应当一并划入登记单元，并在登记簿上对集体所有自然资源的主体、范围、面积等情况予以记载。

第十五条　水流可以单独划定自然资源登记单元。以水流作为独立自然资源登记单元的，依据全国国土调查成果和水资源专项调查成果，以河流、湖泊管理范围为基础，结合堤防、水域岸线划定登记单元。河流的干流、支流，可以分别划定登记单元。湿地可以单独划定自然资源登记单元。以湿地作为独立自然资源登记单元的，依据全国国土调查成果和湿地专项调查成果，按照自然资源边界划定登记单元。在河流、湖泊、水库等水流范围内的，不再单独划分湿地登记单元。

第十六条　森林、草原、荒地登记单元原则上应当以土地所有权为基础，按照国家土地所有权权属界线封闭的空间划分登记单元，多个独立不相连的国家土地所有权权属界线封闭的空间，应分别划定登记单元。国务院确定的重点国有林区以国家批准的范围界线为依据单独划定自然资源登记单元。在国家公园、自然保护区、自然公园等各类自然保护地登记单元内的森林、草原、荒地、水流、湿地等不再单独划定登记单元。

第十七条　海域可单独划定自然资源登记单元，范围为我国的内水和领海。以海域作为独立登记单元的，依据沿海县市行政管辖界线，自海岸线起至领海外部界线划定登记单元。无居民海岛按照"一岛一登"的原则，单独划定自然资源登记单元，进行整岛登记。海域范围内的自然保护地、湿地、探明储量的矿产资源等，不再单独划定登记单元。

第十八条　探明储量的矿产资源，固体矿产以矿区，油气以油气田划分登记单元。若矿业权整合包含或跨越多个矿区的，以矿业权整合后的区域为一个登记单元。登记单元的边界，以现有的储量登记库及储量统计库导出的矿区范围，储量评审备案文件确定的矿产资源储量估算范围，以及国家出资探明矿产地清理结果认定的矿产地范围在空间上套合确定。登记单元内存在依法审批的探矿权、采矿权的，登记簿关联勘查、采矿许可证相关信息。在国家公园、自然保护区、自然公园等各类自然保护地登记单元内的矿产资源不再单独划定登记单元，通过分层标注的方式在自然资源登记簿上记载探明储量矿产资源的范围、类型、储量等内容。

第十九条　自然资源登记单元具有唯一编码，编码规则由国家统一制定。

第二十条　自然资源登记类型包括自然资源首次登记、变更登记、注销登记和更正登记。首次登记是指在一定时间内对登记单元内全部国家所有的自然资源所有权进行的第一次登记。变更登记是指因自然资源的类型、范围和权属边界等自然资源登记簿内容发生变化进行的登记。注销登记是指因不可抗力等因素导致自然资源所有权灭失进行的登记。更正登记是指登记机构对自然资源登记簿的错误记载事项进行更正的登记。

第二十一条　自然资源首次登记程序为通告、权籍调查、审核、公告、登簿。

第二十二条　自然资源首次登记应当由登记机构依职权启动。登记机构会同水利、林草、生态环境等部门预划登记单元后，由自然资源所在地的县级以上地方人民政府向社会发布首次登记通告。通告的主要内容包括：（一）自然资源登记单元的预划分；（二）开展自然资源登记工作的时间；（三）自然资源类型、范围；（四）需要自然资源所有权代表行使主体、代理行使主体以及集体土地所有权人等相关主体配合的事项及其他需要通告的内容。

第二十三条　登记机构会同水利、林草、生态环境等部门，充分利用全国国土调查、自然资源专项调查等自然资源调查成果，获取自然资源登记单元内各类自然资源的坐落、空间范围、面积、类型、数量和质量等信息，划清自然资源类型边界。

第二十四条　登记机构会同水利、林草、生态环境等部门应充分利用全国国土调查、自然资源专项调查等自然资源调查成果，以及集体土地所有权确权登记发证、国有土地使用权确权登记发证等不动产登记成果，开展自然资源权籍调查，绘制自然资源权籍图和自然资源登记簿附图，划清全民所有和集体所有的边界以及不同集体所有者的边界；依据分级行使国家所有权体制改革成果，划清全民所有、不同层级政府行使所有权的边界。自然资源登记单元的重要界址点应现场指界，必要时可设立明显界标。在国土调查、专项调查、权籍调查、土地勘测定界等工作中对重要界址点已经指界确认的，不需要重复指界。对涉及权属争议的，按有关法律法规规定处理。

第二十五条　登记机构依据自然资源权籍调查成果和相关审批文件，结合国土空间规划明确的用途、划定的生态保护红线等管制要求或政策性文件以及不动产登记结果资料等，会同相关部门对登记的内容进行审核。

第二十六条　自然资源登簿前应当由自然资源所在地市县配合具有登记管辖权的登记机构在政府门户网站及指定场所进行公告，涉及国家秘密的除外。公告期不少于15个工作日。公告期内，相关当事人对登记事项提出异议的，登记机构应当对提出的异议进行调查核实。

第二十七条　公告期满无异议或者异议不成立的，登记机构应当将登记事项记载于自然资源登记簿，可以向自然资源所有权代表行使主体或者代理行使主体颁发自然资源所有权证书。

第二十八条　登记单元内自然资源类型、面积等自然状况发生变化的，以全国国土调查和自然资源专项调查为依据，依职权开展变更登记。自然资源的登记单元边界、权属边界、权利主体和内容等自然资源登记簿主要内容发生变化的，自然资源所有权代表行使主体或者代理行使主体应当持相关资料及时嘱托登记机构办理变更登记或注销登记。自然资源登记簿记载事项存在错误的，登记机构可以依照自然资源所有权代表行使主体或者代理行使主体的嘱托办理更正登记，也可以依职权办理更正登记。

第二十九条　自然资源登记资料包括：（一）自然资源登记簿等登记结果；（二）自然资源权籍调查成果、权属来源材料、相关公共管制要求、登记机构审核材料等登记原始资料。自然资源登记资料由具体负责的登记机构管理。各级登记机构应当建立登记资料管理制度及信息安全保密制度，建设符合自然资源登记资料安全保护标准的登记资料存放场所。

第三十条　在国家不动产登记信息管理基础平台上，拓展开发全国统一的自然资源登记信息系统，实现自然资源确权登记信息的统一管理；各级登记机构应当建立标准统一的自然资源确权登记数据库，确保自然资源确权登记信息日常更新。自然资源确权登记信息纳入不动产登记信息管理基础平台，实现自然资源确权登记信息与不动产登记信息有效衔接和融合。自然资源确权登记信息应当及时汇交国家不动产登记信息管理基础平台，确保国家、省、市、县四级自然资源确权登记信息的实时共享。

第三十一条　自然资源确权登记结果应当向社会公开，但涉及国家秘密以及《不动产登记暂行条例》规定的不动产登记的相关内容除外。

第三十二条　自然资源确权登记信息与水利、林草、生态环境、财税等相关部门管理信息应当互通共享，服务自然资源资产的有效监管和保护。

第六章　附则

第三十三条　军用土地范围内的自然资源暂不纳入确权登记。

第三十四条　本办法由自然资源部负责解释，自印发之日起施行。

第二篇 专项篇

一、土地与矿产资源

（一）土地资源

7.我国土地是否可以被使用权人任意变更用途？

《中华人民共和国土地管理法》第四条规定，国家实行土地用途管制制度。国家编制土地利用总体规划，规定土地用途，将土地分为农用地、建设用地和未利用地。严格限制农用地转为建设用地，控制建设用地总量，对耕地实行特殊保护。前款所称农用地是指直接用于农业生产的土地，包括耕地、林地、草地、农田水利用地、养殖水面等；建设用地是指建造建筑物、构筑物的土地，包括城乡住宅和公共设施用地、工矿用地、交通水利设施用地、旅游用地、军事设施用地等；未利用地是指农用地和建设用地以外的土地。使用土地的单位和个人必须严格按照土地利用总体规划确定的用途使用土地。

同时，第七十七条规定，对违反土地利用总体规划擅自将农用地改为建设用地的，限期拆除在非法占用的土地上新建的建筑物和其他设施，恢复土地原状，对符合土地利用总体规划的，没收在非法占用的土地上新建的建筑物和其他设施，可以并处罚款；对非法占用土地单位的直接负责的主管人员和其他直接责任人员，依法给予处分；构成犯罪的，依法追究刑事责任。超过批准的数量占用土地，多占的土地以非法占用土地论处。第七十九条规定，无权批准征收、使用土地的单位或者个人非法批准占用土地的，超越批准权限非法批准占用土地的，不按照土地利用总体规划确定的用途批准用地的，或者违反法律规定的程序批准占用、征收土地的，其批准文件无效，对非法批准征收、使用土地的直接负责的主管人员和其他直接责任人员，依法给予处分；构成犯罪的，依法追究刑事责任。非法批准、使用的土地应当收回，有关当事人拒不归还的，以非法占用土地论处。非法批准征收、使用土地，对当事人造成损失的，依法应当承担赔偿责任。

8.我国土地资源管理监督由哪些机构负责？与一般单位或个人有关吗？

《中华人民共和国土地管理法》第五条规定，国务院自然资源主管部门统一负责全国土地的管理和监督工作。县级以上地方人民政府自然资源主管部门的设置及其职责，由省、自治区、直辖市人民政府根据国务院有关规定确定。第六条规定，国务院授权的机构对省、自治区、直辖市人民政府以及国务院确定的城市人民政府土地利用和土地管理情况进行督察。第七条规定，任何单位和个人都有遵守土地管理法律、法规的义务，并有权对违反土地管理法律、法规的行为提出检举和控告。第八条规定，在保护和开发土地资源、合理利用土地以及进行有关的科学研究等方面成绩显著的单位和个人，由人民政府给予奖励。

9.土地资源土地利用总体规划应当按照什么原则编制？

《中华人民共和国土地管理法》第十七条规定，土地利用总体规划按照下列原则编制：（一）落实国土空间开发保护要求，严格土地用途管制；（二）严格保护永久基本农田，严格控制非农业建设占用农用地；（三）提高土地节约集约利用水平；（四）统筹安排城乡生产、生活、生态用地，满足乡村产业和基础设施用地合理需求，促进城乡融合发展；（五）保护和改善生态环境，保障土地的可持续利用；（六）占用耕地与开发复垦耕地数量平衡、质量相当。

10.为保护耕地、森林、草原等农用地资源，临时用地应当遵循哪些规定？

《关于规范临时用地管理的通知》（自然资规〔2021〕2号）规定，临时用地是指建设项目施工、地质勘查等临时使用，不修建永久性建（构）筑物，使用后可恢复的土地（通过复垦可恢复原地类或者达到可供利用状态）。临时用地具有临时性和可恢复性等特点，与建设项目施工、地质勘查等无关的用地，使用后无法恢复到原地类或者复垦达不到可供利用状态的用地，不得使用临时用地。临时用地的范围包括：（一）建设项目施工过程中建设的直接服务于施工人员的临时办公和生活用房，包括临时办公用房、生活用房、工棚等使用的土地；直接服务于工程施工的项目自用辅助工程，包括农用地表土剥离堆放场、材料堆场、制梁场、拌合站、钢筋加工厂、施工便道、运输便道、地上线路架设、地下管线敷设作业，以及能源、交通、水利等基础设施项目的取土场、弃土（渣）场等使用的土地。（二）矿产资源勘查、工程地质勘查、水文地质勘查等，在勘查期间临时生活用房、临时工棚、勘查作业及其辅助工程、施工便道、运输便道等使用的土地，包括油气资源勘查中钻井井场、配套管线、电力设施、进场道路等钻井及配套设施使用的土地。（三）符合法律、法规规定的其他需要临时使用的土地。

临时用地使用期限一般不超过两年。建设周期较长的能源、交通、水利等基础设施建设项目施工使用的临时用地，期限不超过四年。建设项目施工、地质勘查使用临时用地时应坚持"用多少、批多少、占多少、恢复多少"，尽量不占或者少占耕地。使用后土地复垦难度较大的临时用地，要严格控制占用耕地。铁路、公路等单独选址建设项目，应科学组织施工，节约集约使用临时用地。制梁场、拌合站等难以恢复原种植条件的不得以临时用地方式占用耕地和永久基本农田，可以建设用地方式或者临时占用未利用地方式使用土地。临时用地确需占用永久基本农田的，必须能够恢复原种植条件，并符合《自然资源部 农业农村部关于加强和改进永久基本农田保护工作的通知》（自然资规〔2019〕1号）中申请条件、土壤剥离、复垦验收等有关规定。

与此同时，《中华人民共和国森林法》第三十六条至第三十八条规定，国家保护林地，严格控制林地转为非林地，实行占用林地总量控制，确保林地保有量不减少。各类建设项目占用林地不得超过本行政区域的占用林地总量控制指标。矿藏勘查、开采以及其他各类工程建设，应当不占或者少占林地；确需占用林地的，应当经县级以上人民政府林业主管部门审核同意，依法办理建设用地审批手续。占用林地的单位应当缴纳森林植被恢复费。森林植被恢复费征收使用管理办法由国务院财政部门会同林业主管部门制定。县级以上人民政府林业主管部门应当按照规定安排植树造林，恢复森林植被，植树造林面积不得少于因占用林地而减少的森林植被面积。上级林业主管部门应当定期督促下级林业主管部门组织植树造林、恢复森林植被，并进行检查。需要临时使用林地的，应当经县级以上人民政府林业主管部门批准；临时使用林地的期限一般不超过二年，并不得在临时使用的林地上修建永久性建筑物。临时使用林地期满后一年内，用地单位或者个人应当恢复植被和林业生产条件。

《中华人民共和国草原法》第三十八条至第四十条规定，进行矿藏开采和工程建设，应当不占或者少占草原；确需征收、征用或者使用草原的，必须经省级以上人民政府草原行政主管部门审核同意后，依照有关土地管理的法律、行政法规办理建设用地审批手续。第三十九条　因建设征收、征用集体所有的草原的，应当依照《中华人民共和国土地管理法》的规定给予补偿；因建设使用国家所有的草原的，应当依照国务院有关规定对草原承包经营者给予补偿。因建设征收、征用或者使用草原的，应当交纳草原植被恢复费。草原植被恢复费专款专用，由草原行政主管部门按照规定用于恢复草原植被，任何单位和个人不得截留、挪用。草原植被恢复费的征收、使用和管理办法，由国务院价格主管部门和国务院财政部门会同国务院草原行政主管部门制定。需要临时占用草原的，应当经县级以上地方人民政府草原行政主管部门审核同意。临时占用草原的期限不得超过二年，并不得在临时占用的草原上修建永久性建筑物、构筑物；占用期满，用地单位必须恢复草原植被并及时退还。

11.为保护土壤资源对开发建设过程中剥离的表土应当如何处理?

《中华人民共和国土壤污染防治法》第三十三条第一款规定，国家加强对土壤资源的保护和合理利用。对开发建设过程中剥离的表土，应当单独收集和存放，符合条件的应当优先用于土地复垦、土壤改良、造地和绿化等。同时，第九十一条规定，违反本法规定，有下列行为之一的，由地方人民政府生态环境主管部门责令改正，处十万元以上五十万元以下的罚款；情节严重的，处五十万元以上一百万元以下的罚款；有违法所得的，没收违法所得；对直接负责的主管人员和其他直接责任人员处五千元以上二万元以下的罚款：（一）未单独收集、存放开发建设过程中剥离的表土的；（二）实施风险管控、修复活动对土壤、周边环境造成新的污染的；（三）转运污染土壤，未将运输时间、方式、线路和污染土壤数量、去向、最终处置措施等提前报所在地和接收地生态环境主管部门的；（四）未达到土壤污染风险评估报告确定的风险管控、修复目标的建设用地地块，开工建设与风险管控、修复无关的项目的。

【相关法律】

中华人民共和国土地管理法（节录）

（1986年6月25日第六届全国人民代表大会常务委员会第十六次会议通过　根据1988年12月29日第七届全国人民代表大会常务委员会第五次会议《关于修改〈中华人民共和国土地管理法〉的决定》第一次修正　1998年8月29日第九届全国人民代表大会常务委员会第四次会议修订　根据2004年8月28日第十届全国人民代表大会常务委员会第十一次会议《关于修改〈中华人民共和国土地管理法〉的决定》第二次修正　根据2019年8月26日第十三届全国人民代表大会常务委员会第十二次会议《关于修改〈中华人民共和国土地管理法〉、〈中华人民共和国城市房地产管理法〉的决定》第三次修正）

……

第二条　中华人民共和国实行土地的社会主义公有制，即全民所有制和劳动群众集体所有制。全民所有，即国家所有土地的所有权由国务院代表国家行使。任何单位和个人不得侵占、买卖或者以其他形式非法转让土地。土地使用权可以依法转让。国家为了公共利益的需要，可以依法对土地实行征收或者征用并给予补偿。国家依法实行国有土地有偿使用制度。但是，国家在法律规定的范围内划拨国有土地使用权的除外。

第三条 十分珍惜、合理利用土地和切实保护耕地是我国的基本国策。各级人民政府应当采取措施，全面规划，严格管理，保护、开发土地资源，制止非法占用土地的行为。

第四条 国家实行土地用途管制制度。国家编制土地利用总体规划，规定土地用途，将土地分为农用地、建设用地和未利用地。严格限制农用地转为建设用地，控制建设用地总量，对耕地实行特殊保护。前款所称农用地是指直接用于农业生产的土地，包括耕地、林地、草地、农田水利用地、养殖水面等；建设用地是指建造建筑物、构筑物的土地，包括城乡住宅和公共设施用地、工矿用地、交通水利设施用地、旅游用地、军事设施用地等；未利用地是指农用地和建设用地以外的土地。使用土地的单位和个人必须严格按照土地利用总体规划确定的用途使用土地。

第五条 国务院自然资源主管部门统一负责全国土地的管理和监督工作。县级以上地方人民政府自然资源主管部门的设置及其职责，由省、自治区、直辖市人民政府根据国务院有关规定确定。

第六条 国务院授权的机构对省、自治区、直辖市人民政府以及国务院确定的城市人民政府土地利用和土地管理情况进行督察。

第七条 任何单位和个人都有遵守土地管理法律、法规的义务，并有权对违反土地管理法律、法规的行为提出检举和控告。

......

第十七条 土地利用总体规划按照下列原则编制：（一）落实国土空间开发保护要求，严格土地用途管制；（二）严格保护永久基本农田，严格控制非农业建设占用农用地；（三）提高土地节约集约利用水平；（四）统筹安排城乡生产、生活、生态用地，满足乡村产业和基础设施用地合理需求，促进城乡融合发展；（五）保护和改善生态环境，保障土地的可持续利用；（六）占用耕地与开发复垦耕地数量平衡、质量相当。

第十八条 国家建立国土空间规划体系。编制国土空间规划应当坚持生态优先，绿色、可持续发展，科学有序统筹安排生态、农业、城镇等功能空间，优化国土空间结构和布局，提升国土空间开发、保护的质量和效率。经依法批准的国土空间规划是各类开发、保护、建设活动的基本依据。已经编制国土空间规划的，不再编制土地利用总体规划和城乡规划。

第十九条 县级土地利用总体规划应当划分土地利用区，明确土地用途。乡（镇）土地利用总体规划应当划分土地利用区，根据土地使用条件，确定每一块土地的用途，并予以公告。

第二十条 土地利用总体规划实行分级审批。省、自治区、直辖市的土地利用总体规划，报国务院批准。省、自治区人民政府所在地的市、人口在一百万以上的城市以及国务院指定的城市的土地利用总体规划，经省、自治区人民政府审查同意后，报国务院批准。本条第二款、第三款规定以外的土地利用总体规划，逐级上报省、自治区、直辖市人民政府批准；其中，乡（镇）土地利用总体规划可以由省级人民政府授权的设区的市、自治州人民政府批准。土地利用总体规划一经批准，必须严格执行。

第二十一条 城市建设用地规模应当符合国家规定的标准，充分利用现有建设用地，不占或者尽量少占农用地。城市总体规划、村庄和集镇规划，应当与土地利用总体规划相衔接，城市总体规划、村庄和集镇规划中建设用地规模不得超过土地利用总体规划确定的城市和村庄、集镇建设用地规模。在城市规划区内、村庄和集镇规划区内，城市和村庄、集镇建设用地应当符合城市规划、村庄和集镇规划。

第二十二条 江河、湖泊综合治理和开发利用规划，应当与土地利用总体规划相衔接。在江河、湖泊、水库的管理和保护范围以及蓄洪滞洪区内，土地利用应当符合江河、湖泊综合治理和开发利用规划，符合河道、湖泊行洪、蓄洪和输水的要求。

第二十三条 各级人民政府应当加强土地利用计划管理，实行建设用地总量控制。土地利用年度计划，根据国民经济和社会发展计划、国家产业政策、土地利用总体规划以及建设用地和土地利用的实际状况编制。土地利用年度计划应当对本法第六十三条规定的集体经营性建设用地作出合理安排。土地利用年度计划的编制审批程序与土地利用总体规划的编制审批程序相同，一经审批下达，必须严格执行。

第二十四条　省、自治区、直辖市人民政府应当将土地利用年度计划的执行情况列为国民经济和社会发展计划执行情况的内容，向同级人民代表大会报告。

第二十五条　经批准的土地利用总体规划的修改，须经原批准机关批准；未经批准，不得改变土地利用总体规划确定的土地用途。经国务院批准的大型能源、交通、水利等基础设施建设用地，需要改变土地利用总体规划的，根据国务院的批准文件修改土地利用总体规划。经省、自治区、直辖市人民政府批准的能源、交通、水利等基础设施建设用地，需要改变土地利用总体规划的，属于省级人民政府土地利用总体规划批准权限内的，根据省级人民政府的批准文件修改土地利用总体规划。

第二十六条　国家建立土地调查制度。县级以上人民政府自然资源主管部门会同同级有关部门进行土地调查。土地所有者或者使用者应当配合调查，并提供有关资料。

第二十七条　县级以上人民政府自然资源主管部门会同同级有关部门根据土地调查成果、规划土地用途和国家制定的统一标准，评定土地等级。

第二十八条　国家建立土地统计制度。县级以上人民政府统计机构和自然资源主管部门依法进行土地统计调查，定期发布土地统计资料。土地所有者或者使用者应当提供有关资料，不得拒报、迟报，不得提供不真实、不完整的资料。统计机构和自然资源主管部门共同发布的土地面积统计资料是各级人民政府编制土地利用总体规划的依据。

第二十九条　国家建立全国土地管理信息系统，对土地利用状况进行动态监测。

第三十条　国家保护耕地，严格控制耕地转为非耕地。国家实行占用耕地补偿制度。非农业建设经批准占用耕地的，按照"占多少，垦多少"的原则，由占用耕地的单位负责开垦与所占用耕地的数量和质量相当的耕地；没有条件开垦或者开垦的耕地不符合要求的，应当按照省、自治区、直辖市的规定缴纳耕地开垦费，专款用于开垦新的耕地。省、自治区、直辖市人民政府应当制定开垦耕地计划，监督占用耕地的单位按照计划开垦耕地或者按照计划组织开垦耕地，并进行验收。

　　第三十一条　县级以上地方人民政府可以要求占用耕地的单位将所占用耕地耕作层的土壤用于新开垦耕地、劣质地或者其他耕地的土壤改良。

　　第三十二条　省、自治区、直辖市人民政府应当严格执行土地利用总体规划和土地利用年度计划，采取措施，确保本行政区域内耕地总量不减少、质量不降低。耕地总量减少的，由国务院责令在规定期限内组织开垦与所减少耕地的数量与质量相当的耕地；耕地质量降低的，由国务院责令在规定期限内组织整治。新开垦和整治的耕地由国务院自然资源主管部门会同农业农村主管部门验收。个别省、直辖市确因土地后备资源匮乏，新增建设用地后，新开垦耕地的数量不足以补偿所占用耕地的数量的，必须报经国务院批准减免本行政区域内开垦耕地的数量，易地开垦数量和质量相当的耕地。

　　第三十三条　国家实行永久基本农田保护制度。下列耕地应当根据土地利用总体规划划为永久基本农田，实行严格保护：（一）经国务院农业农村主管部门或者县级以上地方人民政府批准确定的粮、棉、油、糖等重要农产品生产基地内的耕地；（二）有良好的水利与水土保持设施的耕地，正在实施改造计划以及可以改造的中、低产田和已建成的高标准农田；（三）蔬菜生产基地；（四）农业科研、教学试验田；（五）国务院规定应当划为永久基本农田的其他耕地。各省、自治区、直辖市划定的永久基本农田一般应当占本行政区域内耕地的百分之八十以上，具体比例由国务院根据各省、自治区、直辖市耕地实际情况规定。

　　第三十四条　永久基本农田划定以乡（镇）为单位进行，由县级人民政府自然资源主管部门会同同级农业农村主管部门组织实施。永久基本农田应当落实到地块，纳入国家永久基本农田数据库严格管理。乡（镇）人民政府应当将永久基本农田的位置、范围向社会公告，并设立保护标志。

　　第三十五条　永久基本农田经依法划定后，任何单位和个人不得擅自占用或者改变其用途。国家能源、交通、水利、军事设施等重点建设项目选址确实难以避让永久基本农田，涉及农用地转用或者土地征收的，必须经国务院批准。禁止通过擅自调整县级土地利用总体规划、乡（镇）土地利用总体规划等方式规避永久基本农田农用地转用或者土地征收的审批。

第三十六条　各级人民政府应当采取措施，引导因地制宜轮作休耕，改良土壤，提高地力，维护排灌工程设施，防止土地荒漠化、盐渍化、水土流失和土壤污染。

第三十七条　非农业建设必须节约使用土地，可以利用荒地的，不得占用耕地；可以利用劣地的，不得占用好地。禁止占用耕地建窑、建坟或者擅自在耕地上建房、挖砂、采石、采矿、取土等。禁止占用永久基本农田发展林果业和挖塘养鱼。

第三十八条　禁止任何单位和个人闲置、荒芜耕地。已经办理审批手续的非农业建设占用耕地，一年内不用而又可以耕种并收获的，应当由原耕种该幅耕地的集体或者个人恢复耕种，也可以由用地单位组织耕种；一年以上未动工建设的，应当按照省、自治区、直辖市的规定缴纳闲置费；连续二年未使用的，经原批准机关批准，由县级以上人民政府无偿收回用地单位的土地使用权；该幅土地原为农民集体所有的，应当交由原农村集体经济组织恢复耕种。在城市规划区范围内，以出让方式取得土地使用权进行房地产开发的闲置土地，依照《中华人民共和国城市房地产管理法》的有关规定办理。

第三十九条　国家鼓励单位和个人按照土地利用总体规划，在保护和改善生态环境、防止水土流失和土地荒漠化的前提下，开发未利用的土地；适宜开发为农用地的，应当优先开发成农用地。国家依法保护开发者的合法权益。

第四十条　开垦未利用的土地，必须经过科学论证和评估，在土地利用总体规划划定的可开垦的区域内，经依法批准后进行。禁止毁坏森林、草原开垦耕地，禁止围湖造田和侵占江河滩地。根据土地利用总体规划，对破坏生态环境开垦、围垦的土地，有计划有步骤地退耕还林、还牧、还湖。

第四十一条　开发未确定使用权的国有荒山、荒地、荒滩从事种植业、林业、畜牧业、渔业生产的，经县级以上人民政府依法批准，可以确定给开发单位或者个人长期使用。

第四十二条 国家鼓励土地整理。县、乡（镇）人民政府应当组织农村集体经济组织，按照土地利用总体规划，对田、水、路、林、村综合整治，提高耕地质量，增加有效耕地面积，改善农业生产条件和生态环境。地方各级人民政府应当采取措施，改造中、低产田，整治闲散地和废弃地。

第四十三条 因挖损、塌陷、压占等造成土地破坏，用地单位和个人应当按照国家有关规定负责复垦；没有条件复垦或者复垦不符合要求的，应当缴纳土地复垦费，专项用于土地复垦。复垦的土地应当优先用于农业。

……

第七十四条 买卖或者以其他形式非法转让土地的，由县级以上人民政府自然资源主管部门没收违法所得；对违反土地利用总体规划擅自将农用地改为建设用地的，限期拆除在非法转让的土地上新建的建筑物和其他设施，恢复土地原状，对符合土地利用总体规划的，没收在非法转让的土地上新建的建筑物和其他设施；可以并处罚款；对直接负责的主管人员和其他直接责任人员，依法给予处分；构成犯罪的，依法追究刑事责任。

第七十五条 违反本法规定，占用耕地建窑、建坟或者擅自在耕地上建房、挖砂、采石、采矿、取土等，破坏种植条件的，或者因开发土地造成土地荒漠化、盐渍化的，由县级以上人民政府自然资源主管部门、农业农村主管部门等按照职责责令限期改正或者治理，可以并处罚款；构成犯罪的，依法追究刑事责任。

第七十六条 违反本法规定，拒不履行土地复垦义务的，由县级以上人民政府自然资源主管部门责令限期改正；逾期不改正的，责令缴纳复垦费，专项用于土地复垦，可以处以罚款。

第七十七条 未经批准或者采取欺骗手段骗取批准，非法占用土地的，由县级以上人民政府自然资源主管部门责令退还非法占用的土地，对违反土地利用总体规划擅自将农用地改为建设用地的，限期拆除在非法占用的土地上新建的建筑物和其他设施，恢复土地原状，对符合土地利用总体规划的，没收在非法占用的土地上新建的建筑物和其他设施，可以并处罚款；对非法占用土地单位的直接负责的主管人员和其他直接责任人员，依法给予处分；构成犯罪的，依法追究刑事责任。超过批准的数量占用土地，多占的土地以非法占用土地论处。

第七十八条　农村村民未经批准或者采取欺骗手段骗取批准，非法占用土地建住宅的，由县级以上人民政府农业农村主管部门责令退还非法占用的土地，限期拆除在非法占用的土地上新建的房屋。超过省、自治区、直辖市规定的标准，多占的土地以非法占用土地论处。

第七十九条　无权批准征收、使用土地的单位或者个人非法批准占用土地的，超越批准权限非法批准占用土地的，不按照土地利用总体规划确定的用途批准用地的，或者违反法律规定的程序批准占用、征收土地的，其批准文件无效，对非法批准征收、使用土地的直接负责的主管人员和其他直接责任人员，依法给予处分；构成犯罪的，依法追究刑事责任。非法批准、使用的土地应当收回，有关当事人拒不归还的，以非法占用土地论处。非法批准征收、使用土地，对当事人造成损失的，依法应当承担赔偿责任。

第八十条　侵占、挪用被征收土地单位的征地补偿费用和其他有关费用，构成犯罪的，依法追究刑事责任；尚不构成犯罪的，依法给予处分。

第八十一条　依法收回国有土地使用权当事人拒不交出土地的，临时使用土地期满拒不归还的，或者不按照批准的用途使用国有土地的，由县级以上人民政府自然资源主管部门责令交还土地，处以罚款。

第八十二条　擅自将农民集体所有的土地通过出让、转让使用权或者出租等方式用于非农业建设，或者违反本法规定，将集体经营性建设用地通过出让、出租等方式交由单位或者个人使用的，由县级以上人民政府自然资源主管部门责令限期改正，没收违法所得，并处罚款。

第八十三条　依照本法规定，责令限期拆除在非法占用的土地上新建的建筑物和其他设施的，建设单位或者个人必须立即停止施工，自行拆除；对继续施工的，作出处罚决定的机关有权制止。建设单位或者个人对责令限期拆除的行政处罚决定不服的，可以在接到责令限期拆除决定之日起十五日内，向人民法院起诉；期满不起诉又不自行拆除的，由作出处罚决定的机关依法申请人民法院强制执行，费用由违法者承担。

第八十四条　自然资源主管部门、农业农村主管部门的工作人员玩忽职守、滥用职权、徇私舞弊，构成犯罪的，依法追究刑事责任；尚不构成犯罪的，依法给予处分。

……

中华人民共和国森林法（节录）

（1984年9月20日第六届全国人民代表大会常务委员会第七次会议通过　根据1998年4月29日第九届全国人民代表大会常务委员会第二次会议《关于修改〈中华人民共和国森林法〉的决定》第一次修正　根据2009年8月27日第十一届全国人民代表大会常务委员会第十次会议《关于修改部分法律的决定》第二次修正　2019年12月28日第十三届全国人民代表大会常务委员会第十五次会议修订）

……

第十四条　森林资源属于国家所有，由法律规定属于集体所有的除外。国家所有的森林资源的所有权由国务院代表国家行使。国务院可以授权国务院自然资源主管部门统一履行国有森林资源所有者职责。

第十五条　林地和林地上的森林、林木的所有权、使用权，由不动产登记机构统一登记造册，核发证书。国务院确定的国家重点林区（以下简称重点林区）的森林、林木和林地，由国务院自然资源主管部门负责登记。森林、林木、林地的所有者和使用者的合法权益受法律保护，任何组织和个人不得侵犯。森林、林木、林地的所有者和使用者应当依法保护和合理利用森林、林木、林地，不得非法改变林地用途和毁坏森林、林木、林地。

第十六条　国家所有的林地和林地上的森林、林木可以依法确定给林业经营者使用。林业经营者依法取得的国有林地和林地上的森林、林木的使用权，经批准可以转让、出租、作价出资等。具体办法由国务院制定。林业经营者应当履行保护、培育森林资源的义务，保证国有森林资源稳定增长，提高森林生态功能。

第十七条 集体所有和国家所有依法由农民集体使用的林地（以下简称集体林地）实行承包经营的，承包方享有林地承包经营权和承包林地上的林木所有权，合同另有约定的从其约定。承包方可以依法采取出租（转包）、入股、转让等方式流转林地经营权、林木所有权和使用权。

第十八条 未实行承包经营的集体林地以及林地上的林木，由农村集体经济组织统一经营。经本集体经济组织成员的村民会议三分之二以上成员或者三分之二以上村民代表同意并公示，可以通过招标、拍卖、公开协商等方式依法流转林地经营权、林木所有权和使用权。

第十九条 集体林地经营权流转应当签订书面合同。林地经营权流转合同一般包括流转双方的权利义务、流转期限、流转价款及支付方式、流转期限届满林地上的林木和固定生产设施的处置、违约责任等内容。受让方违反法律规定或者合同约定造成森林、林木、林地严重毁坏的，发包方或者承包方有权收回林地经营权。

第二十条 国有企业事业单位、机关、团体、部队营造的林木，由营造单位管护并按照国家规定支配林木收益。农村居民在房前屋后、自留地、自留山种植的林木，归个人所有。城镇居民在自有房屋的庭院内种植的林木，归个人所有。集体或者个人承包国家所有和集体所有的宜林荒山荒地荒滩营造的林木，归承包的集体或者个人所有；合同另有约定的从其约定。其他组织或者个人营造的林木，依法由营造者所有并享有林木收益；合同另有约定的从其约定。

第二十一条 为了生态保护、基础设施建设等公共利益的需要，确需征收、征用林地、林木的，应当依照《中华人民共和国土地管理法》等法律、行政法规的规定办理审批手续，并给予公平、合理的补偿。

第二十二条 单位之间发生的林木、林地所有权和使用权争议，由县级以上人民政府依法处理。个人之间、个人与单位之间发生的林木所有权和林地使用权争议，由乡镇人民政府或者县级以上人民政府依法处理。当事人对有关人民政府的处理决定不服的，可以自接到处理决定通知之日起三十日内，向人民法院起诉。在林木、林地权属争议解决前，除因森林防火、林业有害生物防治、国家重大基础设施建设等需要外，当事人任何一方不得砍伐有争议的林木或者改变林地现状。

……

第三十六条　国家保护林地，严格控制林地转为非林地，实行占用林地总量控制，确保林地保有量不减少。各类建设项目占用林地不得超过本行政区域的占用林地总量控制指标。

第三十七条　矿藏勘查、开采以及其他各类工程建设，应当不占或者少占林地；确需占用林地的，应当经县级以上人民政府林业主管部门审核同意，依法办理建设用地审批手续。占用林地的单位应当缴纳森林植被恢复费。森林植被恢复费征收使用管理办法由国务院财政部门会同林业主管部门制定。县级以上人民政府林业主管部门应当按照规定安排植树造林，恢复森林植被，植树造林面积不得少于因占用林地而减少的森林植被面积。上级林业主管部门应当定期督促下级林业主管部门组织植树造林、恢复森林植被，并进行检查。

第三十八条　需要临时使用林地的，应当经县级以上人民政府林业主管部门批准；临时使用林地的期限一般不超过二年，并不得在临时使用的林地上修建永久性建筑物。临时使用林地期满后一年内，用地单位或者个人应当恢复植被和林业生产条件。

第三十九条　禁止毁林开垦、采石、采砂、采土以及其他毁坏林木和林地的行为。禁止向林地排放重金属或者其他有毒有害物质含量超标的污水、污泥，以及可能造成林地污染的清淤底泥、尾矿、矿渣等。禁止在幼林地砍柴、毁苗、放牧。禁止擅自移动或者损坏森林保护标志。

第四十条　国家保护古树名木和珍贵树木。禁止破坏古树名木和珍贵树木及其生存的自然环境。

第四十一条　各级人民政府应当加强林业基础设施建设，应用先进适用的科技手段，提高森林防火、林业有害生物防治等森林管护能力。

各有关单位应当加强森林管护。国有林业企业事业单位应当加大投入，加强森林防火、林业有害生物防治，预防和制止破坏森林资源的行为。

......

第四十七条　国家根据生态保护的需要，将森林生态区位重要或者生态状况脆弱，以发挥生态效益为主要目的的林地和林地上的森林划定为公益林。未划定为公益林的林地和林地上的森林属于商品林。

第四十八条　公益林由国务院和省、自治区、直辖市人民政府划定并公布。下列区域的林地和林地上的森林，应当划定为公益林：（一）重要江河源头汇水区域；（二）重要江河干流及支流两岸、饮用水水源地保护区；（三）重要湿地和重要水库周围；（四）森林和陆生野生动物类型的自然保护区；（五）荒漠化和水土流失严重地区的防风固沙林基干林带；（六）沿海防护林基干林带；（七）未开发利用的原始林地区；（八）需要划定的其他区域。公益林划定涉及非国有林地的，应当与权利人签订书面协议，并给予合理补偿。公益林进行调整的，应当经原划定机关同意，并予以公布。国家级公益林划定和管理的办法由国务院制定；地方级公益林划定和管理的办法由省、自治区、直辖市人民政府制定。

第四十九条　国家对公益林实施严格保护。县级以上人民政府林业主管部门应当有计划地组织公益林经营者对公益林中生态功能低下的疏林、残次林等低质低效林，采取林分改造、森林抚育等措施，提高公益林的质量和生态保护功能。在符合公益林生态区位保护要求和不影响公益林生态功能的前提下，经科学论证，可以合理利用公益林林地资源和森林景观资源，适度开展林下经济、森林旅游等。利用公益林开展上述活动应当严格遵守国家有关规定。

第五十条　国家鼓励发展下列商品林：（一）以生产木材为主要目的的森林；（二）以生产果品、油料、饮料、调料、工业原料和药材等林产品为主要目的的森林；（三）以生产燃料和其他生物质能源为主要目的的森林；（四）其他以发挥经济效益为主要目的的森林。在保障生态安全的前提下，国家鼓励建设速生丰产、珍贵树种和大径级用材林，增加林木储备，保障木材供给安全。

第五十一条　商品林由林业经营者依法自主经营。在不破坏生态的前提下，可以采取集约化经营措施，合理利用森林、林木、林地，提高商品林经济效益。

第五十二条　在林地上修筑下列直接为林业生产经营服务的工程设施，符合国家有关部门规定的标准的，由县级以上人民政府林业主管部门批准，不需要办理建设用地审批手续；超出标准需要占用林地的，应当依法办理建设用地审批手续：（一）培育、生产种子、苗木的设施；（二）贮存种子、苗木、木材的设施；（三）集材道、运材道、防火巡护道、森林步道；（四）林业科研、科普教育设施；（五）野生动植物保护、护林、林业有害生物防治、森林防火、木材检疫的设施；（六）供水、供电、供热、供气、通讯基础设施；（七）其他直接为林业生产服务的工程设施。

第五十三条　国有林业企业事业单位应当编制森林经营方案，明确森林培育和管护的经营措施，报县级以上人民政府林业主管部门批准后实施。重点林区的森林经营方案由国务院林业主管部门批准后实施。国家支持、引导其他林业经营者编制森林经营方案。编制森林经营方案的具体办法由国务院林业主管部门制定。

第五十四条　国家严格控制森林年采伐量。省、自治区、直辖市人民政府林业主管部门根据消耗量低于生长量和森林分类经营管理的原则，编制本行政区域的年采伐限额，经征求国务院林业主管部门意见，报本级人民政府批准后公布实施，并报国务院备案。重点林区的年采伐限额，由国务院林业主管部门编制，报国务院批准后公布实施。

第五十五条　采伐森林、林木应当遵守下列规定：（一）公益林只能进行抚育、更新和低质低效林改造性质的采伐。但是，因科研或者实验、防治林业有害生物、建设护林防火设施、营造生物防火隔离带、遭受自然灾害等需要采伐的除外。（二）商品林应当根据不同情况，采取不同采伐方式，严格控制皆伐面积，伐育同步规划实施。（三）自然保护区的林木，禁止采伐。但是，因防治林业有害生物、森林防火、维护主要保护对象生存环境、遭受自然灾害等特殊情况必须采伐的和实验区的竹林除外。省级以上人民政府林业主管部门应当根据前款规定，按照森林分类经营管理、保护优先、注重效率和效益等原则，制定相应的林木采伐技术规程。

第五十六条　采伐林地上的林木应当申请采伐许可证，并按照采伐许可证的规定进行采伐；采伐自然保护区以外的竹林，不需要申请采伐许可证，但应当符合林木采伐技术规程。农村居民采伐自留地和房前屋后个人所有的零星林木，不需要申请采伐许可证。非林地上的农田防护林、防风固沙林、护路林、护岸护堤林和城镇林木等的更新采伐，由有关主管部门按照有关规定管理。采挖移植林木按照采伐林木管理。具体办法由国务院林业主管部门制定。禁止伪造、变造、买卖、租借采伐许可证。

第五十七条　采伐许可证由县级以上人民政府林业主管部门核发。县级以上人民政府林业主管部门应当采取措施，方便申请人办理采伐许可证。农村居民采伐自留山和个人承包集体林地上的林木，由县级人民政府林业主管部门或者其委托的乡镇人民政府核发采伐许可证。

第五十八条　申请采伐许可证，应当提交有关采伐的地点、林种、树种、面积、蓄积、方式、更新措施和林木权属等内容的材料。超过省级以上人民政府林业主管部门规定面积或者蓄积量的，还应当提交伐区调查设计材料。

第五十九条　符合林木采伐技术规程的，审核发放采伐许可证的部门应当及时核发采伐许可证。但是，审核发放采伐许可证的部门不得超过年采伐限额发放采伐许可证。

第六十条　有下列情形之一的，不得核发采伐许可证：（一）采伐封山育林期、封山育林区内的林木；（二）上年度采伐后未按照规定完成更新造林任务；（三）上年度发生重大滥伐案件、森林火灾或者林业有害生物灾害，未采取预防和改进措施；（四）法律法规和国务院林业主管部门规定的禁止采伐的其他情形。

第六十一条　采伐林木的组织和个人应当按照有关规定完成更新造林。更新造林的面积不得少于采伐的面积，更新造林应当达到相关技术规程规定的标准。

第六十二条　国家通过贴息、林权收储担保补助等措施，鼓励和引导金融机构开展涉林抵押贷款、林农信用贷款等符合林业特点的信贷业务，扶持林权收储机构进行市场化收储担保。

第六十三条 国家支持发展森林保险。县级以上人民政府依法对森林保险提供保险费补贴。

第六十四条 林业经营者可以自愿申请森林认证，促进森林经营水平提高和可持续经营。

第六十五条 木材经营加工企业应当建立原料和产品出入库台账。任何单位和个人不得收购、加工、运输明知是盗伐、滥伐等非法来源的林木。

......

第七十条 县级以上人民政府林业主管部门或者其他有关国家机关未依照本法规定履行职责的，对直接负责的主管人员和其他直接责任人员依法给予处分。依照本法规定应当作出行政处罚决定而未作出的，上级主管部门有权责令下级主管部门作出行政处罚决定或者直接给予行政处罚。

第七十一条 违反本法规定，侵害森林、林木、林地的所有者或者使用者的合法权益的，依法承担侵权责任。

第七十二条 违反本法规定，国有林业企业事业单位未履行保护培育森林资源义务、未编制森林经营方案或者未按照批准的森林经营方案开展森林经营活动的，由县级以上人民政府林业主管部门责令限期改正，对直接负责的主管人员和其他直接责任人员依法给予处分。

第七十三条 违反本法规定，未经县级以上人民政府林业主管部门审核同意，擅自改变林地用途的，由县级以上人民政府林业主管部门责令限期恢复植被和林业生产条件，可以处恢复植被和林业生产条件所需费用三倍以下的罚款。虽经县级以上人民政府林业主管部门审核同意，但未办理建设用地审批手续擅自占用林地的，依照《中华人民共和国土地管理法》的有关规定处罚。在临时使用的林地上修建永久性建筑物，或者临时使用林地期满后一年内未恢复植被或者林业生产条件的，依照本条第一款规定处罚。

第七十四条 违反本法规定，进行开垦、采石、采砂、采土或者其他活动，造成林木毁坏的，由县级以上人民政府林业主管部门责令停止违法行为，限期在原地或者异地补种毁坏株数一倍以上三倍以下的树木，可以处毁坏林木价值五倍以下的罚款；造成林地毁坏的，由县级以上人民政府林业主管部门责令停止违法行为，限期恢复植被和林业生产条件，可以处恢复植被和林业生产条件所需费用三倍以下的罚款。违反本法规定，在幼林地砍柴、毁苗、放牧造成林木毁坏的，由县级以上人民政府林业主管部门责令停止违法行为，限期在原地或者异地补种毁坏株数一倍以上三倍以下的树木。向林地排放重金属或者其他有毒有害物质含量超标的污水、污泥，以及可能造成林地污染的清淤底泥、尾矿、矿渣等的，依照《中华人民共和国土壤污染防治法》的有关规定处罚。

第七十五条 违反本法规定，擅自移动或者毁坏森林保护标志的，由县级以上人民政府林业主管部门恢复森林保护标志，所需费用由违法者承担。

第七十六条 盗伐林木的，由县级以上人民政府林业主管部门责令限期在原地或者异地补种盗伐株数一倍以上五倍以下的树木，并处盗伐林木价值五倍以上十倍以下的罚款。滥伐林木的，由县级以上人民政府林业主管部门责令限期在原地或者异地补种滥伐株数一倍以上三倍以下的树木，可以处滥伐林木价值三倍以上五倍以下的罚款。

第七十七条 违反本法规定，伪造、变造、买卖、租借采伐许可证的，由县级以上人民政府林业主管部门没收证件和违法所得，并处违法所得一倍以上三倍以下的罚款；没有违法所得的，可以处二万元以下的罚款。

第七十八条 违反本法规定，收购、加工、运输明知是盗伐、滥伐等非法来源的林木的，由县级以上人民政府林业主管部门责令停止违法行为，没收违法收购、加工、运输的林木或者变卖所得，可以处违法收购、加工、运输林木价款三倍以下的罚款。

第七十九条 违反本法规定，未完成更新造林任务的，由县级以上人民政府林业主管部门责令限期完成；逾期未完成的，可以处未完成造林任务所需费用二倍以下的罚款；对直接负责的主管人员和其他直接责任人员，依法给予处分。

第八十条　违反本法规定，拒绝、阻碍县级以上人民政府林业主管部门依法实施监督检查的，可以处五万元以下的罚款，情节严重的，可以责令停产停业整顿。

第八十一条　违反本法规定，有下列情形之一的，由县级以上人民政府林业主管部门依法组织代为履行，代为履行所需费用由违法者承担：（一）拒不恢复植被和林业生产条件，或者恢复植被和林业生产条件不符合国家有关规定；（二）拒不补种树木，或者补种不符合国家有关规定。恢复植被和林业生产条件、树木补种的标准，由省级以上人民政府林业主管部门制定。

第八十二条　公安机关按照国家有关规定，可以依法行使本法第七十四条第一款、第七十六条、第七十七条、第七十八条规定的行政处罚权。

违反本法规定，构成违反治安管理行为的，依法给予治安管理处罚；构成犯罪的，依法追究刑事责任。

……

中华人民共和国草原法（节录）

（1985年6月18日第六届全国人民代表大会常务委员会第十一次会议通过　2002年12月28日第九届全国人民代表大会常务委员会第三十一次会议修订　根据2009年8月27日第十一届全国人民代表大会常务委员会第十次会议《关于修改部分法律的决定》第一次修正　根据2013年6月29日第十二届全国人民代表大会常务委员会第三次会议《关于修改〈中华人民共和国文物保护法〉等十二部法律的决定》第二次修正　根据2021年4月29日第十三届全国人民代表大会常务委员会第二十八次会议《关于修改〈中华人民共和国道路交通安全法〉等八部法律的决定》第三次修正）

……

第九条　草原属于国家所有，由法律规定属于集体所有的除外。国家所有的草原，由国务院代表国家行使所有权。任何单位或者个人不得侵占、买卖或者以其他形式非法转让草原。

第十条　国家所有的草原，可以依法确定给全民所有制单位、集体经济组织等使用。使用草原的单位，应当履行保护、建设和合理利用草原的义务。

第十一条　依法确定给全民所有制单位、集体经济组织等使用的国家所有的草原，由县级以上人民政府登记，核发使用权证，确认草原使用权。未确定使用权的国家所有的草原，由县级以上人民政府登记造册，并负责保护管理。集体所有的草原，由县级人民政府登记，核发所有权证，确认草原所有权。依法改变草原权属的，应当办理草原权属变更登记手续。

第十二条　依法登记的草原所有权和使用权受法律保护，任何单位或者个人不得侵犯。

第十三条　集体所有的草原或者依法确定给集体经济组织使用的国家所有的草原，可以由本集体经济组织内的家庭或者联户承包经营。在草原承包经营期内，不得对承包经营者使用的草原进行调整；个别确需适当调整的，必须经本集体经济组织成员的村（牧）民会议三分之二以上成员或者三分之二以上村（牧）民代表的同意，并报乡（镇）人民政府和县级人民政府草原行政主管部门批准。集体所有的草原或者依法确定给集体经济组织使用的国家所有的草原由本集体经济组织以外的单位或者个人承包经营的，必须经本集体经济组织成员的村（牧）民会议三分之二以上成员或者三分之二以上村（牧）民代表的同意，并报乡（镇）人民政府批准。

第十四条　承包经营草原，发包方和承包方应当签订书面合同。草原承包合同的内容应当包括双方的权利和义务、承包草原四至界限、面积和等级、承包期和起止日期、承包草原用途和违约责任等。承包期届满，原承包经营者在同等条件下享有优先承包权。承包经营草原的单位和个人，应当履行保护、建设和按照承包合同约定的用途合理利用草原的义务。

第十五条 草原承包经营权受法律保护，可以按照自愿、有偿的原则依法转让。草原承包经营权转让的受让方必须具有从事畜牧业生产的能力，并应当履行保护、建设和按照承包合同约定的用途合理利用草原的义务。草原承包经营权转让应当经发包方同意。承包方与受让方在转让合同中约定的转让期限，不得超过原承包合同剩余的期限。

第十六条 草原所有权、使用权的争议，由当事人协商解决；协商不成的，由有关人民政府处理。单位之间的争议，由县级以上人民政府处理；个人之间、个人与单位之间的争议，由乡（镇）人民政府或者县级以上人民政府处理。当事人对有关人民政府的处理决定不服的，可以依法向人民法院起诉。在草原权属争议解决前，任何一方不得改变草原利用现状，不得破坏草原和草原上的设施。

……

第三十三条 草原承包经营者应当合理利用草原，不得超过草原行政主管部门核定的载畜量；草原承包经营者应当采取种植和储备饲草饲料、增加饲草饲料供应量、调剂处理牲畜、优化畜群结构、提高出栏率等措施，保持草畜平衡。草原载畜量标准和草畜平衡管理办法由国务院草原行政主管部门规定。

第三十四条 牧区的草原承包经营者应当实行划区轮牧，合理配置畜群，均衡利用草原。

第三十五条 国家提倡在农区、半农半牧区和有条件的牧区实行牲畜圈养。草原承包经营者应当按照饲养牲畜的种类和数量，调剂、储备饲草饲料，采用青贮和饲草饲料加工等新技术，逐步改变依赖天然草地放牧的生产方式。在草原禁牧、休牧、轮牧区，国家对实行舍饲圈养的给予粮食和资金补助，具体办法由国务院或者国务院授权的有关部门规定。

第三十六条 县级以上地方人民政府草原行政主管部门对割草场和野生草种基地应当规定合理的割草期、采种期以及留茬高度和采割强度，实行轮割轮采。

第三十七条 遇到自然灾害等特殊情况，需要临时调剂使用草原的，按照自愿互利的原则，由双方协商解决；需要跨县临时调剂使用草原的，由有关县级人民政府或者共同的上级人民政府组织协商解决。

第三十八条 进行矿藏开采和工程建设，应当不占或者少占草原；确需征收、征用或者使用草原的，必须经省级以上人民政府草原行政主管部门审核同意后，依照有关土地管理的法律、行政法规办理建设用地审批手续。

第三十九条 因建设征收、征用集体所有的草原的，应当依照《中华人民共和国土地管理法》的规定给予补偿；因建设使用国家所有的草原的，应当依照国务院有关规定对草原承包经营者给予补偿。因建设征收、征用或者使用草原的，应当交纳草原植被恢复费。草原植被恢复费专款专用，由草原行政主管部门按照规定用于恢复草原植被，任何单位和个人不得截留、挪用。草原植被恢复费的征收、使用和管理办法，由国务院价格主管部门和国务院财政部门会同国务院草原行政主管部门制定。

第四十条 需要临时占用草原的，应当经县级以上地方人民政府草原行政主管部门审核同意。临时占用草原的期限不得超过二年，并不得在临时占用的草原上修建永久性建筑物、构筑物；占用期满，用地单位必须恢复草原植被并及时退还。

第四十一条 在草原上修建直接为草原保护和畜牧业生产服务的工程设施，需要使用草原的，由县级以上人民政府草原行政主管部门批准；修筑其他工程，需要将草原转为非畜牧业生产用地的，必须依法办理建设用地审批手续。前款所称直接为草原保护和畜牧业生产服务的工程设施，是指：（一）生产、贮存草种和饲草饲料的设施；（二）牲畜圈舍、配种点、剪毛点、药浴池、人畜饮水设施；

（三）科研、试验、示范基地；

（四）草原防火和灌溉设施。

第四十二条 国家实行基本草原保护制度。下列草原应当划为基本草原，实施严格管理：（一）重要放牧场；（二）割草地；（三）用于畜牧业生产的人工草地、退耕还草地以及改良草地、草种基地；（四）对调节气候、涵养水源、保持水土、防风固沙具有特殊作用的草原；（五）作为国家重点保护野生动植物生存环境的草原；（六）草原科研、教学试验基地；（七）国务院规定应当划为基本草原的其他草原。基本草原的保护管理办法，由国务院制定。

　　第四十三条　国务院草原行政主管部门或者省、自治区、直辖市人民政府可以按照自然保护区管理的有关规定在下列地区建立草原自然保护区：（一）具有代表性的草原类型；（二）珍稀濒危野生动植物分布区；（三）具有重要生态功能和经济科研价值的草原。

　　第四十四条　县级以上人民政府应当依法加强对草原珍稀濒危野生植物和种质资源的保护、管理。

　　第四十五条　国家对草原实行以草定畜、草畜平衡制度。县级以上地方人民政府草原行政主管部门应当按照国务院草原行政主管部门制定的草原载畜量标准，结合当地实际情况，定期核定草原载畜量。各级人民政府应当采取有效措施，防止超载过牧。

　　第四十六条　禁止开垦草原。对水土流失严重、有沙化趋势、需要改善生态环境的已垦草原，应当有计划、有步骤地退耕还草；已造成沙化、盐碱化、石漠化的，应当限期治理。

　　第四十七条　对严重退化、沙化、盐碱化、石漠化的草原和生态脆弱区的草原，实行禁牧、休牧制度。

　　第四十八条　国家支持依法实行退耕还草和禁牧、休牧。具体办法由国务院或者省、自治区、直辖市人民政府制定。对在国务院批准规划范围内实施退耕还草的农牧民，按照国家规定给予粮食、现金、草种费补助。退耕还草完成后，由县级以上人民政府草原行政主管部门核实登记，依法履行土地用途变更手续，发放草原权属证书。

　　第四十九条　禁止在荒漠、半荒漠和严重退化、沙化、盐碱化、石漠化、水土流失的草原以及生态脆弱区的草原上采挖植物和从事破坏草原植被的其他活动。

　　第五十条　在草原上从事采土、采砂、采石等作业活动，应当报县级人民政府草原行政主管部门批准；开采矿产资源的，并应当依法办理有关手续。经批准在草原上从事本条第一款所列活动的，应当在规定的时间、区域内，按照准许的采挖方式作业，并采取保护草原植被的措施。

在他人使用的草原上从事本条第一款所列活动的，还应当事先征得草原使用者的同意。

第五十一条　在草原上种植牧草或者饲料作物，应当符合草原保护、建设、利用规划；县级以上地方人民政府草原行政主管部门应当加强监督管理，防止草原沙化和水土流失。

第五十二条　在草原上开展经营性旅游活动，应当符合有关草原保护、建设、利用规划，并不得侵犯草原所有者、使用者和承包经营者的合法权益，不得破坏草原植被。

第五十三条　草原防火工作贯彻预防为主、防消结合的方针。各级人民政府应当建立草原防火责任制，规定草原防火期，制定草原防火扑火预案，切实做好草原火灾的预防和扑救工作。

第五十四条　县级以上地方人民政府应当做好草原鼠害、病虫害和毒害草防治的组织管理工作。县级以上地方人民政府草原行政主管部门应当采取措施，加强草原鼠害、病虫害和毒害草监测预警、调查以及防治工作，组织研究和推广综合防治的办法。禁止在草原上使用剧毒、高残留以及可能导致二次中毒的农药。

第五十五条　除抢险救灾和牧民搬迁的机动车辆外，禁止机动车辆离开道路在草原上行驶，破坏草原植被；因从事地质勘探、科学考察等活动确需离开道路在草原上行驶的，应当事先向所在地县级人民政府草原行政主管部门报告行驶区域和行驶路线，并按照报告的行驶区域和行驶路线在草原上行驶。

……

第六十一条　草原行政主管部门工作人员及其他国家机关有关工作人员玩忽职守、滥用职权，不依法履行监督管理职责，或者发现违法行为不予查处，造成严重后果，构成犯罪的，依法追究刑事责任；尚不够刑事处罚的，依法给予行政处分。

第六十二条　截留、挪用草原改良、人工种草和草种生产资金或者草原植被恢复费，构成犯罪的，依法追究刑事责任；尚不够刑事处罚的，依法给予行政处分。

第六十三条 无权批准征收、征用、使用草原的单位或者个人非法批准征收、征用、使用草原的，超越批准权限非法批准征收、征用、使用草原的，或者违反法律规定的程序批准征收、征用、使用草原，构成犯罪的，依法追究刑事责任；尚不够刑事处罚的，依法给予行政处分。非法批准征收、征用、使用草原的文件无效。非法批准征收、征用、使用的草原应当收回，当事人拒不归还的，以非法使用草原论处。非法批准征收、征用、使用草原，给当事人造成损失的，依法承担赔偿责任。

第六十四条 买卖或者以其他形式非法转让草原，构成犯罪的，依法追究刑事责任；尚不够刑事处罚的，由县级以上人民政府草原行政主管部门依据职权责令限期改正，没收违法所得，并处违法所得一倍以上五倍以下的罚款。

第六十五条 未经批准或者采取欺骗手段骗取批准，非法使用草原，构成犯罪的，依法追究刑事责任；尚不够刑事处罚的，由县级以上人民政府草原行政主管部门依据职权责令退还非法使用的草原，对违反草原保护、建设、利用规划擅自将草原改为建设用地的，限期拆除在非法使用的草原上新建的建筑物和其他设施，恢复草原植被，并处草原被非法使用前三年平均产值六倍以上十二倍以下的罚款。

第六十六条 非法开垦草原，构成犯罪的，依法追究刑事责任；尚不够刑事处罚的，由县级以上人民政府草原行政主管部门依据职权责令停止违法行为，限期恢复植被，没收非法财物和违法所得，并处违法所得一倍以上五倍以下的罚款；没有违法所得的，并处五万元以下的罚款；给草原所有者或者使用者造成损失的，依法承担赔偿责任。

第六十七条 在荒漠、半荒漠和严重退化、沙化、盐碱化、石漠化、水土流失的草原，以及生态脆弱区的草原上采挖植物或者从事破坏草原植被的其他活动的，由县级以上地方人民政府草原行政主管部门依据职权责令停止违法行为，没收非法财物和违法所得，可以并处违法所得一倍以上五倍以下的罚款；没有违法所得的，可以并处五万元以下的罚款；给草原所有者或者使用者造成损失的，依法承担赔偿责任。

第六十八条 未经批准或者未按照规定的时间、区域和采挖方式在草原上进行采土、采砂、采石等活动的，由县级人民政府草原行政主管部门责令停止违法行为，限期恢复植被，没收非法财物和违法所得，可以并处违法所得一倍以上二倍以下的罚款；没有违法所得的，可以并处二万元以下的罚款；给草原所有者或者使用者造成损失的，依法承担赔偿责任。

第六十九条　违反本法第五十二条规定，在草原上开展经营性旅游活动，破坏草原植被的，由县级以上地方人民政府草原行政主管部门依据职权责令停止违法行为，限期恢复植被，没收违法所得，可以并处违法所得一倍以上二倍以下的罚款；没有违法所得的，可以并处草原被破坏前三年平均产值六倍以上十二倍以下的罚款；给草原所有者或者使用者造成损失的，依法承担赔偿责任。

第七十条　非抢险救灾和牧民搬迁的机动车辆离开道路在草原上行驶，或者从事地质勘探、科学考察等活动，未事先向所在地县级人民政府草原行政主管部门报告或者未按照报告的行驶区域和行驶路线在草原上行驶，破坏草原植被的，由县级人民政府草原行政主管部门责令停止违法行为，限期恢复植被，可以并处草原被破坏前三年平均产值三倍以上九倍以下的罚款；给草原所有者或者使用者造成损失的，依法承担赔偿责任。

第七十一条　在临时占用的草原上修建永久性建筑物、构筑物的，由县级以上地方人民政府草原行政主管部门依据职权责令限期拆除；逾期不拆除的，依法强制拆除，所需费用由违法者承担。临时占用草原，占用期届满，用地单位不予恢复草原植被的，由县级以上地方人民政府草原行政主管部门依据职权责令限期恢复；逾期不恢复的，由县级以上地方人民政府草原行政主管部门代为恢复，所需费用由违法者承担。

第七十二条　未经批准，擅自改变草原保护、建设、利用规划的，由县级以上人民政府责令限期改正；对直接负责的主管人员和其他直接责任人员，依法给予行政处分。

第七十三条　对违反本法有关草畜平衡制度的规定，牲畜饲养量超过县级以上地方人民政府草原行政主管部门核定的草原载畜量标准的纠正或者处罚措施，由省、自治区、直辖市人民代表大会或者其常务委员会规定。

……

中华人民共和国土壤污染防治法（节录）

（2018年8月31日第十三届全国人民代表大会常务委员会第五次会议通过，2018年8月31日中华人民共和国主席令第八号公布，自2019年1月1日起施行）

……

第十八条　各类涉及土地利用的规划和可能造成土壤污染的建设项目，应当依法进行环境影响评价。环境影响评价文件应当包括对土壤可能造成的不良影响及应当采取的相应预防措施等内容。

第十九条　生产、使用、贮存、运输、回收、处置、排放有毒有害物质的单位和个人，应当采取有效措施，防止有毒有害物质渗漏、流失、扬散，避免土壤受到污染。

第二十条　国务院生态环境主管部门应当会同国务院卫生健康等主管部门，根据对公众健康、生态环境的危害和影响程度，对土壤中有毒有害物质进行筛查评估，公布重点控制的土壤有毒有害物质名录，并适时更新。

第二十一条　设区的市级以上地方人民政府生态环境主管部门应当按照国务院生态环境主管部门的规定，根据有毒有害物质排放等情况，制定本行政区域土壤污染重点监管单位名录，向社会公开并适时更新。土壤污染重点监管单位应当履行下列义务：（一）严格控制有毒有害物质排放，并按年度向生态环境主管部门报告排放情况；（二）建立土壤污染隐患排查制度，保证持续有效防止有毒有害物质渗漏、流失、扬散；（三）制定、实施自行监测方案，并将监测数据报生态环境主管部门。前款规定的义务应当在排污许可证中载明。土壤污染重点监管单位应当对监测数据的真实性和准确性负责。生态环境主管部门发现土壤污染重点监管单位监测数据异常，应当及时进行调查。设区的市级以上地方人民政府生态环境主管部门应当定期对土壤污染重点监管单位周边土壤进行监测。

第二十二条　企业事业单位拆除设施、设备或者建筑物、构筑物的，应当采取相应的土壤污染防治措施。土壤污染重点监管单位拆除设施、设备或者建筑物、构筑物的，应当制定包括应急措施在内的土壤污染防治工作方案，报地方人民政府生态环境、工业和信息化主管部门备案并实施。

第二十三条　各级人民政府生态环境、自然资源主管部门应当依法加强对矿产资源开发区域土壤污染防治的监督管理，按照相关标准和总量控制的要求，严格控制可能造成土壤污染的重点污染物排放。尾矿库运营、管理单位应当按照规定，加强尾矿库的安全管理，采取措施防止土壤污染。危库、险库、病库以及其他需要重点监管的尾矿库的运营、管理单位应当按照规定，进行土壤污染状况监测和定期评估。

第二十四条　国家鼓励在建筑、通信、电力、交通、水利等领域的信息、网络、防雷、接地等建设工程中采用新技术、新材料，防止土壤污染。禁止在土壤中使用重金属含量超标的降阻产品。

第二十五条　建设和运行污水集中处理设施、固体废物处置设施，应当依照法律法规和相关标准的要求，采取措施防止土壤污染。地方人民政府生态环境主管部门应当定期对污水集中处理设施、固体废物处置设施周边土壤进行监测；对不符合法律法规和相关标准要求的，应当根据监测结果，要求污水集中处理设施、固体废物处置设施运营单位采取相应改进措施。地方各级人民政府应当统筹规划、建设城乡生活污水和生活垃圾处理、处置设施，并保障其正常运行，防止土壤污染。

第二十六条　国务院农业农村、林业草原主管部门应当制定规划，完善相关标准和措施，加强农用地农药、化肥使用指导和使用总量控制，加强农用薄膜使用控制。国务院农业农村主管部门应当加强农药、肥料登记，组织开展农药、肥料对土壤环境影响的安全性评价。制定农药、兽药、肥料、饲料、农用薄膜等农业投入品及其包装物标准和农田灌溉用水水质标准，应当适应土壤污染防治的要求。

第二十七条　地方人民政府农业农村、林业草原主管部门应当开展农用地土壤污染防治宣传和技术培训活动，扶持农业生产专业化服务，指导农业生产者合理使用农药、兽药、肥料、饲料、农用薄膜等农业投入品，控制农药、兽药、化肥等的使用量。地方人民政府农业农村主管部门应当鼓励农业生产者采取有利于防止土壤污染的种养结合、轮作休耕等农业耕作措施；支持采取土壤改良、土壤肥力提升等有利于土壤养护和培育的措施；支持畜禽粪便处理、利用设施的建设。

第二十八条　禁止向农用地排放重金属或者其他有毒有害物质含量超标的污水、污泥，以及可能造成土壤污染的清淤底泥、尾矿、矿渣等。县级以上人民政府有关部门应当加强对畜禽粪便、沼渣、沼液等收集、贮存、利用、处置的监督管理，防止土壤污染。农田灌溉用水应当符合相应的水质标准，防止土壤、地下水和农产品污染。地方人民政府生态环境主管部门应当会同农业农村、水利主管部门加强对农田灌溉用水水质的管理，对农田灌溉用水水质进行监测和监督检查。

第二十九条　国家鼓励和支持农业生产者采取下列措施：（一）使用低毒、低残留农药以及先进喷施技术；（二）使用符合标准的有机肥、高效肥；（三）采用测土配方施肥技术、生物防治等病虫害绿色防控技术；（四）使用生物可降解农用薄膜；（五）综合利用秸秆、移出高富集污染物秸秆；（六）按照规定对酸性土壤等进行改良。

第三十条　禁止生产、销售、使用国家明令禁止的农业投入品。农业投入品生产者、销售者和使用者应当及时回收农药、肥料等农业投入品的包装废弃物和农用薄膜，并将农药包装废弃物交由专门的机构或者组织进行无害化处理。具体办法由国务院农业农村主管部门会同国务院生态环境等主管部门制定。国家采取措施，鼓励、支持单位和个人回收农业投入品包装废弃物和农用薄膜。

第三十一条　国家加强对未污染土壤的保护。地方各级人民政府应当重点保护未污染的耕地、林地、草地和饮用水水源地。各级人民政府应当加强对国家公园等自然保护地的保护，维护其生态功能。对未利用地应当予以保护，不得污染和破坏。

第三十二条　县级以上地方人民政府及其有关部门应当按照土地利用总体规划和城乡规划，严格执行相关行业企业布局选址要求，禁止在居民区和学校、医院、疗养院、养老院等单位周边新建、改建、扩建可能造成土壤污染的建设项目。

第三十三条　国家加强对土壤资源的保护和合理利用。对开发建设过程中剥离的表土，应当单独收集和存放，符合条件的应当优先用于土地复垦、土壤改良、造地和绿化等。禁止将重金属或者其他有毒有害物质含量超标的工业固体废物、生活垃圾或者污染土壤用于土地复垦。

第三十四条　因科学研究等特殊原因，需要进口土壤的，应当遵守国家出入境检验检疫的有关规定。

第三十五条　土壤污染风险管控和修复，包括土壤污染状况调查和土壤污染风险评估、风险管控、修复、风险管控效果评估、修复效果评估、后期管理等活动。

第三十六条　实施土壤污染状况调查活动，应当编制土壤污染状况调查报告。土壤污染状况调查报告应当主要包括地块基本信息、污染物含量是否超过土壤污染风险管控标准等内容。污染物含量超过土壤污染风险管控标准的，土壤污染状况调查报告还应当包括污染类型、污染来源以及地下水是否受到污染等内容。

第三十七条　实施土壤污染风险评估活动，应当编制土壤污染风险评估报告。土壤污染风险评估报告应当主要包括下列内容：（一）主要污染物状况；（二）土壤及地下水污染范围；（三）农产品质量安全风险、公众健康风险或者生态风险；（四）风险管控、修复的目标和基本要求等。

第三十八条　实施风险管控、修复活动，应当因地制宜、科学合理，提高针对性和有效性。实施风险管控、修复活动，不得对土壤和周边环境造成新的污染。

第三十九条　实施风险管控、修复活动前，地方人民政府有关部门有权根据实际情况，要求土壤污染责任人、土地使用权人采取移除污染源、防止污染扩散等措施。

第四十条 实施风险管控、修复活动中产生的废水、废气和固体废物，应当按照规定进行处理、处置，并达到相关环境保护标准。实施风险管控、修复活动中产生的固体废物以及拆除的设施、设备或者建筑物、构筑物属于危险废物的，应当依照法律法规和相关标准的要求进行处置。修复施工期间，应当设立公告牌，公开相关情况和环境保护措施。

第四十一条 修复施工单位转运污染土壤的，应当制定转运计划，将运输时间、方式、线路和污染土壤数量、去向、最终处置措施等，提前报所在地和接收地生态环境主管部门。转运的污染土壤属于危险废物的，修复施工单位应当依照法律法规和相关标准的要求进行处置。

第四十二条 实施风险管控效果评估、修复效果评估活动，应当编制效果评估报告。效果评估报告应当主要包括是否达到土壤污染风险评估报告确定的风险管控、修复目标等内容。风险管控、修复活动完成后，需要实施后期管理的，土壤污染责任人应当按照要求实施后期管理。

第四十三条 从事土壤污染状况调查和土壤污染风险评估、风险管控、修复、风险管控效果评估、修复效果评估、后期管理等活动的单位，应当具备相应的专业能力。受委托从事前款活动的单位对其出具的调查报告、风险评估报告、风险管控效果评估报告、修复效果评估报告的真实性、准确性、完整性负责，并按照约定对风险管控、修复、后期管理等活动结果负责。

第四十四条 发生突发事件可能造成土壤污染的，地方人民政府及其有关部门和相关企业事业单位以及其他生产经营者应当立即采取应急措施，防止土壤污染，并依照本法规定做好土壤污染状况监测、调查和土壤污染风险评估、风险管控、修复等工作。

第四十五条 土壤污染责任人负有实施土壤污染风险管控和修复的义务。土壤污染责任人无法认定的，土地使用权人应当实施土壤污染风险管控和修复。地方人民政府及其有关部门可以根据实际情况组织实施土壤污染风险管控和修复。国家鼓励和支持有关当事人自愿实施土壤污染风险管控和修复。

第四十六条 因实施或者组织实施土壤污染状况调查和土壤污染风

险评估、风险管控、修复、风险管控效果评估、修复效果评估、后期管理等活动所支出的费用，由土壤污染责任人承担。

第四十七条　土壤污染责任人变更的，由变更后承继其债权、债务的单位或者个人履行相关土壤污染风险管控和修复义务并承担相关费用。

第四十八条　土壤污染责任人不明确或者存在争议的，农用地由地方人民政府农业农村、林业草原主管部门会同生态环境、自然资源主管部门认定，建设用地由地方人民政府生态环境主管部门会同自然资源主管部门认定。认定办法由国务院生态环境主管部门会同有关部门制定。

第四十九条　国家建立农用地分类管理制度。按照土壤污染程度和相关标准，将农用地划分为优先保护类、安全利用类和严格管控类。

第五十条　县级以上地方人民政府应当依法将符合条件的优先保护类耕地划为永久基本农田，实行严格保护。在永久基本农田集中区域，不得新建可能造成土壤污染的建设项目；已经建成的，应当限期关闭拆除。

第五十一条　未利用地、复垦土地等拟开垦为耕地的，地方人民政府农业农村主管部门应当会同生态环境、自然资源主管部门进行土壤污染状况调查，依法进行分类管理。

第五十二条　对土壤污染状况普查、详查和监测、现场检查表明有土壤污染风险的农用地地块，地方人民政府农业农村、林业草原主管部门应当会同生态环境、自然资源主管部门进行土壤污染状况调查。对土壤污染状况调查表明污染物含量超过土壤污染风险管控标准的农用地地块，地方人民政府农业农村、林业草原主管部门应当会同生态环境、自然资源主管部门组织进行土壤污染风险评估，并按照农用地分类管理制度管理。

第五十三条　对安全利用类农用地地块，地方人民政府农业农村、林业草原主管部门，应当结合主要作物品种和种植习惯等情况，制定并实施安全利用方案。安全利用方案应当包括下列内容：（一）农艺调控、替代种植；（二）定期开展土壤和农产品协同监测与评价；（三）对农民、农民专业合作社及其他农业生产经营主体进行技术指导和培训；（四）其他风险管控措施。

第五十四条 对严格管控类农用地地块，地方人民政府农业农村、林业草原主管部门应当采取下列风险管控措施：（一）提出划定特定农产品禁止生产区域的建议，报本级人民政府批准后实施；（二）按照规定开展土壤和农产品协同监测与评价；（三）对农民、农民专业合作社及其他农业生产经营主体进行技术指导和培训；（四）其他风险管控措施。各级人民政府及其有关部门应当鼓励对严格管控类农用地采取调整种植结构、退耕还林还草、退耕还湿、轮作休耕、轮牧休牧等风险管控措施，并给予相应的政策支持。

第五十五条 安全利用类和严格管控类农用地地块的土壤污染影响或者可能影响地下水、饮用水水源安全的，地方人民政府生态环境主管部门应当会同农业农村、林业草原等主管部门制定防治污染的方案，并采取相应的措施。

第五十六条 对安全利用类和严格管控类农用地地块，土壤污染责任人应当按照国家有关规定以及土壤污染风险评估报告的要求，采取相应的风险管控措施，并定期向地方人民政府农业农村、林业草原主管部门报告。

第五十七条 对产出的农产品污染物含量超标，需要实施修复的农用地地块，土壤污染责任人应当编制修复方案，报地方人民政府农业农村、林业草原主管部门备案并实施。修复方案应当包括地下水污染防治的内容。修复活动应当优先采取不影响农业生产、不降低土壤生产功能的生物修复措施，阻断或者减少污染物进入农作物食用部分，确保农产品质量安全。风险管控、修复活动完成后，土壤污染责任人应当另行委托有关单位对风险管控效果、修复效果进行评估，并将效果评估报告报地方人民政府农业农村、林业草原主管部门备案。农村集体经济组织及其成员、农民专业合作社及其他农业生产经营主体等负有协助实施土壤污染风险管控和修复的义务。

第五十八条 国家实行建设用地土壤污染风险管控和修复名录制度。建设用地土壤污染风险管控和修复名录由省级人民政府生态环境主管部门会同自然资源等主管部门制定，按照规定向社会公开，并根据风险管控、修复情况适时更新。

第五十九条 对土壤污染状况普查、详查和监测、现场检查表明有土壤污染风险的建设用地地块，地方人民政府生态环境主管部门应当要求土地使用权人按照规定进行土壤污染状况调查。用途变更为住宅、公共管理与公共服务用地的，变更前应当按照规定进行土壤污染状况调查。前两款规定的土壤污染状况调查报告应当报地方人民政府生态环境主管部门，由地方人民政府生态环境主管部门会同自然资源主管部门组织评审。

第六十条 对土壤污染状况调查报告评审表明污染物含量超过土壤污染风险管控标准的建设用地地块，土壤污染责任人、土地使用权人应当按照国务院生态环境主管部门的规定进行土壤污染风险评估，并将土壤污染风险评估报告报省级人民政府生态环境主管部门。

第六十一条 省级人民政府生态环境主管部门应当会同自然资源等主管部门按照国务院生态环境主管部门的规定，对土壤污染风险评估报告组织评审，及时将需要实施风险管控、修复的地块纳入建设用地土壤污染风险管控和修复名录，并定期向国务院生态环境主管部门报告。列入建设用地土壤污染风险管控和修复名录的地块，不得作为住宅、公共管理与公共服务用地。

第六十二条 对建设用地土壤污染风险管控和修复名录中的地块，土壤污染责任人应当按照国家有关规定以及土壤污染风险评估报告的要求，采取相应的风险管控措施，并定期向地方人民政府生态环境主管部门报告。风险管控措施应当包括地下水污染防治的内容。

第六十三条 对建设用地土壤污染风险管控和修复名录中的地块，地方人民政府生态环境主管部门可以根据实际情况采取下列风险管控措施：（一）提出划定隔离区域的建议，报本级人民政府批准后实施；（二）进行土壤及地下水污染状况监测；（三）其他风险管控措施。

第六十四条 对建设用地土壤污染风险管控和修复名录中需要实施修复的地块，土壤污染责任人应当结合土地利用总体规划和城乡规划编制修复方案，报地方人民政府生态环境主管部门备案并实施。修复方案应当包括地下水污染防治的内容。

第六十五条　风险管控、修复活动完成后，土壤污染责任人应当另行委托有关单位对风险管控效果、修复效果进行评估，并将效果评估报告报地方人民政府生态环境主管部门备案。

第六十六条　对达到土壤污染风险评估报告确定的风险管控、修复目标的建设用地地块，土壤污染责任人、土地使用权人可以申请省级人民政府生态环境主管部门移出建设用地土壤污染风险管控和修复名录。省级人民政府生态环境主管部门应当会同自然资源等主管部门对风险管控效果评估报告、修复效果评估报告组织评审，及时将达到土壤污染风险评估报告确定的风险管控、修复目标且可以安全利用的地块移出建设用地土壤污染风险管控和修复名录，按照规定向社会公开，并定期向国务院生态环境主管部门报告。未达到土壤污染风险评估报告确定的风险管控、修复目标的建设用地地块，禁止开工建设任何与风险管控、修复无关的项目。

第六十七条　土壤污染重点监管单位生产经营用地的用途变更或者在其土地使用权收回、转让前，应当由土地使用权人按照规定进行土壤污染状况调查。土壤污染状况调查报告应当作为不动产登记资料送交地方人民政府不动产登记机构，并报地方人民政府生态环境主管部门备案。

第六十八条　土地使用权已经被地方人民政府收回，土壤污染责任人为原土地使用权人的，由地方人民政府组织实施土壤污染风险管控和修复。

……

第八十五条　地方各级人民政府、生态环境主管部门或者其他负有土壤污染防治监督管理职责的部门未依照本法规定履行职责的，对直接负责的主管人员和其他直接责任人员依法给予处分。依照本法规定应当作出行政处罚决定而未作出的，上级主管部门可以直接作出行政处罚决定。

第八十六条　违反本法规定，有下列行为之一的，由地方人民政府生态环境主管部门或者其他负有土壤污染防治监督管理职责的部门责令改正，处以罚款；拒不改正的，责令停产整治：（一）土壤污染重点监管单位未制定、实施自行监测方案，或者未将监测数据报生态环境主管部门的；（二）土壤污染重点监管单位篡改、伪造监测数据的；（三）土壤污染重点监管单位未按年度报告有毒有害物质排放情况，或者未建立土壤污染隐患排查制度的；（四）拆除设施、设备或者建筑物、构筑物，企业事业单位未采取相应的土壤污染防治措施或者土壤污染重点监管单位未制定、实施土壤污染防治工作方案的；（五）尾矿库运营、管理单位未按照规定采取措施防止土壤污染的；（六）尾矿库运营、管理单位未按照规定进行土壤污染状况监测的；（七）建设和运行污水集中处理设施、固体废物处置设施，未依照法律法规和相关标准的要求采取措施防止土壤污染的。有前款规定行为之一的，处二万元以上二十万元以下的罚款；有前款第二项、第四项、第五项、第七项规定行为之一，造成严重后果的，处二十万元以上二百万元以下的罚款。

第八十七条　违反本法规定，向农用地排放重金属或者其他有毒有害物质含量超标的污水、污泥，以及可能造成土壤污染的清淤底泥、尾矿、矿渣等的，由地方人民政府生态环境主管部门责令改正，处十万元以上五十万元以下的罚款；情节严重的，处五十万元以上二百万元以下的罚款，并可以将案件移送公安机关，对直接负责的主管人员和其他直接责任人员处五日以上十五日以下的拘留；有违法所得的，没收违法所得。

第八十八条　违反本法规定，农业投入品生产者、销售者、使用者未按照规定及时回收肥料等农业投入品的包装废弃物或者农用薄膜，或者未按照规定及时回收农药包装废弃物交由专门的机构或者组织进行无害化处理的，由地方人民政府农业农村主管部门责令改正，处一万元以上十万元以下的罚款；农业投入品使用者为个人的，可以处二百元以上二千元以下的罚款。

第八十九条　违反本法规定，将重金属或者其他有毒有害物质含量超标的工业固体废物、生活垃圾或者污染土壤用于土地复垦的，由地方人民政府生态环境主管部门责令改正，处十万元以上一百万元以下的罚款；有违法所得的，没收违法所得。

第九十条　违反本法规定，受委托从事土壤污染状况调查和土壤污染风险评估、风险管控效果评估、修复效果评估活动的单位，出具虚假调查报告、风险评估报告、风险管控效果评估报告、修复效果评估报告的，由地方人民政府生态环境主管部门处十万元以上五十万元以下的罚款；情节严重的，禁止从事上述业务，并处五十万元以上一百万元以下的罚款；有违法所得的，没收违法所得。前款规定的单位出具虚假报告的，由地方人民政府生态环境主管部门对直接负责的主管人员和其他直接责任人员处一万元以上五万元以下的罚款；情节严重的，十年内禁止从事前款规定的业务；构成犯罪的，终身禁止从事前款规定的业务。本条第一款规定的单位和委托人恶意串通，出具虚假报告，造成他人人身或者财产损害的，还应当与委托人承担连带责任。

第九十一条 违反本法规定，有下列行为之一的，由地方人民政府生态环境主管部门责令改正，处十万元以上五十万元以下的罚款；情节严重的，处五十万元以上一百万元以下的罚款；有违法所得的，没收违法所得；对直接负责的主管人员和其他直接责任人员处五千元以上二万元以下的罚款：（一）未单独收集、存放开发建设过程中剥离的表土的；（二）实施风险管控、修复活动对土壤、周边环境造成新的污染的；（三）转运污染土壤，未将运输时间、方式、线路和污染土壤数量、去向、最终处置措施等提前报所在地和接收地生态环境主管部门的；（四）未达到土壤污染风险评估报告确定的风险管控、修复目标的建设用地地块，开工建设与风险管控、修复无关的项目的。

第九十二条 违反本法规定，土壤污染责任人或者土地使用权人未按照规定实施后期管理的，由地方人民政府生态环境主管部门或者其他负有土壤污染防治监督管理职责的部门责令改正，处一万元以上五万元以下的罚款；情节严重的，处五万元以上五十万元以下的罚款。

第九十三条 违反本法规定，被检查者拒不配合检查，或者在接受检查时弄虚作假的，由地方人民政府生态环境主管部门或者其他负有土壤污染防治监督管理职责的部门责令改正，处二万元以上二十万元以下的罚款；对直接负责的主管人员和其他直接责任人员处五千元以上二万元以下的罚款。

第九十四条 违反本法规定，土壤污染责任人或者土地使用权人有下列行为之一的，由地方人民政府生态环境主管部门或者其他负有土壤污染防治监督管理职责的部门责令改正，处二万元以上二十万元以下的罚款；拒不改正的，处二十万元以上一百万元以下的罚款，并委托他人代为履行，所需费用由土壤污染责任人或者土地使用权人承担；对直接负责的主管人员和其他直接责任人员处五千元以上二万元以下的罚款：（一）未按照规定进行土壤污染状况调查的；（二）未按照规定进行土壤污染风险评估的；（三）未按照规定采取风险管控措施的；（四）未按照规定实施修复的；（五）风险管控、修复活动完成后，未另行委托有关单位对风险管控效果、修复效果进行评估的。土壤污染责任人或者土地使用权人有前款第三项、第四项规定行为之一，情节严重的，地方人民政府生态环境主管部门或者其他负有土壤污染防治监督管理职责的部门可以将案件移送公安机关，对直接负责的主管人员和其他直接责任人员处五日以上十五日以下的拘留。

第九十五条 违反本法规定，有下列行为之一的，由地方人民政府有关部门责令改正；拒不改正的，处一万元以上五万元以下的罚款：（一）土壤污染重点监管单位未按照规定将土壤污染防治工作方案报地方人民政府生态环境、工业和信息化主管部门备案的；（二）土壤污染责任人或者土地使用权人未按照规定将修复方案、效果评估报告报地方人民政府生态环境、农业农村、林业草原主管部门备案的；（三）土地使用权人未按照规定将土壤污染状况调查报告报地方人民政府生态环境主管部门备案的。

第九十六条 污染土壤造成他人人身或者财产损害的，应当依法承担侵权责任。土壤污染责任人无法认定，土地使用权人未依照本法规定履行土壤污染风险管控和修复义务，造成他人人身或者财产损害的，应当依法承担侵权责任。土壤污染引起的民事纠纷，当事人可以向地方人民政府生态环境等主管部门申请调解处理，也可以向人民法院提起诉讼。

第九十七条 污染土壤损害国家利益、社会公共利益的，有关机关和组织可以依照《中华人民共和国环境保护法》《中华人民共和国民事诉讼法》《中华人民共和国行政诉讼法》等法律的规定向人民法院提起诉讼。

第九十八条 违反本法规定，构成违反治安管理行为的，由公安机关依法给予治安管理处罚；构成犯罪的，依法追究刑事责任。

……

关于规范临时用地管理的通知

（自然资源部 2021 年 11 月 4 日发布　自然资规〔2021〕2 号）

各省、自治区、直辖市及计划单列市自然资源主管部门，新疆生产建设兵团自然资源局，中国地质调查局及部其他直属单位，各派出机构，部机关各司局：

临时用地管理制度是《土地管理法》规定的重要制度之一。近年来，各地结合实际加强临时用地管理，取得一定成效，但也存在临时用地范围界定不规范、超期使用、使用后复垦不到位及违规批准临时用地等问题，甚至触碰了耕地保护红线。为规范和严格临时用地管理，切实加强耕地保护，促进节约集约用地，现就有关事项通知如下：

一、界定临时用地使用范围

临时用地是指建设项目施工、地质勘查等临时使用，不修建永久性建（构）筑物，使用后可恢复的土地（通过复垦可恢复原地类或者达到可供利用状态）。临时用地具有临时性和可恢复性等特点，与建设项目施工、地质勘查等无关的用地，使用后无法恢复到原地类或者复垦达不到可供利用状态的用地，不得使用临时用地。临时用地的范围包括：

（一）建设项目施工过程中建设的直接服务于施工人员的临时办公和生活用房，包括临时办公用房、生活用房、工棚等使用的土地；直接服务于工程施工的项目自用辅助工程，包括农用地表土剥离堆放场、材料堆场、制梁场、拌合站、钢筋加工厂、施工便道、运输便道、地上线路架设、地下管线敷设作业，以及能源、交通、水利等基础设施项目的取土场、弃土（渣）场等使用的土地。

（二）矿产资源勘查、工程地质勘查、水文地质勘查等，在勘查期间临时生活用房、临时工棚、勘查作业及其辅助工程、施工便道、运输便道等使用的土地，包括油气资源勘查中钻井井场、配套管线、电力设施、进场道路等钻井及配套设施使用的土地。

（三）符合法律、法规规定的其他需要临时使用的土地。

二、临时用地选址要求和使用期限

建设项目施工、地质勘查使用临时用地时应坚持"用多少、批多少、占多少、恢复多少"，尽量不占或者少占耕地。使用后土地复垦难度较大的临时用地，要严格控制占用耕地。铁路、公路等单独选址建设项目，应科学组织施工，节约集约使用临时用地。制梁场、拌合站等难以恢复原种植条件的不得以临时用地方式占用耕地和永久基本农田，可以建设用地方式或者临时占用未利用地方式使用土地。临时用地确需占用永久基本农田的，必须能够恢复原种植条件，并符合《自然资源部　农业农村部关于加强和改进永久基本农田保护工作的通知》（自然资规〔2019〕1号）中申请条件、土壤剥离、复垦验收等有关规定。

临时用地使用期限一般不超过两年。建设周期较长的能源、交通、水利等基础设施建设项目施工使用的临时用地，期限不超过四年。城镇开发边界内临时建设用地规划许可、临时建设工程规划许可的期限应当与临时用地期限相衔接。临时用地使用期限，从批准之日起算。

三、规范临时用地审批

县（市）自然资源主管部门负责临时用地审批，其中涉及占用耕地和永久基本农田的，由市级或者市级以上自然资源主管部门负责审批。不得下放临时用地审批权或者委托相关部门行使审批权。城镇开发边界内使用临时用地的，可以一并申请临时建设用地规划许可和临时用地审批，具备条件的还可以同时申请临时建设工程规划许可，一并出具相关批准文件。油气资源探采合一开发涉及的钻井及配套设施建设用地，可先以临时用地方式批准使用，勘探结束转入生产使用的，办理建设用地审批手续；不转入生产的，油气企业应当完成土地复垦，按期归还。

申请临时用地应当提供临时用地申请书、临时使用土地合同、项目建设依据文件、土地复垦方案报告表、土地权属材料、勘测定界材料、土地利用现状照片及其他必要的材料。临时用地申请人根据土地权属，与县（市）

自然资源主管部门或者农村集体经济组织、村民委员会签订临时使用土地合同，明确临时用地的地点、四至范围、面积和现状地类，以及临时使用土地的用途、使用期限、土地复垦标准、补偿费用和支付方式、违约责任等。临时用地申请人应当编制临时用地土地复垦方案报告表，由有关自然资源主管部门负责审核。其中，所申请使用的临时用地位于项目建设用地报批时已批准土地复垦方案范围内的，不再重复编制土地复垦方案报告表。

四、落实临时用地恢复责任

临时用地使用人应当按照批准的用途使用土地，不得转让、出租、抵押临时用地。临时用地使用人应当自临时用地期满之日起一年内完成土地复垦，因气候、灾害等不可抗力因素影响复垦的，经批准可以适当延长复垦期限。

严格落实临时用地恢复责任，临时用地期满后应当拆除临时建（构）筑物，使用耕地的应当复垦为耕地，确保耕地面积不减少、质量不降低；使用耕地以外的其他农用地的应当恢复为农用地；使用未利用地的，对于符合条件的鼓励复垦为耕地。

县（市）自然资源主管部门依法监督临时用地使用人履行复垦义务情况，对逾期不恢复种植条件、违反土地复垦规定的行为，责令限期改正，并依照法律法规的规定进行处罚。按年度统计，县（市）范围内的临时用地，超期一年以上未完成土地复垦规模达到应复垦规模20%以上的，省级自然资源主管部门应当要求所在县（市）暂停审批新的临时用地，根据县（市）整改情况恢复审批。

五、严格临时用地监管

部建立临时用地信息系统。自2022年3月1日起，县（市）自然资源主管部门应当在临时用地批准后20个工作日内，将临时用地的批准文件、合同以及四至范围、土地利用现状照片影像资料信息等传至临时用地信息系统完成系统配号，并向社会公开临时用地批准信息。县（市）自然资源主管部门负责督促临时用地使用人按照土地复垦方案报告表开展土地复垦工作，在信息系统中及时更新土地复垦等信息。

建立定期抽查和定期通报制度，部和省级自然资源主管部门负责定期抽查占用耕地和永久基本农田临时用地的使用和复垦情况，对不符合用地要求和未完成复垦任务的，予以公开通报。国家自然资源督察机构要加强临时用地政策执行情况的监督检查，督促地方政府和部门落实审批和监管责任，整改纠正临时用地违法违规突出问题。

加强"一张图"管理，各级自然资源主管部门在年度国土变更调查、卫片执法检查中要结合临时用地信息系统中的批准文件、合同、影像资料、土地复垦方案报告表等，认真审核临时用地的批准、复垦情况。各级自然资源主管部门要严肃查处违法违规审批、使用临时用地，未按照批准内容进行临时建设，以及临时用地超出复垦期限未完成复垦等行为，处理结果向社会公开通报，并依规依纪依法移送问题线索，追究责任人的责任。

本文件自下发之日起执行，有效期五年。

（二）矿产与煤炭

12.矿产资源是否因其依附的土地所有权或使用权不同而改变？

《中华人民共和国矿产资源法》第三规定，矿产资源属于国家所有，由国务院行使国家对矿产资源的所有权。地表或者地下的矿产资源的国家所有权，不因其所依附的土地的所有权或者使用权的不同而改变。国家保障矿产资源的合理开发利用。禁止任何组织或者个人用任何手段侵占或者破坏矿产资源。各级人民政府必须加强矿产资源的保护工作。勘查、开采矿产资源，必须依法分别申请、经批准取得探矿权、采矿权，并办理登记；但是，已经依法申请取得采矿权的矿山企业在划定的矿区范围内为本企业的生产而进行的勘查除外。国家保护探矿权和采矿权不受侵犯，保障矿区和勘查作业区的生产秩序、工作秩序不受影响和破坏。从事矿产资源勘查和开采的，必须符合规定的资质条件。

13.涉及重要安全的区域可否申请开采矿产资源？

《中华人民共和国矿产资源法》第二十条规定，非经国务院授权的有关主管部门同意，不得在下列地区开采矿产资源：（一）港口、机场、国防工程设施圈定地区以内；（二）重要工业区、大型水利工程设施、城镇市政工程设施附近一定距离以内；（三）铁路、重要公路两侧一定距离以内；（四）重要河流、堤坝两侧一定距离以内；（五）国家划定的自然保护区、重要风景区，国家重点保护的不能移动的历史文物和名胜古迹所在地；（六）国家规定不得开采矿产资源的其他地区。

14.矿产资源开采范围进行变更可否沿用原来的开采许可证？

《中华人民共和国矿产资源法》第十七条规定，国家对国家规划矿区、对国民经济具有重要价值的矿区和国家规定实行保护性开采的特定矿种，实行有计划的开采；未经国务院有关主管部门批准，任何单位和个人不得开采。第十八条规定，国家规划矿区的范围、对国民经济具有重要价值的矿区的范围、矿山企业矿区的范围依法划定后，由划定矿区范围的主管机关通知有关县级人民政府予以公告。矿山企业变更矿区范围，必须报请原审批机关批准，并报请原颁发采矿许可证的机关重新核发采矿许可证。

15.我国对矿山建设有哪些安全保障要求？

《中华人民共和国矿山安全法》第七条至第十二条规定，矿山建设工程的安全设施必须和主体工程同时设计、同时施工、同时投入生产和使用。矿山建设工程的设计文件，必须符合矿山安全规程和行业技术规范，并按照国家规定经管理矿山企业的主管部门批准；不符合矿山安全规程和行业技术规范的，不得批准。矿山建设工程安全设施的设计必须有劳动行政主管部门参加审查。矿山安全规程和行业技术规范，由国务院管理矿山企业的主管部门制定。矿山设计下列项目必须符合矿山安全规程和行业技术规范：（一）矿井的通风系统和供风量、风质、风速；（二）露天矿的边坡角和台阶的宽度、高度；（三）供电系统；（四）提升、运输系统；（五）防水、排水系统和防火、灭火系统；（六）防瓦斯系统和防尘系统；（七）有关矿山安全的其他项目。每个矿井必须有两个以上能行人的安全出口，出口之间的直线水平距离必须符合矿山安全规程和行业技术规范。矿山必须有与外界相通的、符合安全要求的运输和通讯设施。矿山建设工程必须按照管理矿山企业的主管部门批准的设计文件施工。矿山建设工程安全设施竣工后，由管理矿山企业的主管部门验收，并须有劳动行政主管部门参加；不符合矿山安全规程和行业技术规范的，不得验收，不得投入生产。

16.煤矿企业在安全生产管理上应当遵循哪些法律规定？

《中华人民共和国煤炭法》第三十二条至第三十五条规定，矿务局长、矿长及煤矿企业的其他主要负责人必须遵守有关矿山安全的法律、法规和煤炭行业安全规章、规程，加强对煤矿安全生产工作的管理，执行安全生产责任制度，采取有效措施，防止伤亡和其他安全生产事故的发生。煤矿企业应当对职工进行安全生产教育、培训；未经安全生产教育、培训的，不得上岗作业。煤矿企业职工必须遵守有关安全生产的法律、法规、煤炭行业规章、规程和企业规章制度。在煤矿井下作业中，出现危及职工生命安全并无法排除的紧急情况时，作业现场负责人或者安全管理人员应当立即组织职工撤离危险现场，并及时报告有关方面负责人。煤矿企业工会发现企业行政方面违章指挥、强令职工冒险作业或者生产过程中发现明显重大事故隐患，可能危及职工生命安全的情况，有权提出解决问题的建议，煤矿企业行政方面必须及时作出处理决定。企业行政方面拒不处理的，工会有权提出批评、检举和控告。

17.我国对石油、天然气管道建设有何安全要求？

《中华人民共和国石油天然气管道保护法》第十三条规定，管道建设的选线应当避开地震活动断层和容易发生洪灾、地质灾害的区域，与建筑物、构筑物、铁路、公路、航道、港口、市政设施、军事设施、电缆、光缆等保持本法和有关法律、行政法规以及国家技术规范的强制性要求规定的保护距离。新建管道通过的区域受地理条件限制，不能满足前款规定的管道保护要求的，管道企业应当提出防护方案，经管道保护方面的专家评审论证，并经管道所在地县级以上地方人民政府主管管道保护工作的部门批准后，方可建设。管道建设项目应当依法进行环境影响评价。

18.发现石油、天然气管道存在安全隐患应当如何处理？

《中华人民共和国石油天然气管道保护法》第二十五条规定，管道企业发现管道存在安全隐患，应当及时排除。对管道存在的外部安全隐患，管道企业自身排除确有困难的，应当向县级以上地方人民政府主管管道保护工作的部门报告。接到报告的主管管道保护工作的部门应当及时协调排除或者报请人民政府及时组织排除安全隐患。

同时，第二十八条规定禁止下列危害管道安全的行为：（一）擅自开启、关闭管道阀门；（二）采用移动、切割、打孔、砸撬、拆卸等手段损坏管道；（三）移动、毁损、涂改管道标志；（四）在埋地管道上方巡查便道上行驶重型车辆；（五）在地面管道线路、架空管道线路和管桥上行走或者放置重物。第三十条明确，在管道线路中心线两侧各五米地域范围内，禁止下列危害管道安全的行为：（一）种植乔木、灌木、藤类、芦苇、竹子或者其他根系深达管道埋设部位可能损坏管道防腐层的深根植物；（二）取土、采石、用火、堆放重物、排放腐蚀性物质、使用机械工具进行挖掘施工；（三）挖塘、修渠、修晒场、修建水产养殖场、建温室、建家畜棚圈、建房以及修建其他建筑物、构筑物。

19.石油、天然气管道建设与其他建设工程相遇时，如何兼顾处理保障安全？

《中华人民共和国石油天然气管道保护法》第四十四条规定，管道建设工程与其他建设工程的相遇关系，依照法律的规定处理；法律没有规定的，由建设工程双方按照下列原则协商处理，并为对方提供必要的便利：（一）后开工的建设工程服从先开工或者已建成的建设工程；（二）同时开工的建设工程，后批准的建设工程服从先批准的建设工程。依照前款规定，后开工或者后批准的建设工程，应当符合先开工、已建成或者先批准的建设工程的安全防护要求；需要先开工、已建成或者先批准的建设工程改建、搬迁或者增加防护设施的，后开工或者后批准的建设工程一方应当承担由此增加的费用。管道建设工程与其他建设工程相遇的，建设工程双方应当协商确定施工作业方案并签订安全防护协议，指派专门人员现场监督、指导对方施工。

20.在我国开展的对外合作开采陆上或海洋石油资源所取得各项数据、记录、样品、凭证和其他原始资料属于哪一方？

《中华人民共和国对外合作开采陆上石油资源条例》第十八条规定，外国合同者在执行合同的过程中，应当及时地、准确地向中方石油公司报告石油作业情况，完整地、准确地取得各项石油作业的数据、记录、样品、凭证和其他原始资料，并按规定向中方石油公司提交资料和样品以及技术、经济、财会、行政方面的各种报告。同时第二十四条规定，本条例第十八条规定的各项石油作业的数据、记录、样品、凭证和其他原始资料，所有权属于中方石油公司。前款所列数据、记录、样品、凭证和其他原始资料的使用、转让、赠与、交换、出售、发表以及运出、传送到中华人民共和国境外，必须按照国家有关规定执行。

《中华人民共和国对外合作开采海洋石油资源条例》第十四条规定，外国合同者在执行石油合同从事开发、生产作业过程中，必须及时地、准确地向中国海洋石油总公司报告石油作业情况；完整地、准确地取得各项石油作业的数据、记录、样品、凭证和其他原始资料，并定期向中国海洋石油总公司提交必要的资料和样品以及技术、经济、财会、行政方面的各种报告。同时第二十一条规定，为执行石油合同所取得的各项石油作业的数据、记录、样品、凭证和其他原始资料，其所有权属于中国海洋石油总公司。前款数据、记录、样品、凭证和其他原始资料的使用和转让、赠与、交换、出售、公开发表以及运出、传送出中华人民共和国，都必须按照国家有关规定执行。

【相关法律】

中华人民共和国矿产资源法（节录）

（1986年3月19日第六届全国人民代表大会常务委员会第十五次会议通过　根据1996年8月29日第八届全国人民代表大会常务委员会第二十一次会议《关于修改〈中华人民共和国矿产资源法〉的决定》第一次修正　根据2009年8月27日第十一届全国人民代表大会常务委员会第十次会议通过的《全国人民代表大会常务委员会关于修改部分法律的决定》第二次修正）

......

第三条　矿产资源属于国家所有，由国务院行使国家对矿产资源的所有权。地表或者地下的矿产资源的国家所有权，不因其所依附的土地的所有权或者使用权的不同而改变。国家保障矿产资源的合理开发利用。禁止任何组织或者个人用任何手段侵占或者破坏矿产资源。各级人民政府必须加强矿产资源的保护工作。勘查、开采矿产资源，必须依法分别申请、经批准取得探矿权、采矿权，并办理登记；但是，已经依法申请取得采矿权的矿山企业在划定的矿区范围内为本企业的生产而进行的勘查除外。国家保护探矿权和采矿权不受侵犯，保障矿区和勘查作业区的生产秩序、工作秩序不受影响和破坏。从事矿产资源勘查和开采的，必须符合规定的资质条件。

第四条　国家保障依法设立的矿山企业开采矿产资源的合法权益。国有矿山企业是开采矿产资源的主体。国家保障国有矿业经济的巩固和发展。

第五条　国家实行探矿权、采矿权有偿取得的制度；但是，国家对探矿权、采矿权有偿取得的费用，可以根据不同情况规定予以减缴、免缴。具体办法和实施步骤由国务院规定。开采矿产资源，必须按照国家有关规定缴纳资源税和资源补偿费。

第六条　除按下列规定可以转让外，探矿权、采矿权不得转让：

（一）探矿权人有权在划定的勘查作业区内进行规定的勘查作业，有权优先取得勘查作业区内矿产资源的采矿权。探矿权人在完成规定的最低勘查投入后，经依法批准，可以将探矿权转让他人。（二）已取得采矿权的矿山企业，因企业合并、分立，与他人合资、合作经营，或者因企业资产出售以及有其他变更企业资产产权的情形而需要变更采矿权主体的，经依法批准可以将采矿权转让他人采矿。前款规定的具体办法和实施步骤由国务院规定。禁止将探矿权、采矿权倒卖牟利。……

第十二条　国家对矿产资源勘查实行统一的区块登记管理制度。矿产资源勘查登记工作，由国务院地质矿产主管部门负责；特定矿种的矿产资源勘查登记工作，可以由国务院授权有关主管部门负责。矿产资源勘查区块登记管理办法由国务院制定。

第十三条　国务院矿产储量审批机构或者省、自治区、直辖市矿产储量审批机构负责审查批准供矿山建设设计使用的勘探报告，并在规定的期限内批复报送单位。勘探报告未经批准，不得作为矿山建设设计的依据。

第十四条　矿产资源勘查成果档案资料和各类矿产储量的统计资料，实行统一的管理制度，按照国务院规定汇交或者填报。

第十五条　设立矿山企业，必须符合国家规定的资质条件，并依照法律和国家有关规定，由审批机关对其矿区范围、矿山设计或者开采方案、生产技术条件、安全措施和环境保护措施等进行审查；审查合格的，方予批准。

第十六条　开采下列矿产资源的，由国务院地质矿产主管部门审批，并颁发采矿许可证：（一）国家规划矿区和对国民经济具有重要价值的矿区内的矿产资源；（二）前项规定区域以外可供开采的矿产储量规模在大型以上的矿产资源；（三）国家规定实行保护性开采的特定矿种；（四）领海及中国管辖的其他海域的矿产资源；（五）国务院规定的其他矿产资源。开采石油、天然气、放射性矿产等特定矿种的，可以由国务院授权的有关主管部门审批，并颁发采矿许可证。开采第一款、第二款规定以外的矿产资源，其可供开采的矿产的储量规模为中型的，由省、自治区、直辖市人民政府地质矿产主管部门审批和颁发采矿许可证。开采第一款、第二款和第三款规定以外的矿产资源的管理办法，由省、自治区、直辖市人民代表大会常务委员会依法制定。依照第三款、第四款的规定审批和颁发采矿许可证的，由省、自治区、直辖市人民政府地质矿产主管部门汇总向国务院地质矿产主管部门备案。矿产储量规模的大型、中型的划分标准，由国务院矿产储量审批机构规定。

第十七条 国家对国家规划矿区、对国民经济具有重要价值的矿区和国家规定实行保护性开采的特定矿种，实行有计划的开采；未经国务院有关主管部门批准，任何单位和个人不得开采。

第十八条 国家规划矿区的范围、对国民经济具有重要价值的矿区的范围、矿山企业矿区的范围依法划定后，由划定矿区范围的主管机关通知有关县级人民政府予以公告。矿山企业变更矿区范围，必须报请原审批机关批准，并报请原颁发采矿许可证的机关重新核发采矿许可证。

第十九条 地方各级人民政府应当采取措施，维护本行政区域内的国有矿山企业和其他矿山企业矿区范围内的正常秩序。禁止任何单位和个人进入他人依法设立的国有矿山企业和其他矿山企业矿区范围内采矿。

第二十条 非经国务院授权的有关主管部门同意，不得在下列地区开采矿产资源：（一）港口、机场、国防工程设施圈定地区以内；（二）重要工业区、大型水利工程设施、城镇市政工程设施附近一定距离以内；（三）铁路、重要公路两侧一定距离以内；（四）重要河流、堤坝两侧一定距离以内；（五）国家划定的自然保护区、重要风景区，国家重点保护的不能移动的历史文物和名胜古迹所在地；（六）国家规定不得开采矿产资源的其他地区。

第二十一条 关闭矿山，必须提出矿山闭坑报告及有关采掘工程、不安全隐患、土地复垦利用、环境保护的资料，并按照国家规定报请审查批准。

第二十二条 勘查、开采矿产资源时，发现具有重大科学文化价值的罕见地质现象以及文化古迹，应当加以保护并及时报告有关部门。

……

第二十九条 开采矿产资源，必须采取合理的开采顺序、开采方法和选矿工艺。矿山企业的开采回采率、采矿贫化率和选矿回收率应当达到设计要求。

第三十条　在开采主要矿产的同时，对具有工业价值的共生和伴生矿产应当统一规划，综合开采，综合利用，防止浪费；对暂时不能综合开采或者必须同时采出而暂时还不能综合利用的矿产以及含有有用组分的尾矿，应当采取有效的保护措施，防止损失破坏。

第三十一条　开采矿产资源，必须遵守国家劳动安全卫生规定，具备保障安全生产的必要条件。

第三十二条　开采矿产资源，必须遵守有关环境保护的法律规定，防止污染环境。开采矿产资源，应当节约用地。耕地、草原、林地因采矿受到破坏的，矿山企业应当因地制宜地采取复垦利用、植树种草或者其他利用措施。开采矿产资源给他人生产、生活造成损失的，应当负责赔偿，并采取必要的补救措施。

第三十三条　在建设铁路、工厂、水库、输油管道、输电线路和各种大型建筑物或者建筑群之前，建设单位必须向所在省、自治区、直辖市地质矿产主管部门了解拟建工程所在地区的矿产资源分布和开采情况。非经国务院授权的部门批准，不得压覆重要矿床。

第三十四条　国务院规定由指定的单位统一收购的矿产品，任何其他单位或者个人不得收购；开采者不得向非指定单位销售。

……

第三十九条　违反本法规定，未取得采矿许可证擅自采矿的，擅自进入国家规划矿区、对国民经济具有重要价值的矿区范围采矿的，擅自开采国家规定实行保护性开采的特定矿种的，责令停止开采、赔偿损失，没收采出的矿产品和违法所得，可以并处罚款；拒不停止开采，造成矿产资源破坏的，依照刑法有关规定对直接责任人员追究刑事责任。单位和个人进入他人依法设立的国有矿山企业和其他矿山企业矿区范围内采矿的，依照前款规定处罚。

第四十条　超越批准的矿区范围采矿的，责令退回本矿区范围内开采、赔偿损失，没收越界开采的矿产品和违法所得，可以并处罚款；拒不退回本矿区范围内开采，造成矿产资源破坏的，吊销采矿许可证，依照刑法有关规定对直接责任人员追究刑事责任。

第四十一条　盗窃、抢夺矿山企业和勘查单位的矿产品和其他财物的，破坏采矿、勘查设施的，扰乱矿区和勘查作业区的生产秩序、工作秩序的，分别依照刑法有关规定追究刑事责任；情节显著轻微的，依照治安管理处罚法有关规定予以处罚。

第四十二条　买卖、出租或者以其他形式转让矿产资源的，没收违法所得，处以罚款。违反本法第六条的规定将探矿权、采矿权倒卖牟利的，吊销勘查许可证、采矿许可证，没收违法所得，处以罚款。

第四十三条　违反本法规定收购和销售国家统一收购的矿产品的，没收矿产品和违法所得，可以并处罚款；情节严重的，依照刑法有关规定，追究刑事责任。

第四十四条　违反本法规定，采取破坏性的开采方法开采矿产资源的，处以罚款，可以吊销采矿许可证；造成矿产资源严重破坏的，依照刑法有关规定对直接责任人员追究刑事责任。

第四十五条　本法第三十九条、第四十条、第四十二条规定的行政处罚，由县级以上人民政府负责地质矿产管理工作的部门按照国务院地质矿产主管部门规定的权限决定。第四十三条规定的行政处罚，由县级以上人民政府工商行政管理部门决定。第四十四条规定的行政处罚，由省、自治区、直辖市人民政府地质矿产主管部门决定。给予吊销勘查许可证或者采矿许可证处罚的，须由原发证机关决定。依照第三十九条、第四十条、第四十二条、第四十四条规定应当给予行政处罚而不给予行政处罚的，上级人民政府地质矿产主管部门有权责令改正或者直接给予行政处罚。

第四十六条　当事人对行政处罚决定不服的，可以依法申请复议，也可以依法直接向人民法院起诉。当事人逾期不申请复议也不向人民法院起诉，又不履行处罚决定的，由作出处罚决定的机关申请人民法院强制执行。

第四十七条　负责矿产资源勘查、开采监督管理工作的国家工作人员和其他有关国家工作人员徇私舞弊、滥用职权或者玩忽职守，违反本法规定批准勘查、开采矿产资源和颁发勘查许可证、采矿许可证，或者对违法采矿行为不依法予以制止、处罚，构成犯罪的，依法追究刑事责任；不构成犯罪的，给予行政处分。违法颁发的勘查许可证、采矿许可证，上级人民政府地质矿产主管部门有权予以撤销。

第四十八条　以暴力、威胁方法阻碍从事矿产资源勘查、开采监督管理工作的国家工作人员依法执行职务的，依照刑法有关规定追究刑事责任；拒绝、阻碍从事矿产资源勘查、开采监督管理工作的国家工作人员依法执行职务未使用暴力、威胁方法的，由公安机关依照治安管理处罚法的规定处罚。

第四十九条　矿山企业之间的矿区范围的争议，由当事人协商解决，协商不成的，由有关县级以上地方人民政府根据依法核定的矿区范围处理；跨省、自治区、直辖市的矿区范围的争议，由有关省、自治区、直辖市人民政府协商解决，协商不成的，由国务院处理。

……

中华人民共和国煤炭法（节录）

（1996年8月29日第八届全国人民代表大会常务委员会第二十一次会议通过　根据2009年8月27日第十一届全国人民代表大会常务委员会第十次会议《关于修改部分法律的决定》第一次修正　根据2011年4月22日第十一届全国人民代表大会常务委员会第二十次会议《关于修改〈中华人民共和国煤炭法〉的决定》第二次修正　根据2013年6月29日第十二届全国人民代表大会常务委员会第三次会议《关于修改〈中华人民共和国文物保护法〉等十二部法律的决定》第三次修正　根据2016年11月7日第十二届全国人民代表大会常务委员会第二十四次会议《关于修改〈中华人民共和国对外贸易法〉等十二部法律的决定》第四次修正）

……

第三条　煤炭资源属于国家所有。地表或者地下的煤炭资源的国家所有权，不因其依附的土地的所有权或者使用权的不同而改变。

第四条 国家对煤炭开发实行统一规划、合理布局、综合利用的方针。

第五条 国家依法保护煤炭资源，禁止任何乱采、滥挖破坏煤炭资源的行为。

第六条 国家保护依法投资开发煤炭资源的投资者的合法权益。国家保障国有煤矿的健康发展。国家对乡镇煤矿采取扶持、改造、整顿、联合、提高的方针，实行正规合理开发和有序发展。

第七条 煤矿企业必须坚持安全第一、预防为主的安全生产方针，建立健全安全生产的责任制度和群防群治制度。

第八条 各级人民政府及其有关部门和煤矿企业必须采取措施加强劳动保护，保障煤矿职工的安全和健康。国家对煤矿井下作业的职工采取特殊保护措施。

……

第二十条 煤矿投入生产前，煤矿企业应当依照有关安全生产的法律、行政法规的规定取得安全生产许可证。未取得安全生产许可证的，不得从事煤炭生产。

第二十一条 对国民经济具有重要价值的特殊煤种或者稀缺煤种，国家实行保护性开采。

第二十二条 开采煤炭资源必须符合煤矿开采规程，遵守合理的开采顺序，达到规定的煤炭资源回采率。煤炭资源回采率由国务院煤炭管理部门根据不同的资源和开采条件确定。国家鼓励煤矿企业进行复采或者开采边角残煤和极薄煤。

第二十三条 煤矿企业应当加强煤炭产品质量的监督检查和管理。煤炭产品质量应当按照国家标准或者行业标准分等论级。

第二十四条 煤炭生产应当依法在批准的开采范围内进行，不得超越批准的开采范围越界、越层开采。采矿作业不得擅自开采保安煤柱，不得采用可能危及相邻煤矿生产安全的决水、爆破、贯通巷道等危险方法。

第二十五条 因开采煤炭压占土地或者造成地表土地塌陷、挖损，由采矿者负责进行复垦，恢复到可供利用的状态；造成他人损失的，应当依法给予补偿。

第二十六条　关闭煤矿和报废矿井，应当依照有关法律、法规和国务院煤炭管理部门的规定办理。

第二十七条　国家建立煤矿企业积累煤矿衰老期转产资金的制度。国家鼓励和扶持煤矿企业发展多种经营。

第二十八条　国家提倡和支持煤矿企业和其他企业发展煤电联产、炼焦、煤化工、煤建材等，进行煤炭的深加工和精加工。国家鼓励煤矿企业发展煤炭洗选加工，综合开发利用煤层气、煤矸石、煤泥、石煤和泥炭。

第二十九条　国家发展和推广洁净煤技术。国家采取措施取缔土法炼焦。禁止新建土法炼焦窑炉；现有的土法炼焦限期改造。

第三十条　县级以上各级人民政府及其煤炭管理部门和其他有关部门，应当加强对煤矿安全生产工作的监督管理。

第三十一条　煤矿企业的安全生产管理，实行矿务局长、矿长负责制。

第三十二条　矿务局长、矿长及煤矿企业的其他主要负责人必须遵守有关矿山安全的法律、法规和煤炭行业安全规章、规程，加强对煤矿安全生产工作的管理，执行安全生产责任制度，采取有效措施，防止伤亡和其他安全生产事故的发生。

第三十三条　煤矿企业应当对职工进行安全生产教育、培训；未经安全生产教育、培训的，不得上岗作业。煤矿企业职工必须遵守有关安全生产的法律、法规、煤炭行业规章、规程和企业规章制度。

第三十四条　在煤矿井下作业中，出现危及职工生命安全并无法排除的紧急情况时，作业现场负责人或者安全管理人员应当立即组织职工撤离危险现场，并及时报告有关方面负责人。

第三十五条　煤矿企业工会发现企业行政方面违章指挥、强令职工冒险作业或者生产过程中发现明显重大事故隐患，可能危及职工生命安全的情况，有权提出解决问题的建议，煤矿企业行政方面必须及时作出处理决定。企业行政方面拒不处理的，工会有权提出批评、检举和控告。

第三十六条　煤矿企业必须为职工提供保障安全生产所需的劳动保

护用品。

第三十七条　煤矿企业应当依法为职工参加工伤保险缴纳工伤保险费。鼓励企业为井下作业职工办理意外伤害保险，支付保险费。

第三十八条　煤矿企业使用的设备、器材、火工产品和安全仪器，必须符合国家标准或者行业标准。

……

第四十八条　任何单位或者个人不得危害煤矿矿区的电力、通讯、水源、交通及其他生产设施。禁止任何单位和个人扰乱煤矿矿区的生产秩序和工作秩序。

第四十九条　对盗窃或者破坏煤矿矿区设施、器材及其他危及煤矿矿区安全的行为，一切单位和个人都有权检举、控告。

第五十条　未经煤矿企业同意，任何单位或者个人不得在煤矿企业依法取得土地使用权的有效期间内在该土地上种植、养殖、取土或者修建建筑物、构筑物。

第五十一条　未经煤矿企业同意，任何单位或者个人不得占用煤矿企业的铁路专用线、专用道路、专用航道、专用码头、电力专用线、专用供水管路。

第五十二条　任何单位或者个人需要在煤矿采区范围内进行可能危及煤矿安全的作业时，应当经煤矿企业同意，报煤炭管理部门批准，并采取安全措施后，方可进行作业。在煤矿矿区范围内需要建设公用工程或者其他工程的，有关单位应当事先与煤矿企业协商并达成协议后，方可施工。

……

第五十七条　违反本法第二十二条的规定，开采煤炭资源未达到国务院煤炭管理部门规定的煤炭资源回采率的，由煤炭管理部门责令限期改正；逾期仍达不到规定的回采率的，责令停止生产。

第五十八条　违反本法第二十四条的规定，擅自开采保安煤柱或者采用危及相邻煤矿生产安全的危险方法进行采矿作业的，由劳动行政主管部门会同煤炭管理部门责令停止作业；由煤炭管理部门没收违法所得，并处违法所得一倍以上五倍以下的罚款；构成犯罪的，由司法机关依法追究刑事责任；造成损失的，依法承担赔偿责任。

第五十九条　违反本法第四十三条的规定，在煤炭产品中掺杂、掺假，以次充好的，责令停止销售，没收违法所得，并处违法所得一倍以上五倍以下的罚款；构成犯罪的，由司法机关依法追究刑事责任。

第六十条　违反本法第五十条的规定，未经煤矿企业同意，在煤矿企业依法取得土地使用权的有效期间内在该土地上修建建筑物、构筑物的，由当地人民政府动员拆除；拒不拆除的，责令拆除。

第六十一条　违反本法第五十一条的规定，未经煤矿企业同意，占用煤矿企业的铁路专用线、专用道路、专用航道、专用码头、电力专用线、专用供水管路的，由县级以上地方人民政府责令限期改正；逾期不改正的，强制清除，可以并处五万元以下的罚款；造成损失的，依法承担赔偿责任。

第六十二条　违反本法第五十二条的规定，未经批准或者未采取安全措施，在煤矿采区范围内进行危及煤矿安全作业的，由煤炭管理部门责令停止作业，可以并处五万元以下的罚款；造成损失的，依法承担赔偿责任。

第六十三条　有下列行为之一的，由公安机关依照治安管理处罚法的有关规定处罚；构成犯罪的，由司法机关依法追究刑事责任：（一）阻碍煤矿建设，致使煤矿建设不能正常进行的；（二）故意损坏煤矿矿区的电力、通讯、水源、交通及其他生产设施的；（三）扰乱煤矿矿区秩序，致使生产、工作不能正常进行的；（四）拒绝、阻碍监督检查人员依法执行职务的。

第六十四条　煤矿企业的管理人员违章指挥、强令职工冒险作业，发生重大伤亡事故的，依照刑法有关规定追究刑事责任。

第六十五条　煤矿企业的管理人员对煤矿事故隐患不采取措施予以消除，发生重大伤亡事故的，依照刑法有关规定追究刑事责任。

第六十六条　煤炭管理部门和有关部门的工作人员玩忽职守、徇私舞弊、滥用职权的，依法给予行政处分；构成犯罪的，由司法机关依法追究刑事责任。

……

中华人民共和国矿山安全法

（1992年11月7日第七届全国人民代表大会常务委员会第二十八次会议通过　根据2009年8月27日第十一届全国人民代表大会常务委员会第十次会议《关于修改部分法律的决定》修正）

第一条　为了保障矿山生产安全，防止矿山事故，保护矿山职工人身安全，促进采矿业的发展，制定本法。

第二条　在中华人民共和国领域和中华人民共和国管辖的其他海域从事矿产资源开采活动，必须遵守本法。

第三条　矿山企业必须具有保障安全生产的设施，建立、健全安全管理制度，采取有效措施改善职工劳动条件，加强矿山安全管理工作，保证安全生产。

第四条　国务院劳动行政主管部门对全国矿山安全工作实施统一监督。县级以上地方各级人民政府劳动行政主管部门对本行政区域内的矿山安全工作实施统一监督。县级以上人民政府管理矿山企业的主管部门对矿山安全工作进行管理。

第五条　国家鼓励矿山安全科学技术研究，推广先进技术，改进安全设施，提高矿山安全生产水平。

第六条　对坚持矿山安全生产，防止矿山事故，参加矿山抢险救护，进行矿山安全科学技术研究等方面取得显著成绩的单位和个人，给予奖励。

第七条　矿山建设工程的安全设施必须和主体工程同时设计、同时施工、同时投入生产和使用。

第八条　矿山建设工程的设计文件，必须符合矿山安全规程和行业技术规范，并按照国家规定经管理矿山企业的主管部门批准；不符合矿山安全规程和行业技术规范的，不得批准。矿山建设工程安全设施的设计必须有劳动行政主管部门参加审查。矿山安全规程和行业技术规范，由国务院管理矿山企业的主管部门制定。

第九条　矿山设计下列项目必须符合矿山安全规程和行业技术规范：（一）矿井的通风系统和供风量、风质、风速；（二）露天矿的边坡角和台阶的宽度、高度；（三）供电系统；（四）提升、运输系统；（五）防水、排水系统和防火、灭火系统；（六）防瓦斯系统和防尘系统；（七）有关矿山安全的其他项目。

第十条　每个矿井必须有两个以上能行人的安全出口，出口之间的直线水平距离必须符合矿山安全规程和行业技术规范。

第十一条　矿山必须有与外界相通的、符合安全要求的运输和通讯设施。

第十二条　矿山建设工程必须按照管理矿山企业的主管部门批准的设计文件施工。矿山建设工程安全设施竣工后，由管理矿山企业的主管部门验收，并须有劳动行政主管部门参加；不符合矿山安全规程和行业技术规范的，不得验收，不得投入生产。

第十三条　矿山开采必须具备保障安全生产的条件，执行开采不同矿种的矿山安全规程和行业技术规范。

第十四条　矿山设计规定保留的矿柱、岩柱，在规定的期限内，应当予以保护，不得开采或者毁坏。

第十五条　矿山使用的有特殊安全要求的设备、器材、防护用品和安全检测仪器，必须符合国家安全标准或者行业安全标准；不符合国家安全标准或者行业安全标准的，不得使用。

第十六条　矿山企业必须对机电设备及其防护装置、安全检测仪器，定期检查、维修，保证使用安全。

第十七条　矿山企业必须对作业场所中的有毒有害物质和井下空气含氧量进行检测，保证符合安全要求。

第十八条　矿山企业必须对下列危害安全的事故隐患采取预防措施：（一）冒顶、片帮、边坡滑落和地表塌陷；（二）瓦斯爆炸、煤尘爆炸；（三）冲击地压、瓦斯突出、井喷；（四）地面和井下的火灾、水害；（五）爆破器材和爆破作业发生的危害；（六）粉尘、有毒有害气体、放射性物质和其他有害物质引起的危害；（七）其他危害。

第十九条　矿山企业对使用机械、电气设备、排土场矸石山、尾矿库与矿山闭坑后可能引起的危害，应当采取预防措施。

第二十条　矿山企业必须建立、健全安全生产责任制。矿长对本企业的安全生产工作负责。

第二十一条　矿长应当定期向职工代表大会或者职工大会报告安全生产工作，发挥职工代表大会的监督作用。

第二十二条　矿山企业职工必须遵守有关矿山安全的法律、法规和企业规章制度。矿山企业职工有权对危害安全的行为，提出批评、检举和控告。

第二十三条　矿山企业工会依法维护职工生产安全的合法权益，组织职工对矿山安全工作进行监督。

第二十四条　矿山企业违反有关安全的法律、法规，工会有权要求企业行政方面或者有关部门认真处理。矿山企业召开讨论有关安全生产的会议，应当有工会代表参加，工会有权提出意见和建议。

第二十五条　矿山企业工会发现企业行政方面违章指挥、强令工人冒险作业或者生产过程中发现明显重大事故隐患和职业危害，有权提出解决的建议；发现危及职工生命安全的情况时，有权向矿山企业行政方面建议组织职工撤离危险现场，矿山企业行政方面必须及时作出处理决定。

第二十六条　矿山企业必须对职工进行安全教育、培训；未经安全教育、培训的，不得上岗作业。矿山企业安全生产的特种作业人员必须接受专门培训，经考核合格取得操作资格证书的，方可上岗作业。

第二十七条　矿长必须经过考核，具备安全专业知识，具有领导安全生产和处理矿山事故的能力。矿山企业安全工作人员必须具备必要的安全专业知识和矿山安全工作经验。

第二十八条　矿山企业必须向职工发放保障安全生产所需的劳动防护用品。

第二十九条　矿山企业不得录用未成年人从事矿山井下劳动。矿山企业对女职工按照国家规定实行特殊劳动保护，不得分配女职工从事矿山井下劳动。

第三十条　矿山企业必须制定矿山事故防范措施，并组织落实。

第三十一条　矿山企业应当建立由专职或者兼职人员组成的救护和医疗急救组织，配备必要的装备、器材和药物。

第三十二条　矿山企业必须从矿产品销售额中按照国家规定提取安全技术措施专项费用。安全技术措施专项费用必须全部用于改善矿山安全生产条件，不得挪作他用。

第三十三条　县级以上各级人民政府劳动行政主管部门对矿山安全工作行使下列监督职责：（一）检查矿山企业和管理矿山企业的主管部门贯彻执行矿山安全法律、法规的情况；（二）参加矿山建设工程安全设施的设计审查和竣工验收；（三）检查矿山劳动条件和安全状况；（四）检查矿山企业职工安全教育、培训工作；（五）监督矿山企业提取和使用安全技术措施专项费用的情况；（六）参加并监督矿山事故的调查和处理；（七）法律、行政法规规定的其他监督职责。

第三十四条　县级以上人民政府管理矿山企业的主管部门对矿山安全工作行使下列管理职责：（一）检查矿山企业贯彻执行矿山安全法律、法规的情况；（二）审查批准矿山建设工程安全设施的设计；（三）负责矿山建设工程安全设施的竣工验收；（四）组织矿长和矿山企业安全工作人员的培训工作；（五）调查和处理重大矿山事故；（六）法律、行政法规规定的其他管理职责。

第三十五条　劳动行政主管部门的矿山安全监督人员有权进入矿山企业，在现场检查安全状况；发现有危及职工安全的紧急险情时，应当要求矿山企业立即处理。

第三十六条　发生矿山事故，矿山企业必须立即组织抢救，防止事故扩大，减少人员伤亡和财产损失，对伤亡事故必须立即如实报告劳动行政主管部门和管理矿山企业的主管部门。

第三十七条　发生一般矿山事故，由矿山企业负责调查和处理。发生重大矿山事故，由政府及其有关部门、工会和矿山企业按照行政法规的规定进行调查和处理。

第三十八条　矿山企业对矿山事故中伤亡的职工按照国家规定给予抚恤或者补偿。

第三十九条　矿山事故发生后，应当尽快消除现场危险，查明事故原因，提出防范措施。现场危险消除后，方可恢复生产。

第四十条　违反本法规定，有下列行为之一的，由劳动行政主管部门责令改正，可以并处罚款；情节严重的，提请县级以上人民政府决定责令停产整顿；对主管人员和直接责任人员由其所在单位或者上级主管机关给予行政处分：（一）未对职工进行安全教育、培训，分配职工上岗作业的；（二）使用不符合国家安全标准或者行业安全标准的设备、器材、防护用品、安全检测仪器的；（三）未按照规定提取或者使用安全技术措施专项费用的；（四）拒绝矿山安全监督人员现场检查或者在被检查时隐瞒事故隐患、不如实反映情况的；（五）未按照规定及时、如实报告矿山事故的。

第四十一条　矿长不具备安全专业知识的，安全生产的特种作业人员未取得操作资格证书上岗作业的，由劳动行政主管部门责令限期改正；逾期不改正的，提请县级以上人民政府决定责令停产，调整配备合格人员后，方可恢复生产。

第四十二条　矿山建设工程安全设施的设计未经批准擅自施工的，由管理矿山企业的主管部门责令停止施工；拒不执行的，由管理矿山企业的主管部门提请县级以上人民政府决定由有关主管部门吊销其采矿许可证和营业执照。

第四十三条　矿山建设工程的安全设施未经验收或者验收不合格擅自投入生产的，由劳动行政主管部门会同管理矿山企业的主管部门责令停止生产，并由劳动行政主管部门处以罚款；拒不停止生产的，由劳动行政主管部门提请县级以上人民政府决定由有关主管部门吊销其采矿许可证和营业执照。

第四十四条　已经投入生产的矿山企业，不具备安全生产条件而强行开采的，由劳动行政主管部门会同管理矿山企业的主管部门责令限期改进；逾期仍不具备安全生产条件的，由劳动行政主管部门提请县级以上人民政府决定责令停产整顿或者由有关主管部门吊销其采矿许可证和营业执照。

第四十五条 当事人对行政处罚决定不服的，可以在接到处罚决定通知之日起15日内向作出处罚决定的机关的上一级机关申请复议；当事人也可以在接到处罚决定通知之日起15日内直接向人民法院起诉。复议机关应当在接到复议申请之日起60日内作出复议决定。当事人对复议决定不服的，可以在接到复议决定之日起15日内向人民法院起诉。复议机关逾期不作出复议决定的，当事人可以在复议期满之日起15日内向人民法院起诉。当事人逾期不申请复议也不向人民法院起诉、又不履行处罚决定的，作出处罚决定的机关可以申请人民法院强制执行。

第四十六条 矿山企业主管人员违章指挥、强令工人冒险作业，因而发生重大伤亡事故的，依照刑法有关规定追究刑事责任。

第四十七条 矿山企业主管人员对矿山事故隐患不采取措施，因而发生重大伤亡事故的，依照刑法有关规定追究刑事责任。

第四十八条 矿山安全监督人员和安全管理人员滥用职权、玩忽职守、徇私舞弊，构成犯罪的，依法追究刑事责任；不构成犯罪的，给予行政处分。

第四十九条 国务院劳动行政主管部门根据本法制定实施条例，报国务院批准施行。省、自治区、直辖市人民代表大会常务委员会可以根据本法和本地区的实际情况，制定实施办法。

第五十条 本法自1993年5月1日起施行。

中华人民共和国石油天然气管道保护法

（第十一届全国人民代表大会常务委员会第十五次会议于2010年6月25日通过　中华人民共和国主席第30号令公布　自2010年10月1日起施行）

第一条 为了保护石油、天然气管道，保障石油、天然气输送安全，维护国家能源安全和公共安全，制定本法。

第二条 中华人民共和国境内输送石油、天然气的管道的保护，适用本法。城镇燃气管道和炼油、化工等企业厂区内管道的保护，不适用本法。

第三条 本法所称石油包括原油和成品油，所称天然气包括天然气、煤层气和煤制气。本法所称管道包括管道及管道附属设施。

第四条 国务院能源主管部门依照本法规定主管全国管道保护工作，负责组织编制并实施全国管道发展规划，统筹协调全国管道发展规划与其他专项规划的衔接，协调跨省、自治区、直辖市管道保护的重大问题。国务院其他有关部门依照有关法律、行政法规的规定，在各自职责范围内负责管道保护的相关工作。

第五条 省、自治区、直辖市人民政府能源主管部门和设区的市级、县级人民政府指定的部门，依照本法规定主管本行政区域的管道保护工作，协调处理本行政区域管道保护的重大问题，指导、监督有关单位履行管道保护义务，依法查处危害管道安全的违法行为。县级以上地方人民政府其他有关部门依照有关法律、行政法规的规定，在各自职责范围内负责管道保护的相关工作。省、自治区、直辖市人民政府能源主管部门和设区的市级、县级人民政府指定的部门，统称县级以上地方人民政府主管管道保护工作的部门。

第六条 县级以上地方人民政府应当加强对本行政区域管道保护工作的领导，督促、检查有关部门依法履行管道保护职责，组织排除管道的重大外部安全隐患。

第七条 管道企业应当遵守本法和有关规划、建设、安全生产、质量监督、环境保护等法律、行政法规，执行国家技术规范的强制性要求，建立、健全本企业有关管道保护的规章制度和操作规程并组织实施，宣传管道安全与保护知识，履行管道保护义务，接受人民政府及其有关部门依法实施的监督，保障管道安全运行。

第八条 任何单位和个人不得实施危害管道安全的行为。对危害管道安全的行为，任何单位和个人有权向县级以上地方人民政府主管管道保护工作的部门或者其他有关部门举报。接到举报的部门应当在职责范围内及时处理。

第九条　国家鼓励和促进管道保护新技术的研究开发和推广应用。

第十条　管道的规划、建设应当符合管道保护的要求，遵循安全、环保、节约用地和经济合理的原则。

第十一条　国务院能源主管部门根据国民经济和社会发展的需要组织编制全国管道发展规划。组织编制全国管道发展规划应当征求国务院有关部门以及有关省、自治区、直辖市人民政府的意见。全国管道发展规划应当符合国家能源规划，并与土地利用总体规划、城乡规划以及矿产资源、环境保护、水利、铁路、公路、航道、港口、电信等规划相协调。

第十二条　管道企业应当根据全国管道发展规划编制管道建设规划，并将管道建设规划确定的管道建设选线方案报送拟建管道所在地县级以上地方人民政府城乡规划主管部门审核；经审核符合城乡规划的，应当依法纳入当地城乡规划。纳入城乡规划的管道建设用地，不得擅自改变用途。

第十三条　管道建设的选线应当避开地震活动断层和容易发生洪灾、地质灾害的区域，与建筑物、构筑物、铁路、公路、航道、港口、市政设施、军事设施、电缆、光缆等保持本法和有关法律、行政法规以及国家技术规范的强制性要求规定的保护距离。新建管道通过的区域受地理条件限制，不能满足前款规定的管道保护要求的，管道企业应当提出防护方案，经管道保护方面的专家评审论证，并经管道所在地县级以上地方人民政府主管管道保护工作的部门批准后，方可建设。管道建设项目应当依法进行环境影响评价。

第十四条　管道建设使用土地，依照《中华人民共和国土地管理法》等法律、行政法规的规定执行。依法建设的管道通过集体所有的土地或者他人取得使用权的国有土地，影响土地使用的，管道企业应当按照管道建设时土地的用途给予补偿。

第十五条　依照法律和国务院的规定，取得行政许可或者已报送备案并符合开工条件的管道项目的建设，任何单位和个人不得阻碍。

第十六条　管道建设应当遵守法律、行政法规有关建设工程质量管理的规定。管道企业应当依照有关法律、行政法规的规定，选择具备相应资质的勘察、设计、施工、工程监理单位进行管道建设。管道的安全保护设施应当与管道主体工程同时设计、同时施工、同时投入使用。管道建设使用的管道产品及其附件的质量，应当符合国家技术规范的强制性要求。

第十七条 穿跨越水利工程、防洪设施、河道、航道、铁路、公路、港口、电力设施、通信设施、市政设施的管道的建设，应当遵守本法和有关法律、行政法规，执行国家技术规范的强制性要求。

第十八条 管道企业应当按照国家技术规范的强制性要求在管道沿线设置管道标志。管道标志毁损或者安全警示不清的，管道企业应当及时修复或者更新。

第十九条 管道建成后应当按照国家有关规定进行竣工验收。竣工验收应当审查管道是否符合本法规定的管道保护要求，经验收合格方可正式交付使用。

第二十条 管道企业应当自管道竣工验收合格之日起六十日内，将竣工测量图报管道所在地县级以上地方人民政府主管管道保护工作的部门备案；县级以上地方人民政府主管管道保护工作的部门应当将管道企业报送的管道竣工测量图分送本级人民政府规划、建设、国土资源、铁路、交通、水利、公安、安全生产监督管理等部门和有关军事机关。

第二十一条 地方各级人民政府编制、调整土地利用总体规划和城乡规划，需要管道改建、搬迁或者增加防护设施的，应当与管道企业协商确定补偿方案。

第二十二条 管道企业应当建立、健全管道巡护制度，配备专门人员对管道线路进行日常巡护。管道巡护人员发现危害管道安全的情形或者隐患，应当按照规定及时处理和报告。

第二十三条 管道企业应当定期对管道进行检测、维修，确保其处于良好状态；对管道安全风险较大的区段和场所应当进行重点监测，采取有效措施防止管道事故的发生。对不符合安全使用条件的管道，管道企业应当及时更新、改造或者停止使用。

第二十四条 管道企业应当配备管道保护所必需的人员和技术装备，

研究开发和使用先进适用的管道保护技术，保证管道保护所必需的经费投入，并对在管道保护中做出突出贡献的单位和个人给予奖励。

第二十五条 管道企业发现管道存在安全隐患，应当及时排除。对管道存在的外部安全隐患，管道企业自身排除确有困难的，应当向县级以上地方人民政府主管管道保护工作的部门报告。接到报告的主管管道保护工作的部门应当及时协调排除或者报请人民政府及时组织排除安全隐患。

第二十六条 管道企业依法取得使用权的土地，任何单位和个人不得侵占。为合理利用土地，在保障管道安全的条件下，管道企业可以与有关单位、个人约定，同意有关单位、个人种植浅根农作物。但是，因管道巡护、检测、维修造成的农作物损失，除另有约定外，管道企业不予赔偿。

第二十七条 管道企业对管道进行巡护、检测、维修等作业，管道沿线的有关单位、个人应当给予必要的便利。因管道巡护、检测、维修等作业给土地使用权人或者其他单位、个人造成损失的，管道企业应当依法给予赔偿。

第二十八条 禁止下列危害管道安全的行为：（一）擅自开启、关闭管道阀门；（二）采用移动、切割、打孔、砸撬、拆卸等手段损坏管道；（三）移动、毁损、涂改管道标志；（四）在埋地管道上方巡查便道上行驶重型车辆；（五）在地面管道线路、架空管道线路和管桥上行走或者放置重物。

第二十九条 禁止在本法第五十八条第一项所列管道附属设施的上方架设电力线路、通信线路或者在储气库构造区域范围内进行工程挖掘、工程钻探、采矿。

第三十条 在管道线路中心线两侧各五米地域范围内，禁止下列危害管道安全的行为：（一）种植乔木、灌木、藤类、芦苇、竹子或者其他根系深达管道埋设部位可能损坏管道防腐层的深根植物；（二）取土、采石、用火、堆放重物、排放腐蚀性物质、使用机械工具进行挖掘施工；（三）挖塘、修渠、修晒场、修建水产养殖场、建温室、建家畜棚圈、建房以及修建其他建筑物、构筑物。

第三十一条　在管道线路中心线两侧和本法第五十八条第一项所列管道附属设施周边修建下列建筑物、构筑物的，建筑物、构筑物与管道线路和管道附属设施的距离应当符合国家技术规范的强制性要求：（一）居民小区、学校、医院、娱乐场所、车站、商场等人口密集的建筑物；（二）变电站、加油站、加气站、储油罐、储气罐等易燃易爆物品的生产、经营、存储场所。前款规定的国家技术规范的强制性要求，应当按照保障管道及建筑物、构筑物安全和节约用地的原则确定。

第三十二条　在穿越河流的管道线路中心线两侧各五百米地域范围内，禁止抛锚、拖锚、挖砂、挖泥、采石、水下爆破。但是，在保障管道安全的条件下，为防洪和航道通畅而进行的养护疏浚作业除外。

第三十三条　在管道专用隧道中心线两侧各一千米地域范围内，除本条第二款规定的情形外，禁止采石、采矿、爆破。在前款规定的地域范围内，因修建铁路、公路、水利工程等公共工程，确需实施采石、爆破作业的，应当经管道所在地县级人民政府主管管道保护工作的部门批准，并采取必要的安全防护措施，方可实施。

第三十四条　未经管道企业同意，其他单位不得使用管道专用伴行道路、管道水工防护设施、管道专用隧道等管道附属设施。

第三十五条　进行下列施工作业，施工单位应当向管道所在地县级人民政府主管管道保护工作的部门提出申请：（一）穿跨越管道的施工作业；（二）在管道线路中心线两侧各五米至五十米和本法第五十八条第一项所列管道附属设施周边一百米地域范围内，新建、改建、扩建铁路、公路、河渠，架设电力线路，埋设地下电缆、光缆，设置安全接地体、避雷接地体；（三）在管道线路中心线两侧各二百米和本法第五十八条第一项所列管道附属设施周边五百米地域范围内，进行爆破、地震法勘探或者工程挖掘、工程钻探、采矿。县级人民政府主管管道保护工作的部门接到申请后，应当组织施工单位与管道企业协商确定施工作业方案，并签订安全防护协议；协商不成的，主管管道保护工作的部门应当组织进行安全评审，作出是否批准作业的决定。

第三十六条　申请进行本法第三十三条第二款、第三十五条规定的施工作业，应当符合下列条件：（一）具有符合管道安全和公共安全要求的施工作业方案；（二）已制定事故应急预案；（三）施工作业人员具备管道保护知识；（四）具有保障安全施工作业的设备、设施。

第三十七条　进行本法第三十三条第二款、第三十五条规定的施工作业，应当在开工七日前书面通知管道企业。管道企业应当指派专门人员到现场进行管道保护安全指导。

第三十八条　管道企业在紧急情况下进行管道抢修作业，可以先行使用他人土地或者设施，但应当及时告知土地或者设施的所有权人或者使用权人。给土地或者设施的所有权人或者使用权人造成损失的，管道企业应当依法给予赔偿。

第三十九条　管道企业应当制定本企业管道事故应急预案，并报管道所在地县级人民政府主管管道保护工作的部门备案；配备抢险救援人员和设备，并定期进行管道事故应急救援演练。发生管道事故，管道企业应当立即启动本企业管道事故应急预案，按照规定及时通报可能受到事故危害的单位和居民，采取有效措施消除或者减轻事故危害，并依照有关事故调查处理的法律、行政法规的规定，向事故发生地县级人民政府主管管道保护工作的部门、安全生产监督管理部门和其他有关部门报告。接到报告的主管管道保护工作的部门应当按照规定及时上报事故情况，并根据管道事故的实际情况组织采取事故处置措施或者报请人民政府及时启动本行政区域管道事故应急预案，组织进行事故应急处置与救援。

第四十条　管道泄漏的石油和因管道抢修排放的石油造成环境污染的，管道企业应当及时治理。因第三人的行为致使管道泄漏造成环境污染的，管道企业有权向第三人追偿治理费用。环境污染损害的赔偿责任，适用《中华人民共和国侵权责任法》和防治环境污染的法律的有关规定。

第四十一条　管道泄漏的石油和因管道抢修排放的石油，由管道企业回收、处理，任何单位和个人不得侵占、盗窃、哄抢。

第四十二条　管道停止运行、封存、报废的，管道企业应当采取必要的安全防护措施，并报县级以上地方人民政府主管管道保护工作的部门备案。

第四十三条 管道重点保护部位，需要由中国人民武装警察部队负责守卫的，依照《中华人民共和国人民武装警察法》和国务院、中央军事委员会的有关规定执行。

第四十四条 管道建设工程与其他建设工程的相遇关系，依照法律的规定处理；法律没有规定的，由建设工程双方按照下列原则协商处理，并为对方提供必要的便利：（一）后开工的建设工程服从先开工或者已建成的建设工程；（二）同时开工的建设工程，后批准的建设工程服从先批准的建设工程。依照前款规定，后开工或者后批准的建设工程，应当符合先开工、已建成或者先批准的建设工程的安全防护要求；需要先开工、已建成或者先批准的建设工程改建、搬迁或者增加防护设施的，后开工或者后批准的建设工程一方应当承担由此增加的费用。管道建设工程与其他建设工程相遇的，建设工程双方应当协商确定施工作业方案并签订安全防护协议，指派专门人员现场监督、指导对方施工。

第四十五条 经依法批准的管道建设工程，需要通过正在建设的其他建设工程的，其他工程建设单位应当按照管道建设工程的需要，预留管道通道或者预建管道通过设施，管道企业应当承担由此增加的费用。经依法批准的其他建设工程，需要通过正在建设的管道建设工程的，管道建设单位应当按照其他建设工程的需要，预留通道或者预建相关设施，其他工程建设单位应当承担由此增加的费用。

第四十六条 管道建设工程通过矿产资源开采区域的，管道企业应当与矿产资源开采企业协商确定管道的安全防护方案，需要矿产资源开采企业按照管道安全防护要求预建防护设施或者采取其他防护措施的，管道企业应当承担由此增加的费用。矿产资源开采企业未按照约定预建防护设施或者采取其他防护措施，造成地面塌陷、裂缝、沉降等地质灾害，致使管道需要改建、搬迁或者采取其他防护措施的，矿产资源开采企业应当承担由此增加的费用。

第四十七条 铁路、公路等建设工程修建防洪、分流等水工防护设施，可能影响管道保护的，应当事先通知管道企业并注意保护下游已建成的管道水工防护设施。建设工程修建防洪、分流等水工防护设施，使下游已建成的管道水工防护设施的功能受到影响，需要新建、改建、扩建管道水工防护设施的，工程建设单位应当承担由此增加的费用。

第四十八条　县级以上地方人民政府水行政主管部门制定防洪、泄洪方案应当兼顾管道的保护。需要在管道通过的区域泄洪的，县级以上地方人民政府水行政主管部门应当在泄洪方案确定后，及时将泄洪量和泄洪时间通知本级人民政府主管管道保护工作的部门和管道企业或者向社会公告。主管管道保护工作的部门和管道企业应当对管道采取防洪保护措施。

第四十九条　管道与航道相遇，确需在航道中修建管道防护设施的，应当进行通航标准技术论证，并经航道主管部门批准。管道防护设施完工后，应经航道主管部门验收。进行前款规定的施工作业，应当在批准的施工区域内设置航标，航标的设置和维护费用由管道企业承担。

第五十条　管道企业有下列行为之一的，由县级以上地方人民政府主管管道保护工作的部门责令限期改正；逾期不改正的，处二万元以上十万元以下的罚款；对直接负责的主管人员和其他直接责任人员给予处分：（一）未依照本法规定对管道进行巡护、检测和维修的；（二）对不符合安全使用条件的管道未及时更新、改造或者停止使用的；（三）未依照本法规定设置、修复或者更新有关管道标志的；（四）未依照本法规定将管道竣工测量图报人民政府主管管道保护工作的部门备案的；（五）未制定本企业管道事故应急预案，或者未将本企业管道事故应急预案报人民政府主管管道保护工作的部门备案的；（六）发生管道事故，未采取有效措施消除或者减轻事故危害的；（七）未对停止运行、封存、报废的管道采取必要的安全防护措施的。管道企业违反本法规定的行为同时违反建设工程质量管理、安全生产、消防等其他法律的，依照其他法律的规定处罚。管道企业给他人合法权益造成损害的，依法承担民事责任。

第五十一条　采用移动、切割、打孔、砸撬、拆卸等手段损坏管道或者盗窃、哄抢管道输送、泄漏、排放的石油、天然气，尚不构成犯罪的，依法给予治安管理处罚。

第五十二条 违反本法第二十九条、第三十条、第三十二条或者第三十三条第一款的规定，实施危害管道安全行为的，由县级以上地方人民政府主管管道保护工作的部门责令停止违法行为；情节较重的，对单位处一万元以上十万元以下的罚款，对个人处二百元以上二千元以下的罚款；对违法修建的建筑物、构筑物或者其他设施限期拆除；逾期未拆除的，由县级以上地方人民政府主管管道保护工作的部门组织拆除，所需费用由违法行为人承担。

第五十三条 未经依法批准，进行本法第三十三条第二款或者第三十五条规定的施工作业的，由县级以上地方人民政府主管管道保护工作的部门责令停止违法行为；情节较重的，处一万元以上五万元以下的罚款；对违法修建的危害管道安全的建筑物、构筑物或者其他设施限期拆除；逾期未拆除的，由县级以上地方人民政府主管管道保护工作的部门组织拆除，所需费用由违法行为人承担。

第五十四条 违反本法规定，有下列行为之一的，由县级以上地方人民政府主管管道保护工作的部门责令改正；情节严重的，处二百元以上一千元以下的罚款：（一）擅自开启、关闭管道阀门的；（二）移动、毁损、涂改管道标志的；（三）在埋地管道上方巡查便道上行驶重型车辆的；（四）在地面管道线路、架空管道线路和管桥上行走或者放置重物的；（五）阻碍依法进行的管道建设的。

第五十五条 违反本法规定，实施危害管道安全的行为，给管道企业造成损害的，依法承担民事责任。

第五十六条 县级以上地方人民政府及其主管管道保护工作的部门或者其他有关部门，违反本法规定，对应当组织排除的管道外部安全隐患不及时组织排除，发现危害管道安全的行为或者接到对危害管道安全行为的举报后不依法予以查处，或者有其他不依照本法规定履行职责的行为的，由其上级机关责令改正，对直接负责的主管人员和其他直接责任人员依法给予处分。

第五十七条 违反本法规定，构成犯罪的，依法追究刑事责任。

第五十八条 本法所称管道附属设施包括：（一）管道的加压站、加热站、计量站、集油站、集气站、输油站、输气站、配气站、处理场、清管站、阀室、阀井、放空设施、油库、储气库、装卸栈桥、装卸场；（二）管道的水工防护设施、防风设施、防雷设施、抗震设施、通信设施、安全监控设施、电力设施、管堤、管桥以及管道专用涵洞、隧道等穿跨越设施；（三）管道的阴极保护站、阴极保护测试桩、阳极地床、杂散电流排流站等防腐设施；（四）管道穿越铁路、公路的检漏装置；（五）管道的其他附属设施。

第五十九条 本法施行前在管道保护距离内已建成的人口密集场所和易燃易爆物品的生产、经营、存储场所，应当由所在地人民政府根据当地的实际情况，有计划、分步骤地进行搬迁、清理或者采取必要的防护措施。需要已建成的管道改建、搬迁或者采取必要的防护措施的，应当与管道企业协商确定补偿方案。

第六十条 国务院可以根据海上石油、天然气管道的具体情况，制定海上石油、天然气管道保护的特别规定。

第六十一条 本法自2010年10月1日起施行。

燃气电站天然气系统安全管理规定

（国家能源局2015年12月22日发布 国能安全〔2015〕450号）

第一条 为加强燃气电站天然气系统安全生产管理，防范事故发生，依据《中华人民共和国安全生产法》、《石油天然气管道保护法》、《石油天然气工程设计防火规范》、《城镇燃气设计规范》、《输气管道工程设计规范》、《火力发电厂与变电所设计防火规范》、《联合循环机组燃气轮机施工及质量验收规范》等法律法规及有关标准规范，制定本规定。

第二条 本规定适用于燃气电站天然气系统的设计、施工、运行维护和安全及应急管理工作。本规定所称燃气电站，是指利用天然气、煤层气、煤制气或液化天然气（LNG）作为燃料生产电能的发电企业。天然气系统，是指燃气电站产权边界内发电生产用的天然气设备设施，包括过滤、调压、调温、输送、计量、贮存、放散、控制及其他（紧急切断、防雷防静电等）设备设施。

第三条 燃气发电企业是燃气电站安全生产管理责任主体，应严格遵守国家有关法律法规和标准规范，全面履行燃气电站天然气系统安全生产管理责任。

第四条 燃气发电工程设计单位应具备相应等级的资质证书，并应严格执行国家规定的设计深度要求和标准规范中的强制性条文。

第五条 进入燃气电站的天然气气质应符合《天然气》（GB 17820）中的相关要求，同时还应满足《输气管道工程设计规范》（GB 50251）等国家和行业标准中的有关规定；天然气在电站内经过滤、加热及调压后，最终应满足燃气轮机制造厂对天然气气质各项指标的要求。

第六条 燃气电站天然气系统的设计和防火间距应符合《石油天然气工程设计防火规范》（GB 50183）的规定。

第七条 调压站与调（增）压装置的设计，应遵循以下原则：（一）天然气调压站应独立布置，应设计在不易被碰撞或不影响交通的位置，周边应根据实际情况设置围墙或护栏；（二）调压站或调（增）压装置与其他建、构筑物的水平净距和调（增）压装置的安装高度应符合《城镇燃气设计规范》（GB 50028）的相关要求；（三）设有调（增）压装置的专用建筑耐火等级不低于二级，且建筑物门、窗向外开启，顶部应采取通风措施；（四）调（增）压装置的进出口管道和阀门的设置应符合《城镇燃气设计规范》（GB 50028）及《输气管道工程设计规范》（GB 50251）的相关要求；调（增）压装置前应设有过滤装置。

第八条 天然气系统管道设计，应遵循以下原则：（一）天然气进、出调压站管道应设置关断阀，当站外管道采用阴极保护腐蚀控制措施时，其与站内管道应采用绝缘连接。天然气管道不得与空气管道固定相连；（二）天然气管道宜采用支架敷设或直埋敷设；（三）天然气管道应有良好的保护设施。地下天然气管道应设置转角桩、交叉和警示牌等永久性标志。易于受到车辆碰撞和破坏的管段，应设置警示牌，并采取保护措施。架空敷设的天然气管道应有明显警示标志；（四）地下天然气管道不得从建筑物和大型构筑物（不包括架空的建筑物和大型构筑物）的下面穿越。地下天然气管道与建筑物、构筑物或相邻管道之间的水平和垂直净距应符合《城镇燃气设计规范》（GB 50028）第6.3.3条有关规定，且不得影响建（构）筑物和相邻管道基础的稳固性；（五）地下天然气管道埋设的最小覆土厚度（路面至管顶）应符合《城镇燃气设计规范》（GB 50028）第6.3.4条有关规定；（六）地下天然气管道与交流电力线接地体的净距应不小于《城镇燃气设计规范》（GB 50028）第6.7.5条有关规定；（七）除必须用法兰连接部位外，天然气管道管段应采用焊接连接；（八）连接管道的法兰连接处，应设金属跨接线（绝缘管道除外），当法兰用5副以上的螺栓连接时，法兰可不用金属线跨接，但必须构成电气通路。如天然气管道法兰发生严重腐蚀，电阻值超过0.03欧姆时，应符合《压力管道安全技术监察规程—工业管道》（TSG D0001）的有关规定。

第九条　天然气系统泄压和放空设施设计，应遵循以下原则：（一）天然气系统中，两个同时关闭的关断阀之间的管道上，应安装自动放空阀及放散管。为使管道系统放空而配置的连接管尺寸和排放通流能力，应满足紧急情况下使管段尽快放空要求；（二）在天然气系统中存在超压可能的承压设备，或与其直接相连的管道上，应设置安全阀。安全阀的选择和安装，应符合《安全阀安全技术监察规程》（TSG ZF001）和《城镇燃气设计规范》（GB 50028）的有关规定；（三）天然气系统应设置用于气体置换的吹扫和取样接头及放散管等。放散管应设置在不致发生火灾危险的地方，放散管口应布置在室外，高度应比附近建（构）筑物高出2米以上，且总高度不应小于10米。放散管口应处于接闪器的保护范围内。

第十条　天然气爆炸危险区域的范围应根据释放源的级别和位置、易燃物质的性质、通风条件、障碍物及生产条件、运行经验等现场实际情况，经技术经济比较综合确定。爆炸危险区域内的设施应采用防爆电器，其选型、安装和电气线路的布置应按《爆炸危险环境电力装置设计规范》（GB 50058）执行。

第十一条　天然气系统设备的防雷接地设施设计应符合《建筑物防雷设计规范》（GB 50057）及《石油天然气工程设计防火规范》（GB 50183）的有关规定。防静电接地设施设计应符合《化工企业静电接地设计规程》（HG/T 20675）的有关规定。

第十二条 天然气系统消防及安全设施设计应执行《火力发电站与变电所设计防火规范》（GB 50229）和《城镇燃气设计规范》（GB 50028）的有关规定。

第十三条 天然气工程设计完毕后，应由工程建设单位组织图纸会审，会审时应对设计图纸的规范性、安全合规性、实用性和经济性等方面进行综合评定。

第十四条 天然气工程施工单位应具备相应等级的资质证书，禁止施工单位将工程项目转包、违法分包和挂靠资质等行为。

第十五条 燃气发电企业应建立工程建设质保体系并建立健全工程质量管理制度，指定专人对天然气工程质量进行监督管理。

第十六条 设施设备与管材、管件的提供厂商必须具备相应的生产资质，进场设备和材料规格必须符合国家现行有关产品标准的规定和设计要求，进场设备和材料必须具备出厂合格证及必要的检验报告。

第十七条 天然气工程施工前必须进行技术交底，并有书面交底记录资料和履行签字手续。燃气发电企业和施工单位对施工人员必须进行针对天然气工程建设特点的三级安全教育。

第十八条 施工必须按设计文件进行，如发现施工图有误或天然气设施的设置不能满足《城镇燃气设计规范》（GB 50028）时，施工单位不得自行更改，应及时向燃气发电企业和设计单位提出变更设计要求。修改设计或材料代用应经原设计部门同意。

第十九条 承担天然气钢质管道、设备焊接的人员，必须具有锅炉压力容器压力管道特种设备操作人员资格证（焊接）焊工合格证书，且在证书的有效期及合格范围内从事焊接工作。间断焊接时间超过6个月，应重新考试合格后方可再次上岗。

第二十条 天然气系统施工中管道、设备的装卸运输和存放、土方施工、地下和架空管道敷设、调压设施安装，以及管道附件与设备安装应符合《城镇燃气输配工程施工及验收规范》（CJJ 33）的有关规定要求。

第二十一条 管道、设备安装完毕后应按《城镇燃气输配工程施工及验收规范》（CJJ 33）的有关规定，依次进行吹扫、强度试验和严密性试验。

第二十二条 工程竣工验收应以批准的设计文件、国家现行有关标准、施工承包合同、工程施工许可文件和本规定为依据。工程竣工验收应由燃气发电企业（建设单位）主持，组织勘察、设计、监理及施工单位对工程进行验收。验收合格后，各部门签署验收纪要。燃气发电企业及时将竣工资料、文件归档，然后办理工程移交手续。验收不合格应提出书面意见和整改内容，签发整改通知限期完成。整改完成后重新验收。整改书面意见、整改内容和整改通知编入竣工资料文件中。

第二十三条 竣工资料的收集、整理工作应与工程建设过程同步，工程完工后应及时做好整理和移交工作。整体工程竣工资料包括工程依据文件、交工技术文件和检验合格记录等，具体可参照《城镇燃气输配工程施工及验收规范》（CJJ 33）中12.5.3条规定执行。

第二十四条 燃气发电企业应根据本单位天然气系统的实际情况，制定切实可行的天然气系统运行、维护规程，安全操作、巡回检查规定，并严格落实操作票和工作票制度的有关规定。

第二十五条 运行维护人员巡检天然气系统区域，必须穿着防止产生静电的工作服，使用防爆型的照明用具、工器具和劳保防护用品。严禁携带非防爆无线通讯设备和电子产品。进入调压站前必须交出火种并释放静电，未经批准严禁在站内从事可能产生火花性质的操作。进入天然气系统区域的外来人员不得穿易产生静电的服装、带铁掌的鞋。机动车辆进入天然气系统区域，应装设阻火器。

第二十六条 对天然气系统设备进行拆装维护保养工作前，必须根据《城镇燃气设施运行、维护和抢修安全技术规程》（CJJ 51）的相关规定，进行惰性气体置换工作。

第二十七条 天然气系统区域的设施应有可靠的防雷装置，防雷装置每年应进行两次监测（其中在雷雨季节前应监测一次），接地电阻不应大于10欧姆。

第二十八条 天然气系统区域应有防止静电荷产生和集聚的措施，

并设有可靠的防静电接地装置，每年检测不得少于一次。

第二十九条 天然气系统的压力容器使用管理应按《特种设备安全监察条例》（国务院令第549号）的规定执行。

第三十条 安全阀应做到启闭灵敏，每年委托有资格的检验机构至少检查校验一次。压力表等其他安全附件应按其规定的检验周期定期进行校验。

第三十一条 进入压缩机房等封闭的天然气设施场所作业，应遵循以下原则：（一）进入前应先检测有无天然气泄漏，在确定安全后方可进入；（二）进行维护检修，应采取防爆措施或使用防爆工具。

第三十二条 管道及其附件的运行与维护，应遵循以下原则：（一）根据运行和维护有关规定，对天然气管道进行定期巡查，作好巡查记录，巡查中发现问题及时上报并采取有效的处理措施；（二）定期巡查应包括管道安全保护距离内有无影响管道安全情况、管道沿线渗漏检查、天然气管道和附件完整性检查等内容；（三）在役管道防腐涂层和设置的阴极保护系统的检查、维护周期和方法，应符合《城镇燃气埋地钢质管道腐蚀控制技术规程》（CJJ 95）有关规定的要求；（四）运行中的管道第一次发现腐蚀漏气点后，应对该管道选点检查其防腐涂层及腐蚀情况，针对实测情况制定运行、维护方案。钢制管道埋设二十年后，应对其进行评估，确定继续使用年限，制定检测周期，并应加强巡视和泄漏检查；（五）应根据天然气系统运行情况对燃气阀门定期进行启闭操作和维护保养。

第三十三条 调压站设备的运行与维护，应遵循以下原则：（一）调压装置的巡检内容应包括压缩机、调压器、过滤器、阀门、安全设施、仪器、仪表等设备的运行工况和严密性情况。当发现有燃气泄漏及调压装置有喘息、压力跳动等问题时，应及时处理；（二）新投入运行或保养修理后重新启用的调压设备，必须经过调试，达到技术标准后方可投入运行；（三）应定期进行过滤器前后压差检查，并及时排污和清洗；（四）调压器、泄压阀、快速切断阀及其它辅助设施应定期检查，查验设备是否在设定的数值内运行；（五）压缩机的检修应严格按设备的保养、维护标准执行。

第三十四条 天然气系统消防安全工作，应遵循以下原则：（一）天然气系统应建立严格的防火防爆制度。消防设施和器材的管理、检查、维修和保养等应设专人负责；（二）天然气爆炸危险区域，应按《石油天然气工程可燃气体检测报警系统安全技术规范》（SY 6503）的规定安装、使用可燃气体在线检测报警器；（三）天然气系统区域应设有"严禁烟火"等醒目的防火标志和风险告知牌，消防通道的地面上应有明显的警示标识，消防通道应保持畅通无阻，消防设施周围不得堆放杂物；（四）天然气调压站内压缩机房、工艺区、站控楼、配电室等处均应配置专用消防器材，运维人员应定期检查器材的完整性，专业人员定期对站内消防器材校验和更换；（五）天然气区域动用明火或可能散发火花的作业，应办理动火工作票，检测可燃气体浓度符合规定后方可动火，在动火作业过程中必须对气体浓度进行连续检测，保证动火作业安全。严禁对运行中的天然气管道、容器外壁进行焊接、气割等作业。

第三十五条　燃气发电企业应按国家有关规定建立、健全安全生产责任制，依法配置安全生产管理机构和专职安全生产管理人员，保证天然气系统的安全运行。企业主要负责人对本单位的天然气系统安全管理工作全面负责。

第三十六条　燃气发电企业应当和天然气供应单位签订安全生产管理协议，界定天然气系统设备设施产权和管理边界，明确各自的安全生产管理职责和应当采取的安全措施，并指定专职安全生产管理人员进行安全检查与协调。

第三十七条　燃气发电企业的天然气系统新建、改建和扩建工程项目，其防火、防爆设施应与主体工程同时设计、同时施工、同时验收投产。

第三十八条　燃气发电企业应建立天然气系统的安全生产规章制度和操作规程，并定期审核、修订，保持其有效性；同时对落实安全生产规章制度和操作规程情况进行检查和考核。燃气发电企业应制定天然气系统的安全技术措施和反事故措施，定期检查措施计划的完成情况，对每项措施计划项目按程序进行检查验收，确保每项措施计划项目能达到预期效果。

第三十九条　燃气发电企业应加强安全生产风险预控体系建设和隐

患排查治理工作，建立隐患管理台账，积极开展隐患排查、统计、分析、上报、治理和管控工作，及时发现并消除事故隐患。

第四十条 燃气发电企业应根据《危险化学品重大危险源辨识》（GB 18218）有关规定要求，依法开展重大危险源辨识、评估、登记建档、备案、核销及管理工作。

第四十一条 燃气发电企业应加强安全生产教育培训，主要负责人和安全管理人员应经安全培训合格；专业管理人员、操作人员和作业人员应经天然气专业知识和业务技能培训合格后上岗；每年应组织开展有关天然气安全知识、防护技能及应急措施的安全培训；根据作业性质对外来作业人员进行有针对性的天然气安全知识交底。

第四十二条 燃气发电企业应配置志愿消防员。距离当地公安消防队（站）较远的可建立专职的消防队，根据规定和实际情况配备专职消防队员和消防设施，并符合国家和行业的标准要求。

第四十三条 燃气发电企业应根据有关规定，开展职工职业危害防护工作，严禁安排禁忌人员从事具有职业危害的岗位工作。燃气发电企业应按照《个体防护装备选用规范》（GB/T 11651）的相关要求，按时、足额向从业人员发放劳动防护用品。

第四十四条 燃气发电企业应依据《生产经营单位安全生产事故应急预案编制导则》（GB/T 29639）和国家能源局《电力企业应急预案管理办法》（国能安全〔2014〕508号）等相关要求，开展以下工作：（一）建立天然气系统泄漏、着火、爆炸专项应急预案和现场处置方案；（二）每年制定应急预案演练计划，定期开展应急预案演练工作；（三）配备必要的应急救援装备、器材，并定期检查维护，保证完好可用；（四）每年至少组织进行一次全厂范围的天然气系统应急处置演练。

第四十五条 燃气发电企业除应遵守本规定外，还应执行国家现行的有关标准规定。

第四十六条 本规定由国家能源局负责解释。

第四十七条 本规定自印发之日起实施。

煤矿安全监察条例[①]（现已失效）

（2000年11月7日中华人民共和国国务院令第296号公布 根据2013年7月18日《国务院关于废止和修改部分行政法规的决定》修订）

第一条 为了保障煤矿安全，规范煤矿安全监察工作，保护煤矿职工人身安全和身体健康，根据煤炭法、矿山安全法、第九届全国人民代表大会第一次会议通过的国务院机构改革方案和国务院关于煤矿安全监察体制的决定，制定本条例。

第二条 国家对煤矿安全实行监察制度。国务院决定设立的煤矿安全监察机构按照国务院规定的职责，依照本条例的规定对煤矿实施安全监察。

第三条 煤矿安全监察机构依法行使职权，不受任何组织和个人的非法干涉。煤矿及其有关人员必须接受并配合煤矿安全监察机构依法实施的安全监察，不得拒绝、阻挠。

第四条 地方各级人民政府应当加强煤矿安全管理工作，支持和协助煤矿安全监察机构依法对煤矿实施安全监察。煤矿安全监察机构应当及时向有关地方人民政府通报煤矿安全监察的有关情况，并可以提出加强和改善煤矿安全管理的建议。

第五条 煤矿安全监察应当以预防为主，及时发现和消除事故隐患，有效纠正影响煤矿安全的违法行为，实行安全监察与促进安全管理相结合、教育与惩处相结合。

第六条 煤矿安全监察应当依靠煤矿职工和工会组织。煤矿职工对事故隐患或者影响煤矿安全的违法行为有权向煤矿安全监察机构报告或者举报。煤矿安全监察机构对报告或者举报有功人员给予奖励。

第七条 煤矿安全监察机构及其煤矿安全监察人员应当依法履行安全监察职责。任何单位和个人对煤矿安全监察机构及其煤矿安全监察人员的

[①] 《煤矿安全监察条例》已失效，供读者查阅参考。现行相关法规请参见《煤矿安全生产条例》（国务院令第774号）。

违法违纪行为，有权向上级煤矿安全监察机构或者有关机关检举和控告。

第八条 本条例所称煤矿安全监察机构，是指国家煤矿安全监察机构和在省、自治区、直辖市设立的煤矿安全监察机构（以下简称地区煤矿安全监察机构）及其在大中型矿区设立的煤矿安全监察办事处。

第九条 地区煤矿安全监察机构及其煤矿安全监察办事处负责对划定区域内的煤矿实施安全监察；煤矿安全监察办事处在国家煤矿安全监察机构规定的权限范围内，可以对违法行为实施行政处罚。

第十条 煤矿安全监察机构设煤矿安全监察员。煤矿安全监察员应当公道、正派，熟悉煤矿安全法律、法规和规章，具有相应的专业知识和相关的工作经验，并经考试录用。煤矿安全监察员的具体管理办法由国家煤矿安全监察机构商国务院有关部门制定。

第十一条 地区煤矿安全监察机构、煤矿安全监察办事处应当对煤矿实施经常性安全检查；对事故多发地区的煤矿，应当实施重点安全检查。国家煤矿安全监察机构根据煤矿安全工作的实际情况，组织对全国煤矿的全面安全检查或者重点安全抽查。

第十二条 地区煤矿安全监察机构、煤矿安全监察办事处应当对每个煤矿建立煤矿安全监察档案。煤矿安全监察人员对每次安全检查的内容、发现的问题及其处理情况，应当作详细记录，并由参加检查的煤矿安全监察人员签名后归档。

第十三条 地区煤矿安全监察机构、煤矿安全监察办事处应当每15日分别向国家煤矿安全监察机构、地区煤矿安全监察机构报告一次煤矿安全监察情况；有重大煤矿安全问题的，应当及时采取措施并随时报告。国家煤矿安全监察机构应当定期公布煤矿安全监察情况。

第十四条 煤矿安全监察人员履行安全监察职责，有权随时进入煤矿作业场所进行检查，调阅有关资料，参加煤矿安全生产会议，向有关单位或者人员了解情况。

第十五条 煤矿安全监察人员在检查中发现影响煤矿安全的违法行为，有权当场予以纠正或者要求限期改正；对依法应当给予行政处罚的行为，由煤矿安全监察机构依照行政处罚法和本条例规定的程序作出决定。

第十六条　煤矿安全监察人员进行现场检查时，发现存在事故隐患的，有权要求煤矿立即消除或者限期解决；发现威胁职工生命安全的紧急情况时，有权要求立即停止作业，下达立即从危险区内撤出作业人员的命令，并立即将紧急情况和处理措施报告煤矿安全监察机构。

第十七条　煤矿安全监察机构在实施安全监察过程中，发现煤矿存在的安全问题涉及有关地方人民政府或其有关部门的，应当向有关地方人民政府或其有关部门提出建议，并向上级人民政府或其有关部门报告。

第十八条　煤矿发生伤亡事故的，由煤矿安全监察机构负责组织调查处理。煤矿安全监察机构组织调查处理事故，应当依照国家规定的事故调查程序和处理办法进行。

第十九条　煤矿安全监察机构及其煤矿安全监察人员不得接受煤矿的任何馈赠、报酬、福利待遇，不得在煤矿报销任何费用，不得参加煤矿安排、组织或者支付费用的宴请、娱乐、旅游、出访等活动，不得借煤矿安全监察工作在煤矿为自己、亲友或者他人谋取利益。

第二十条　煤矿安全监察机构对煤矿执行煤炭法、矿山安全法和其他有关煤矿安全的法律、法规以及国家安全标准、行业安全标准、煤矿安全规程和行业技术规范的情况实施监察。

第二十一条　煤矿建设工程设计必须符合煤矿安全规程和行业技术规范的要求。煤矿建设工程安全设施设计必须经煤矿安全监察机构审查同意；未经审查同意的，不得施工。煤矿安全监察机构审查煤矿建设工程安全设施设计，应当自收到申请审查的设计资料之日起30日内审查完毕，签署同意或者不同意的意见，并书面答复。

第二十二条　煤矿建设工程竣工后或者投产前，应当经煤矿安全监察机构对其安全设施和条件进行验收；未经验收或者验收不合格的，不得投入生产。煤矿安全监察机构对煤矿建设工程安全设施和条件进行验收，应当自收到申请验收文件之日起30日内验收完毕，签署合格或者不合格的意见，并书面答复。

第二十三条　煤矿安全监察机构应当监督煤矿制定事故预防和应急计划，并检查煤矿制定的发现和消除事故隐患的措施及其落实情况。

第二十四条　煤矿安全监察机构发现煤矿矿井通风、防火、防水、防瓦斯、防毒、防尘等安全设施和条件不符合国家安全标准、行业安全标准、煤矿安全规程和行业技术规范要求的，应当责令立即停止作业或者责令限期达到要求。

第二十五条　煤矿安全监察机构发现煤矿进行独眼井开采的，应当责令关闭。

第二十六条　煤矿安全监察机构发现煤矿作业场所有下列情形之一的，应当责令立即停止作业，限期改正；有关煤矿或其作业场所经复查合格的，方可恢复作业：（一）未使用专用防爆电器设备的；（二）未使用专用放炮器的；（三）未使用人员专用升降容器的；（四）使用明火明电照明的。

第二十七条　煤矿安全监察机构对煤矿安全技术措施专项费用的提取和使用情况进行监督，对未依法提取或者使用的，应当责令限期改正。

第二十八条　煤矿安全监察机构发现煤矿矿井使用的设备、器材、仪器、仪表、防护用品不符合国家安全标准或者行业安全标准的，应当责令立即停止使用。

第二十九条　煤矿安全监察机构发现煤矿有下列情形之一的，应当责令限期改正：（一）未依法建立安全生产责任制的；（二）未设置安全生产机构或者配备安全生产人员的；（三）矿长不具备安全专业知识的；（四）特种作业人员未取得资格证书上岗作业的；（五）分配职工上岗作业前，未进行安全教育、培训的；（六）未向职工发放保障安全生产所需的劳动防护用品的。

第三十条　煤矿安全监察人员发现煤矿作业场所的瓦斯、粉尘或者其他有毒有害气体的浓度超过国家安全标准或者行业安全标准的，煤矿擅自开采保安煤柱的，或者采用危及相邻煤矿生产安全的决水、爆破、贯通巷道等危险方法进行采矿作业的，应当责令立即停止作业，并将有关情况报告煤矿安全监察机构。

第三十一条　煤矿安全监察人员发现煤矿矿长或者其他主管人员违章指挥工人或者强令工人违章、冒险作业，或者发现工人违章作业的，应当立即纠正或者责令立即停止作业。

第三十二条 煤矿安全监察机构及其煤矿安全监察人员履行安全监察职责，向煤矿有关人员了解情况时，有关人员应当如实反映情况，不得提供虚假情况，不得隐瞒本煤矿存在的事故隐患以及其他安全问题。

第三十三条 煤矿安全监察机构依照本条例的规定责令煤矿限期解决事故隐患、限期改正影响煤矿安全的违法行为或者限期使安全设施和条件达到要求的，应当在限期届满时及时对煤矿的执行情况进行复查并签署复查意见；经有关煤矿申请，也可以在限期内进行复查并签署复查意见。煤矿安全监察机构及其煤矿安全监察人员依照本条例的规定责令煤矿立即停止作业，责令立即停止使用不符合国家安全标准或者行业安全标准的设备、器材、仪器、仪表、防护用品，或者责令关闭矿井的，应当对煤矿的执行情况随时进行检查。

第三十四条 煤矿安全监察机构及其煤矿安全监察人员履行安全监察职责，应当出示安全监察证件。发出安全监察指令，应当采用书面通知形式；紧急情况下需要采取紧急处置措施，来不及书面通知的，应当随后补充书面通知。

第三十五条 煤矿建设工程安全设施设计未经煤矿安全监察机构审查同意，擅自施工的，由煤矿安全监察机构责令停止施工；拒不执行的，由煤矿安全监察机构移送地质矿产主管部门依法吊销采矿许可证。

第三十六条 煤矿建设工程安全设施和条件未经验收或者验收不合格，擅自投入生产的，由煤矿安全监察机构责令停止生产，处5万元以上10万元以下的罚款；拒不停止生产的，由煤矿安全监察机构移送地质矿产主管部门依法吊销采矿许可证。

第三十七条 煤矿矿井通风、防火、防水、防瓦斯、防毒、防尘等安全设施和条件不符合国家安全标准、行业安全标准、煤矿安全规程和行业技术规范的要求，经煤矿安全监察机构责令限期达到要求，逾期仍达不到要求的，由煤矿安全监察机构责令停产整顿；经停产整顿仍不具备安全生产条件的，由煤矿安全监察机构决定吊销安全生产许可证，并移送地质矿产主管部门依法吊销采矿许可证。

第三十八条 煤矿作业场所未使用专用防爆电器设备、专用放炮器、人员专用升降容器或者使用明火明电照明，经煤矿安全监察机构责令限期改正，逾期不改正的，由煤矿安全监察机构责令停产整顿，可以处3万元以下的罚款。

第三十九条 未依法提取或者使用煤矿安全技术措施专项费用，或者使用不符合国家安全标准或者行业安全标准的设备、器材、仪器、仪表、防护用品，经煤矿安全监察机构责令限期改正或者责令立即停止使用，逾期不改正或者不立即停止使用的，由煤矿安全监察机构处5万元以下的罚款；情节严重的，由煤矿安全监察机构责令停产整顿；对直接负责的主管人员和其他直接责任人员，依法给予纪律处分。

第四十条 煤矿矿长不具备安全专业知识，或者特种作业人员未取得操作资格证书上岗作业，经煤矿安全监察机构责令限期改正，逾期不改正的，责令停产整顿；调整配备合格人员并经复查合格后，方可恢复生产。

第四十一条 分配职工上岗作业前未进行安全教育、培训，经煤矿安全监察机构责令限期改正，逾期不改正的，由煤矿安全监察机构处4万元以下的罚款；情节严重的，由煤矿安全监察机构责令停产整顿；对直接负责的主管人员和其他直接责任人员，依法给予纪律处分。

第四十二条 煤矿作业场所的瓦斯、粉尘或者其他有毒有害气体的浓度超过国家安全标准或者行业安全标准，经煤矿安全监察人员责令立即停止作业，拒不停止作业的，由煤矿安全监察机构责令停产整顿，可以处10万元以下的罚款。

第四十三条 擅自开采保安煤柱，或者采用危及相邻煤矿生产安全的决水、爆破、贯通巷道等危险方法进行采矿作业，经煤矿安全监察人员责令立即停止作业，拒不停止作业的，由煤矿安全监察机构决定吊销安全生产许可证，并移送地质矿产主管部门依法吊销采矿许可证；构成犯罪的，依法追究刑事责任；造成损失的，依法承担赔偿责任。

第四十四条 煤矿矿长或者其他主管人员有下列行为之一的，由煤矿安全监察机构给予警告；造成严重后果，构成犯罪的，依法追究刑事责任：（一）违章指挥工人或者强令工人违章、冒险作业的；（二）对工人屡次违章作业熟视无睹，不加制止的；（三）对重大事故预兆或者已发现的事故隐患不及时采取措施的；（四）拒不执行煤矿安全监察机构及其煤矿安全监察人员的安全监察指令的。

第四十五条　煤矿有关人员拒绝、阻碍煤矿安全监察机构及其煤矿安全监察人员现场检查，或者提供虚假情况，或者隐瞒存在的事故隐患以及其他安全问题的，由煤矿安全监察机构给予警告，可以并处5万元以上10万元以下的罚款；情节严重的，由煤矿安全监察机构责令停产整顿；对直接负责的主管人员和其他直接责任人员，依法给予撤职直至开除的纪律处分。

第四十六条　煤矿发生事故，有下列情形之一的，由煤矿安全监察机构给予警告，可以并处3万元以上15万元以下的罚款；情节严重的，由煤矿安全监察机构责令停产整顿；对直接负责的主管人员和其他直接责任人员，依法给予降级直至开除的纪律处分；构成犯罪的，依法追究刑事责任：（一）不按照规定及时、如实报告煤矿事故的；（二）伪造、故意破坏煤矿事故现场的；（三）阻碍、干涉煤矿事故调查工作，拒绝接受调查取证、提供有关情况和资料的。

第四十七条　依照本条例规定被吊销采矿许可证，由工商行政管理部门依法相应吊销营业执照。

第四十八条　煤矿安全监察人员滥用职权、玩忽职守、徇私舞弊，应当发现而没有发现煤矿事故隐患或者影响煤矿安全的违法行为，或者发现事故隐患或者影响煤矿安全的违法行为不及时处理或者报告，或者有违反本条例第十九条规定行为之一，构成犯罪的，依法追究刑事责任；尚不构成犯罪的，依法给予行政处分。

第四十九条　未设立地区煤矿安全监察机构的省、自治区、直辖市，省、自治区、直辖市人民政府可以指定有关部门依照本条例的规定对本行政区域内的煤矿实施安全监察。

第五十条　本条例自2000年12月1日起施行。

关于预防煤矿生产安全事故的特别规定^①（现已失效）

（2005年9月3日中华人民共和国国务院令第446号公布　根据2013年7月18日《国务院关于废止和修改部分行政法规的决定》修订）

第一条　为了及时发现并排除煤矿安全生产隐患，落实煤矿安全生产责任，预防煤矿生产安全事故发生，保障职工的生命安全和煤矿安全生产，制定本规定。

第二条　煤矿企业是预防煤矿生产安全事故的责任主体。煤矿企业负责人（包括一些煤矿企业的实际控制人，下同）对预防煤矿生产安全事故负主要责任。

第三条　国务院有关部门和地方各级人民政府应当建立并落实预防煤矿生产安全事故的责任制，监督检查煤矿企业预防煤矿生产安全事故的情况，及时解决煤矿生产安全事故预防工作中的重大问题。

第四条　县级以上地方人民政府负责煤矿安全生产监督管理的部门、国家煤矿安全监察机构设在省、自治区、直辖市的煤矿安全监察机构（以下简称煤矿安全监察机构），对所辖区域的煤矿重大安全生产隐患和违法行为负有检查和依法查处的职责。县级以上地方人民政府负责煤矿安全生产监督管理的部门、煤矿安全监察机构不依法履行职责，不及时查处所辖区域的煤矿重大安全生产隐患和违法行为的，对直接责任人和主要负责人，根据情节轻重，给予记过、记大过、降级、撤职或者开除的行政处分；构成犯罪的，依法追究刑事责任。

第五条　煤矿未依法取得采矿许可证、安全生产许可证、营业执照和矿长未依法取得矿长资格证、矿长安全资格证的，煤矿不得从事生产。擅自从事生产的，属非法煤矿。负责颁发前款规定证照的部门，一经发现煤矿无证照或者证照不全从事生产的，应当责令该煤矿立即停止生产，没收违法所得和开采出的煤炭以及采掘设备，并处违法所得1倍以上5倍

---

① 　《关于预防煤矿生产安全事故的特别规定》已失效，供读者查阅参考。现行相关法规请参见《煤矿安全生产条例》（国务院令第774号）。

以下的罚款；构成犯罪的，依法追究刑事责任；同时于2日内提请当地县级以上地方人民政府予以关闭，并可以向上一级地方人民政府报告。

第六条　负责颁发采矿许可证、安全生产许可证、营业执照和矿长资格证、矿长安全资格证的部门，向不符合法定条件的煤矿或者矿长颁发有关证照的，对直接责任人，根据情节轻重，给予降级、撤职或者开除的行政处分；对主要负责人，根据情节轻重，给予记大过、降级、撤职或者开除的行政处分；构成犯罪的，依法追究刑事责任。前款规定颁发证照的部门，应当加强对取得证照煤矿的日常监督管理，促使煤矿持续符合取得证照应当具备的条件。不依法履行日常监督管理职责的，对主要负责人，根据情节轻重，给予记过、记大过、降级、撤职或者开除的行政处分；构成犯罪的，依法追究刑事责任。

第七条　在乡、镇人民政府所辖区域内发现有非法煤矿并且没有采取有效制止措施的，对乡、镇人民政府的主要负责人以及负有责任的相关负责人，根据情节轻重，给予降级、撤职或者开除的行政处分；在县级人民政府所辖区域内1个月内发现有2处或者2处以上非法煤矿并且没有采取有效制止措施的，对县级人民政府的主要负责人以及负有责任的相关负责人，根据情节轻重，给予降级、撤职或者开除的行政处分；构成犯罪的，依法追究刑事责任。其他有关机关和部门对存在非法煤矿负有责任的，对主要负责人，属于行政机关工作人员的，根据情节轻重，给予记过、记大过、降级或者撤职的行政处分；不属于行政机关工作人员的，建议有关机关和部门给予相应的处分。

第八条　煤矿的通风、防瓦斯、防水、防火、防煤尘、防冒顶等安全设备、设施和条件应当符合国家标准、行业标准，并有防范生产安全事故发生的措施和完善的应急处理预案。煤矿有下列重大安全生产隐患和行为的，应当立即停止生产，排除隐患：（一）超能力、超强度或者超定员组织生产的；（二）瓦斯超限作业的；（三）煤与瓦斯突出矿井，未依照规定实施防突出措施的；（四）高瓦斯矿井未建立瓦斯抽放系统和监控系统，或者瓦斯监控系统不能正常运行的；（五）通风系统不完善、不可靠的；（六）有严重水患，未采取有效措施的；（七）超层越界开采的；（八）有冲击地压危险，未采取有效措施的；（九）自然发火严重，未采取有效措施的；（十）使用明令禁止使用或者淘汰的设备、工艺的；（十一）年产6万吨以上的煤矿没有双回路供电系统的；（十二）新建煤矿边建设边生产，煤矿改扩建期间，在改扩建的区域生产，或者在其他区域的生产超出安全设计规定的范围和规模的；（十三）煤矿实行整体承包生产经营后，未重新取得安全生产许可证，从事生产的，或者承包方再次转包的，以及煤矿将井下采掘工作面和井巷维修作业进行劳务承包的；（十四）煤矿改制期间，未明确安全生产责任人和安全管理机构的，或者在完成改制后，未重新取得或者变更采矿许可证、安全生产许可证和营业执照的；（十五）有其他重大安全生产隐患的。

第九条　煤矿企业应当建立健全安全生产隐患排查、治理和报告制度。煤矿企业应当对本规定第八条第二款所列情形定期组织排查，并将排查情况每季度向县级以上地方人民政府负责煤矿安全生产监督管理的部门、煤矿安全监察机构写出书面报告。报告应当经煤矿企业负责人签字。煤矿企业未依照前款规定排查和报告的，由县级以上地方人民政府负责煤矿安全生产监督管理的部门或者煤矿安全监察机构责令限期改正；逾期未改正的，责令停产整顿，并对煤矿企业负责人处3万元以上15万元以下的罚款。

第十条　煤矿有本规定第八条第二款所列情形之一，仍然进行生产的，由县级以上地方人民政府负责煤矿安全生产监督管理的部门或者煤矿安全监察机构责令停产整顿，提出整顿的内容、时间等具体要求，处50万元以上200万元以下的罚款；对煤矿企业负责人处3万元以上15万元以下的罚款。对3个月内2次或者2次以上发现有重大安全生产隐患，仍然进行生产的煤矿，县级以上地方人民政府负责煤矿安全生产监督管理的部门、煤矿安全监察机构应当提请有关地方人民政府关闭该煤矿，并由颁发证照的部门立即吊销矿长资格证和矿长安全资格证，该煤矿的法定代表人和矿长5年内不得再担任任何煤矿的法定代表人或者矿长。

第十一条　对被责令停产整顿的煤矿，颁发证照的部门应当暂扣采矿许可证、安全生产许可证、营业执照和矿长资格证、矿长安全资格证。被责令停产整顿的煤矿应当制定整改方案，落实整改措施和安全技术规定；整改结束后要求恢复生产的，应当由县级以上地方人民政府负责煤矿安全生产监督管理的部门自收到恢复生产申请之日起60日内组织验收完毕；验收合格的，经组织验收的地方人民政府负责煤矿安全生产监督管理的部门的主要负责人签字，并经有关煤矿安全监察机构审核同意，报请有关地方人民政府主要负责人签字批准，颁发证照的部门发还证照，煤矿方可恢复生产；验收不合格的，由有关地方人民政府予以关闭。被责令停产整顿的煤矿擅自从事生产的，县级以上地方人民政府负责煤矿安全生产监督管理的部门、煤矿安全监察机构应当提请有关地方人民政府予以关闭，没收违法所得，并处违法所得1倍以上5倍以下的罚款；构成犯罪的，依法追究刑事责任。

第十二条　对被责令停产整顿的煤矿，在停产整顿期间，由有关地方人民政府采取有效措施进行监督检查。因监督检查不力，煤矿在停产整顿期间继续生产的，对直接责任人，根据情节轻重，给予降级、撤职或者开除的行政处分；对有关负责人，根据情节轻重，给予记大过、降级、撤职或者开除的行政处分；构成犯罪的，依法追究刑事责任。

第十三条　对提请关闭的煤矿，县级以上地方人民政府负责煤矿安全生产监督管理的部门或者煤矿安全监察机构应当责令立即停止生产；有关地方人民政府应当在7日内作出关闭或者不予关闭的决定，并由其主要负责人签字存档。对决定关闭的，有关地方人民政府应当立即组织实施。关闭煤矿应当达到下列要求：（一）吊销相关证照；（二）停止供应并处理火工用品；（三）停止供电，拆除矿井生产设备、供电、通信线路；（四）封闭、填实矿井井筒，平整井口场地，恢复地貌；（五）妥善遣散从业人员。关闭煤矿未达到前款规定要求的，对组织实施关闭的地方人民政府及其有关部门的负责人和直接责任人给予记过、记大过、降级、撤职或者开除的行政处分；构成犯罪的，依法追究刑事责任。依照本条第一款规定决定关闭的煤矿，仍有开采价值的，经依法批准可以进行拍卖。关闭的煤矿擅自恢复生产的，依照本规定第五条第二款规定予以处罚；构成犯罪的，依法追究刑事责任。

第十四条　县级以上地方人民政府负责煤矿安全生产监督管理的部

门或者煤矿安全监察机构，发现煤矿有本规定第八条第二款所列情形之一的，应当将情况报送有关地方人民政府。

第十五条 煤矿存在瓦斯突出、自然发火、冲击地压、水害威胁等重大安全生产隐患，该煤矿在现有技术条件下难以有效防治的，县级以上地方人民政府负责煤矿安全生产监督管理的部门、煤矿安全监察机构应当责令其立即停止生产，并提请有关地方人民政府组织专家进行论证。专家论证应当客观、公正、科学。有关地方人民政府应当根据论证结论，作出是否关闭煤矿的决定，并组织实施。

第十六条 煤矿企业应当依照国家有关规定对井下作业人员进行安全生产教育和培训，保证井下作业人员具有必要的安全生产知识，熟悉有关安全生产规章制度和安全操作规程，掌握本岗位的安全操作技能，并建立培训档案。未进行安全生产教育和培训或者经教育和培训不合格的人员不得下井作业。县级以上地方人民政府负责煤矿安全生产监督管理的部门应当对煤矿井下作业人员的安全生产教育和培训情况进行监督检查；煤矿安全监察机构应当对煤矿特种作业人员持证上岗情况进行监督检查。发现煤矿企业未依照国家有关规定对井下作业人员进行安全生产教育和培训或者特种作业人员无证上岗的，应当责令限期改正，处10万元以上50万元以下的罚款；逾期未改正的，责令停产整顿。县级以上地方人民政府负责煤矿安全生产监督管理的部门、煤矿安全监察机构未履行前款规定的监督检查职责的，对主要负责人，根据情节轻重，给予警告、记过或者记大过的行政处分。

第十七条 县级以上地方人民政府负责煤矿安全生产监督管理的部门、煤矿安全监察机构在监督检查中，1个月内3次或者3次以上发现煤矿企业未依照国家有关规定对井下作业人员进行安全生产教育和培训或者特种作业人员无证上岗的，应当提请有关地方人民政府对该煤矿予以关闭。

第十八条 煤矿拒不执行县级以上地方人民政府负责煤矿安全生产监督管理的部门或者煤矿安全监察机构依法下达的执法指令的，由颁发证照的部门吊销矿长资格证和矿长安全资格证；构成违反治安管理行为的，由公安机关依照治安管理的法律、行政法规的规定处罚；构成犯罪的，依法追究刑事责任。

第十九条　县级以上地方人民政府负责煤矿安全生产监督管理的部门、煤矿安全监察机构对被责令停产整顿或者关闭的煤矿，应当自煤矿被责令停产整顿或者关闭之日起3日内在当地主要媒体公告。被责令停产整顿的煤矿经验收合格恢复生产的，县级以上地方人民政府负责煤矿安全生产监督管理的部门、煤矿安全监察机构应当自煤矿验收合格恢复生产之日起3日内在同一媒体公告。县级以上地方人民政府负责煤矿安全生产监督管理的部门、煤矿安全监察机构未依照本条第一款、第二款规定进行公告的，对有关负责人，根据情节轻重，给予警告、记过、记大过或者降级的行政处分。公告所需费用由同级财政列支。

第二十条　国家机关工作人员和国有企业负责人不得违反国家规定投资入股煤矿（依法取得上市公司股票的除外），不得对煤矿的违法行为予以纵容、包庇。国家行政机关工作人员和国有企业负责人违反前款规定的，根据情节轻重，给予降级、撤职或者开除的处分；构成犯罪的，依法追究刑事责任。

第二十一条　煤矿企业负责人和生产经营管理人员应当按照国家规定轮流带班下井，并建立下井登记档案。县级以上地方人民政府负责煤矿安全生产监督管理的部门或者煤矿安全监察机构发现煤矿企业在生产过程中，1周内其负责人或者生产经营管理人员没有按照国家规定带班下井，或者下井登记档案虚假的，责令改正，并对该煤矿企业处3万元以上15万元以下的罚款。

第二十二条　煤矿企业应当免费为每位职工发放煤矿职工安全手册。煤矿职工安全手册应当载明职工的权利、义务，煤矿重大安全生产隐患的情形和应急保护措施、方法以及安全生产隐患和违法行为的举报电话、受理部门。煤矿企业没有为每位职工发放符合要求的职工安全手册的，由县级以上地方人民政府负责煤矿安全生产监督管理的部门或者煤矿安全监察机构责令限期改正；逾期未改正的，处5万元以下的罚款。

第二十三条　任何单位和个人发现煤矿有本规定第五条第一款和第八条第二款所列情形之一的，都有权向县级以上地方人民政府负责煤矿安全生产监督管理的部门或者煤矿安全监察机构举报。受理的举报经调查属实的，受理举报的部门或者机构应当给予最先举报人1000元至1万元的奖励，所需费用由同级财政列支。县级以上地方人民政府负责煤矿安全生产监督管理的部门或者煤矿安全监察机构接到举报后，应当及时调查处理；不及时调查处理的，对有关责任人，根据情节轻重，给予警告、记过、记大过或者降级的行政处分。

第二十四条　煤矿有违反本规定的违法行为，法律规定由有关部门查处的，有关部门应当依法进行查处。但是，对同一违法行为不得给予两次以上罚款的行政处罚。

第二十五条　国家行政机关工作人员、国有企业负责人有违反本规定的行为，依照本规定应当给予处分的，由监察机关或者任免机关依法作出处分决定。国家行政机关工作人员、国有企业负责人对处分决定不服的，可以依法提出申诉。

第二十六条　当事人对行政处罚决定不服的，可以依法申请行政复议，或者依法直接向人民法院提起行政诉讼。

第二十七条　省、自治区、直辖市人民政府可以依据本规定制定具体实施办法。

第二十八条　本规定自公布之日起施行。

二、电力与新能源

（一）电力

21.发电工程项目可否先于电网配套工程、环境保护工程等进行设计与建设？

《中华人民共和国电力法》第十五条规定，输变电工程、调度通信自动化工程等电网配套工程和环境保护工程，应当与发电工程项目同时设计、同时建设、同时验收、同时投入使用。同时，第五十五条还规定，电力设施与公用工程、绿化工程和其他工程在新建、改建或者扩建中相互妨碍时，有关单位应当按照国家有关规定协商，达成协议后方可施工。

22.依法划定电力设施保护区前已种植的植物妨碍电力设施安全的，如何处理？

《中华人民共和国电力法》第五十三条规定，电力管理部门应当按照国务院有关电力设施保护的规定，对电力设施保护区设立标志。任何单位和个人不得在依法划定的电力设施保护区内修建可能危及电力设施安全的建筑物、构筑物，不得种植可能危及电力设施安全的植物，不得堆放可能危及电力设施安全的物品。在依法划定电力设施保护区前已经种植的植物妨碍电力设施安全的，应当修剪或者砍伐。第六十九条规定，违反本法第五十三条规定，在依法划定的电力设施保护区内修建建筑物、构筑物或者种植植物、堆放物品，危及电力设施安全的，由当地人民政府责令强制拆除、砍伐或者清除。

23.废品回收站可否直接收购电力设施器材？

《电力设施保护条例》第十九条规定，未经有关部门依照国家有关规定批准，任何单位和个人不得收购电力设施器材。

24.电力建设工程的安全生产费用是否能列入工程投标时的竞争性报价？我国对使用前述安全生产费用有何要求？

《电力建设工程施工安全监督管理办法》第八条规定，按照国家有关安全生产费用投入和使用管理规定，电力建设工程概算应当单独计列安全生产费用，不得在电力建设工程投标中列入竞争性报价。根据电力建设工程进展情况，及时、足额向参建单位支付安全生产费用。第二十二条规定，施工单位应当按照国家有关规定计列和使用安全生产费用。应当编制安全生产费用使用计划，专款专用。同时，第四十三条规定，建设单位未按规定提取和使用安全生产费用的，责令限期改正；逾期未改正的，责令该建设工程停止施工。第四十八条规定，挪用安全生产费用的，责令限期改正，并处挪用费用20%以上50%以下的罚款；造成重大安全事故，构成犯罪的，依法追究刑事责任。

25.水电站大坝运行安全采取何种管理和定检方式？

《水电站大坝运行安全监督管理规定》第二十四条规定，大坝运行实行安全注册登记制度。电力企业应当在规定期限内申请办理大坝安全注册登记。在规定期限内不申请办理安全注册登记的大坝，不得投入运行，其发电机组不得并网发电。同时，第十九条规定，大坝中心应当定期检查大坝安全状况，评定大坝安全等级。定期检查一般每5年进行1次，检查时间一般不超过1.5年。首次定期检查后，定期检查间隔可以根据大坝安全风险情况动态调整，但不得少于3年或者超过10年。第二十条规定，大坝遭受超标准洪水或者破坏性地震等自然灾害以及其他严重事件后，大坝中心应当对大坝进行特种检查，重新评定大坝安全等级。

此外，第四十二条规定，水电站输水隧洞、压力钢管、调压井、发电厂房、尾水隧洞等输水发电建筑物及过坝建筑物及其附属设施应当参照本规定相关要求开展安全检查，发现缺陷及时处理。

【相关法律】

中华人民共和国电力法（节录）

（1995 年 12 月 28 日第八届全国人民代表大会常务委员会第十七次会议通过　根据 2009 年 8 月 27 日第十一届全国人民代表大会常务委员会第十次会议《关于修改部分法律的决定》第一次修正　根据 2015 年 4 月 24 日第十二届全国人民代表大会常务委员会第十四次会议《关于修改〈中华人民共和国电力法〉等六部法律的决定》第二次修正　根据 2018 年 12 月 29 日第十三届全国人民代表大会常务委员会第七次会议《关于修改〈中华人民共和国电力法〉等四部法律的决定》第三次修正）

......

第十一条　城市电网的建设与改造规划，应当纳入城市总体规划。城市人民政府应当按照规划，安排变电设施用地、输电线路走廊和电缆通道。任何单位和个人不得非法占用变电设施用地、输电线路走廊和电缆通道。

第十二条　国家通过制定有关政策，支持、促进电力建设。地方人民政府应当根据电力发展规划，因地制宜，采取多种措施开发电源，发展电力建设。

第十三条　电力投资者对其投资形成的电力，享有法定权益。并网运行的，电力投资者有优先使用权；未并网的自备电厂，电力投资者自行支配使用。

第十四条　电力建设项目应当符合电力发展规划，符合国家电力产业政策。电力建设项目不得使用国家明令淘汰的电力设备和技术。

第十五条　输变电工程、调度通信自动化工程等电网配套工程和环境保护工程，应当与发电工程项目同时设计、同时建设、同时验收、同时投入使用。

第十六条　电力建设项目使用土地，应当依照有关法律、行政法规的规定办理；依法征收土地的，应当依法支付土地补偿费和安置补偿费，做好迁移居民的安置工作。电力建设应当贯彻切实保护耕地、节约利用土地的原则。地方人民政府对电力事业依法使用土地和迁移居民，应当予以支持和协助。

第十七条　地方人民政府应当支持电力企业为发电工程建设勘探水源和依法取水、用水。电力企业应当节约用水。

......

第五十二条　任何单位和个人不得危害发电设施、变电设施和电力线路设施及其有关辅助设施。在电力设施周围进行爆破及其他可能危及电力设施安全的作业的，应当按照国务院有关电力设施保护的规定，经批准并采取确保电力设施安全的措施后，方可进行作业。

第五十三条　电力管理部门应当按照国务院有关电力设施保护的规定，对电力设施保护区设立标志。任何单位和个人不得在依法划定的电力设施保护区内修建可能危及电力设施安全的建筑物、构筑物，不得种植可能危及电力设施安全的植物，不得堆放可能危及电力设施安全的物品。在依法划定电力设施保护区前已经种植的植物妨碍电力设施安全的，应当修剪或者砍伐。

第五十四条　任何单位和个人需要在依法划定的电力设施保护区内进行可能危及电力设施安全的作业时，应当经电力管理部门批准并采取安全措施后，方可进行作业。

第五十五条　电力设施与公用工程、绿化工程和其他工程在新建、改建或者扩建中相互妨碍时，有关单位应当按照国家有关规定协商，达成协议后方可施工。

第五十六条　电力管理部门依法对电力企业和用户执行电力法律、行政法规的情况进行监督检查。

第五十七条　电力管理部门根据工作需要，可以配备电力监督检查人员。电力监督检查人员应当公正廉洁，秉公执法，熟悉电力法律、法规，掌握有关电力专业技术。

第五十八条　电力监督检查人员进行监督检查时，有权向电力企业或者用户了解有关执行电力法律、行政法规的情况，查阅有关资料，并有权进入现场进行检查。电力企业和用户对执行监督检查任务的电力监督检查人员应当提供方便。

电力监督检查人员进行监督检查时，应当出示证件。

第五十九条 电力企业或者用户违反供用电合同，给对方造成损失的，应当依法承担赔偿责任。电力企业违反本法第二十八条、第二十九条第一款的规定，未保证供电质量或者未事先通知用户中断供电，给用户造成损失的，应当依法承担赔偿责任。

第六十条 因电力运行事故给用户或者第三人造成损害的，电力企业应当依法承担赔偿责任。电力运行事故由下列原因之一造成的，电力企业不承担赔偿责任：（一）不可抗力；（二）用户自身的过错。因用户或者第三人的过错给电力企业或者其他用户造成损害的，该用户或者第三人应当依法承担赔偿责任。

第六十一条 违反本法第十一条第二款的规定，非法占用变电设施用地、输电线路走廊或者电缆通道的，由县级以上地方人民政府责令限期改正；逾期不改正的，强制清除障碍。

第六十二条 违反本法第十四条规定，电力建设项目不符合电力发展规划、产业政策的，由电力管理部门责令停止建设。违反本法第十四条规定，电力建设项目使用国家明令淘汰的电力设备和技术的，由电力管理部门责令停止使用，没收国家明令淘汰的电力设备，并处五万元以下的罚款。

第六十三条 违反本法第二十五条规定，未经许可，从事供电或者变更供电营业区的，由电力管理部门责令改正，没收违法所得，可以并处违法所得五倍以下的罚款。

第六十四条 违反本法第二十六条、第二十九条规定，拒绝供电或者中断供电的，由电力管理部门责令改正，给予警告；情节严重的，对有关主管人员和直接责任人员给予行政处分。

第六十五条 违反本法第三十二条规定，危害供电、用电安全或者扰乱供电、用电秩序的，由电力管理部门责令改正，给予警告；情节严重或者拒绝改正的，可以中止供电，可以并处五万元以下的罚款。

　　第六十六条　违反本法第三十三条、第四十三条、第四十四条规定，未按照国家核准的电价和用电计量装置的记录向用户计收电费、超越权限制定电价或者在电费中加收其他费用的，由物价行政主管部门给予警告，责令返还违法收取的费用，可以并处违法收取费用五倍以下的罚款；情节严重的，对有关主管人员和直接责任人员给予行政处分。

　　第六十七条　违反本法第四十九条第二款规定，减少农业和农村用电指标的，由电力管理部门责令改正；情节严重的，对有关主管人员和直接责任人员给予行政处分；造成损失的，责令赔偿损失。

　　第六十八条　违反本法第五十二条第二款和第五十四条规定，未经批准或者未采取安全措施在电力设施周围或者在依法划定的电力设施保护区内进行作业，危及电力设施安全的，由电力管理部门责令停止作业、恢复原状并赔偿损失。

　　第六十九条　违反本法第五十三条规定，在依法划定的电力设施保护区内修建建筑物、构筑物或者种植植物、堆放物品，危及电力设施安全的，由当地人民政府责令强制拆除、砍伐或者清除。

　　第七十条　有下列行为之一，应当给予治安管理处罚的，由公安机关依照治安管理处罚法的有关规定予以处罚；构成犯罪的，依法追究刑事责任：（一）阻碍电力建设或者电力设施抢修，致使电力建设或者电力设施抢修不能正常进行的；（二）扰乱电力生产企业、变电所、电力调度机构和供电企业的秩序，致使生产、工作和营业不能正常进行的；（三）殴打、公然侮辱履行职务的查电人员或者抄表收费人员的；（四）拒绝、阻碍电力监督检查人员依法执行职务的。

　　第七十一条　盗窃电能的，由电力管理部门责令停止违法行为，追缴电费并处应交电费五倍以下的罚款；构成犯罪的，依照刑法有关规定追究刑事责任。

　　第七十二条　盗窃电力设施或者以其他方法破坏电力设施，危害公共安全的，依照刑法有关规定追究刑事责任。

　　第七十三条　电力管理部门的工作人员滥用职权、玩忽职守、徇私舞弊，构成犯罪的，依法追究刑事责任；尚不构成犯罪的，依法给予行政处分。

第七十四条　电力企业职工违反规章制度、违章调度或者不服从调度指令，造成重大事故的，依照刑法有关规定追究刑事责任。电力企业职工故意延误电力设施抢修或者抢险救灾供电，造成严重后果的，依照刑法有关规定追究刑事责任。

电力企业的管理人员和查电人员、抄表收费人员勒索用户、以电谋私，构成犯罪的，依法追究刑事责任；尚不构成犯罪的，依法给予行政处分。

……

电力建设工程施工安全监督管理办法

（国家发展和改革委员会审议通过 2015 年 8 月 18 日公布　自 2015 年 10 月 1 日起施行　国家发展和改革委员会令第 28 号）

第一条　为了加强电力建设工程施工安全监督管理，保障人民群众生命和财产安全，根据《中华人民共和国安全生产法》、《中华人民共和国特种设备安全法》、《建设工程安全生产管理条例》、《电力监管条例》、《生产安全事故报告和调查处理条例》，制定本办法。

第二条　本办法适用于电力建设工程的新建、扩建、改建、拆除等有关活动，以及国家能源局及其派出机构对电力建设工程施工安全实施监督管理。本办法所称电力建设工程，包括火电、水电、核电（除核岛外）、风电、太阳能发电等发电建设工程，输电、配电等电网建设工程，及其他电力设施建设工程。本办法所称电力建设工程施工安全包括电力建设、勘察设计、施工、监理单位等涉及施工安全的生产活动。

第三条　电力建设工程施工安全坚持"安全第一、预防为主、综合治理"的方针，建立"企业负责、职工参与、行业自律、政府监管、社会监督"的管理机制。

第四条　电力建设单位、勘察设计单位、施工单位、监理单位及其他与电力建设工程施工安全有关的单位，必须遵守安全生产法律法规和标准规范，建立健全安全生产保证体系和监督体系，建立安全生产责任制和安全生产规章制度，保证电力建设工程施工安全，依法承担安全生产责任。

第五条　开展电力建设工程施工安全的科学技术研究和先进技术的推广应用，推进企业和工程建设项目实施安全生产标准化建设，推进电力建设工程安全生产科学管理，提高电力建设工程施工安全水平。

第六条　建设单位对电力建设工程施工安全负全面管理责任，具体内容包括：（一）建立健全安全生产组织和管理机制，负责电力建设工程安全生产组织、协调、监督职责；（二）建立健全安全生产监督检查和隐患排查治理机制，实施施工现场全过程安全生产管理；（三）建立健全安全生产应急响应和事故处置机制，实施突发事件应急抢险和事故救援；（四）建立电力建设工程项目应急管理体系，编制应急综合预案，组织勘察设计、施工、监理等单位制定各类安全事故应急预案，落实应急组织、程序、资源及措施，定期组织演练，建立与国家有关部门、地方政府应急体系的协调联动机制，确保应急工作有效实施；（五）及时协调和解决影响安全生产重大问题。建设工程实行工程总承包的，总承包单位应当按照合同约定，履行建设单位对工程的安全生产责任；建设单位应当监督工程总承包单位履行对工程的安全生产责任。

第七条　建设单位应当按照国家有关规定实施电力建设工程招投标管理，具体包括：（一）应当将电力建设工程发包给具有相应资质等级的单位，禁止中标单位将中标项目的主体和关键性工作分包给他人完成；（二）应当在电力建设工程招标文件中对投标单位的资质、安全生产条件、安全生产费用使用、安全生产保障措施等提出明确要求；（三）应当审查投标单位主要负责人、项目负责人、专职安全生产管理人员是否满足国家规定的资格要求；（四）应当与勘察设计、施工、监理等中标单位签订安全生产协议。

第八条　按照国家有关安全生产费用投入和使用管理规定，电力建设工程概算应当单独计列安全生产费用，不得在电力建设工程投标中列入竞争性报价。根据电力建设工程进展情况，及时、足额向参建单位支付安全生产费用。

第九条 建设单位应当向参建单位提供满足安全生产的要求的施工现场及毗邻区域内各种地下管线、气象、水文、地质等相关资料，提供相邻建筑物和构筑物、地下工程等有关资料。

第十条 建设单位应当组织参建单位落实防灾减灾责任，建立健全自然灾害预测预警和应急响应机制，对重点区域、重要部位地质灾害情况进行评估检查。应当对施工营地选址布置方案进行风险分析和评估，合理选址。组织施工单位对易发生泥石流、山体滑坡等地质灾害工程项目的生活办公营地、生产设备设施、施工现场及周边环境开展地质灾害隐患排查，制定和落实防范措施。

第十一条 建设单位应当执行定额工期，不得压缩合同约定的工期。如工期确需调整，应当对安全影响进行论证和评估。论证和评估应当提出相应的施工组织措施和安全保障措施。

第十二条 建设单位应当履行工程分包管理责任，严禁施工单位转包和违法分包，将分包单位纳入工程安全管理体系，严禁以包代管。

第十三条 建设单位应在电力建设工程开工报告批准之日起15日内，将保证安全施工的措施，包括电力建设工程基本情况、参建单位基本情况、安全组织及管理措施、安全投入计划、施工组织方案、应急预案等内容向建设工程所在地国家能源局派出机构备案。

第十四条 勘察设计单位应当按照法律法规和工程建设强制性标准进行电力建设工程的勘察设计，提供的勘察设计文件应当真实、准确、完整，满足工程施工安全的需要。在编制设计计划书时应当识别设计适用的工程建设强制性标准并编制条文清单。

第十五条 勘察单位在勘察作业过程中，应当制定并落实安全生产技术措施，保证作业人员安全，保障勘察区域各类管线、设施和周边建筑物、构筑物安全。

第十六条 电力建设工程所在区域存在自然灾害或电力建设活动可能引发地质灾害风险时，勘察设计单位应当制定相应专项安全技术措施，并向建设单位提出灾害防治方案建议。应当监控基础开挖、洞室开挖、水下作业等重大危险作业的地质条件变化情况，及时调整设计方案和安全技术措施。

第十七条 设计单位在规划阶段应当开展安全风险、地质灾害分析和评估，优化工程选线、选址方案；可行性研究阶段应当对涉及电力建设工程安全的重大问题进行分析和评价；初步设计应当提出相应施工方案和安全防护措施。

第十八条 对于采用新技术、新工艺、新流程、新设备、新材料和特殊结构的电力建设工程，勘察设计单位应当在设计文件中提出保障施工作业人员安全和预防生产安全事故的措施建议；不符合现行相关安全技术规范或标准规定的，应当提请建设单位组织专题技术论证，报送相应主管部门同意。

第十九条 勘察设计单位应当根据施工安全操作和防护的需要，在设计文件中注明涉及施工安全的重点部位和环节，提出防范安全生产事故的指导意见；工程开工前，应当向参建单位进行技术和安全交底，说明设计意图；施工过程中，对不能满足安全生产要求的设计，应当及时变更。

第二十条 施工单位应当具备相应的资质等级，具备国家规定的安全生产条件，取得安全生产许可证，在许可的范围内从事电力建设工程施工活动。

第二十一条 施工单位应当按照国家法律法规和标准规范组织施工，对其施工现场的安全生产负责。应当设立安全生产管理机构，按规定配备专（兼）职安全生产管理人员，制定安全管理制度和操作规程。

第二十二条 施工单位应当按照国家有关规定计列和使用安全生产费用。应当编制安全生产费用使用计划，专款专用。

第二十三条 电力建设工程实行施工总承包的，由施工总承包单位对施工现场的安全生产负总责，具体包括：（一）施工单位或施工总承包单位应当自行完成主体工程的施工，除可依法对劳务作业进行劳务分包外，不得对主体工程进行其它形式的施工分包；禁止任何形式的转包和违法分包；（二）施工单位或施工总承包单位依法将主体工程以外项目进行专业分包的，分包单位必须具有相应资质和安全生产许可证，合同中应当明确双方在安全生产方面的权利和义务。施工单位或施工总承包单位履行电力建设工程安全生产监督管理职责，承担工程安全生产连带管理责任，分包单位对其承包的施工现场安全生产负责；（三）施工单位或施工总承包单位和专业承包单位实行劳务分包的，应当分包给具有相应资质的单位，并对施工现场的安全生产承担主体责任。

第二十四条　施工单位应当履行劳务分包安全管理责任，将劳务派遣人员、临时用工人员纳入其安全管理体系，落实安全措施，加强作业现场管理和控制。

第二十五条　电力建设工程开工前，施工单位应当开展现场查勘，编制施工组织设计、施工方案和安全技术措施并按技术管理相关规定报建设单位、监理单位同意。分部分项工程施工前，施工单位负责项目管理的技术人员应当向作业人员进行安全技术交底，如实告知作业场所和工作岗位可能存在的风险因素、防范措施以及现场应急处置方案，并由双方签字确认；对复杂自然条件、复杂结构、技术难度大及危险性较大的分部分项工程需编制专项施工方案并附安全验算结果，必要时召开专家会议论证确认。

第二十六条　施工单位应当定期组织施工现场安全检查和隐患排查治理，严格落实施工现场安全措施，杜绝违章指挥、违章作业、违反劳动纪律行为发生。

第二十七条　施工单位应当对因电力建设工程施工可能造成损害和影响的毗邻建筑物、构筑物、地下管线、架空线缆、设施及周边环境采取专项防护措施。对施工现场出入口、通道口、孔洞口、邻近带电区、易燃易爆及危险化学品存放处等危险区域和部位采取防护措施并设置明显的安全警示标志。

第二十八条　施工单位应当制定用火、用电、易燃易爆材料使用等消防安全管理制度，确定消防安全责任人，按规定设置消防通道、消防水源，配备消防设施和灭火器材。

第二十九条　施工单位应当按照国家有关规定采购、租赁、验收、检测、发放、使用、维护和管理施工机械、特种设备，建立施工设备安全管理制度、安全操作规程及相应的管理台帐和维保记录档案。施工单位使用的特种设备应当是取得许可生产并经检验合格的特种设备。特种设备的登记标志、检测合格标志应当置于该特种设备的显著位置。安装、改造、修理特种设备的单位，应当具有国家规定的相应资质，在施工前按规定履行告知手续，施工过程按照相关规定接受监督检验。

第三十条　施工单位应当按照相关规定组织开展安全生产教育培训工作。企业主要负责人、项目负责人、专职安全生产管理人员、特种作业人员须经培训合格后持证上岗，新入场人员应当按规定经过三级安全教育。

第三十一条　施工单位对电力建设工程进行调试、试运行前，应当按照法律法规和工程建设强制性标准，编制调试大纲、试验方案，对各项试验方案制定安全技术措施并严格实施。

第三十二条　施工单位应当根据电力建设工程施工特点、范围，制定应急救援预案、现场处置方案，对施工现场易发生事故的部位、环节进行监控。实行施工总承包的，由施工总承包单位组织分包单位开展应急管理工作。

第三十三条　监理单位应当按照法律法规和工程建设强制性标准实施监理，履行电力建设工程安全生产管理的监理职责。监理单位资源配置应当满足工程监理要求，依据合同约定履行电力建设工程施工安全监理职责，确保安全生产监理与工程质量控制、工期控制、投资控制的同步实施。

第三十四条　监理单位应当建立健全安全监理工作制度，编制含有安全监理内容的监理规划和监理实施细则，明确监理人员安全职责以及相关工作安全监理措施和目标。

第三十五条　监理单位应当组织或参加各类安全检查活动，掌握现场安全生产动态，建立安全管理台帐。重点审查、监督下列工作：（一）按照工程建设强制性标准和安全生产标准及时审查施工组织设计中的安全技术措施和专项施工方案；（二）审查和验证分包单位的资质文件和拟签订的分包合同、人员资质、安全协议；（三）审查安全管理人员、特种作业人员、特种设备操作人员资格证明文件和主要施工机械、工器具、安全用具的安全性能证明文件是否符合国家有关标准；检查现场作业人员及设备配置是否满足安全施工的要求；（四）对大中型起重机械、脚手架、跨越架、施工用电、危险品库房等重要施工设施投入使用前进行安全检查签证。土建交付安装、安装交付调试及整套启动等重大工序交接前进行安全检查签证；（五）对工程关键部位、关键工序、特殊作业和危险作业进行旁站监理；对复杂自然条件、复杂结构、技术难度大及危险性较大分部分项工程专项施工方案的实施进行现场监理；监督交叉作业和工序交接中的安全施工措施的落实；（六）监督施工单位安全生产费的使用、安全教育培训情况。

第三十六条　在实施监理过程中，发现存在生产安全事故隐患的，应当要求施工单位及时整改；情节严重的，应当要求施工单位暂时或部分停止施工，并及时报告建设单位。施工单位拒不整改或者不停止施工的，监理单位应当及时向国家能源局派出机构和政府有关部门报告。

第三十七条　国家能源局依法实施电力建设工程施工安全的监督管理，具体内容包括：（一）建立健全电力建设工程安全生产监管机制，制定电力建设工程施工安全行业标准；（二）建立电力建设工程施工安全生产事故和重大事故隐患约谈、诫勉制度；（三）加强层级监督指导，对事故多发地区、安全管理薄弱的企业和安全隐患突出的项目、部位实施重点监督检查。

第三十八条　国家能源局派出机构按照国家能源局授权实施辖区内电力建设工程施工安全监督管理，具体内容如下：（一）部署和组织开展辖区内电力建设工程施工安全监督检查；（二）建立电力建设工程施工安全生产事故和重大事故隐患约谈、诫勉制度；（三）依法组织或参加辖区内电力建设工程施工安全事故的调查与处理，做好事故分析和上报工作。

第三十九条　国家能源局及其派出机构履行电力建设工程施工安全监督管理职责时，可以采取下列监管措施：（一）要求被检查单位提供有关安全生产的文件和资料（含相关照片、录像及电子文本等），按照国家规定如实公开有关信息；（二）进入被检查单位施工现场进行监督检查，纠正施工中违反安全生产要求的行为；（三）对检查中发现的生产安全事故隐患，责令整改；对重大生产安全事故隐患实施挂牌督办，重大生产安全事故隐患整改前或整改过程中无法保证安全的，责令其从危险区域撤出作业人员或者暂时停止施工；（四）约谈存在生产安全事故隐患整改不到位的单位，受理和查处有关安全生产违法行为的举报和投诉，披露违反本办法有关规定的行为和单位，并向社会公布；（五）法律法规规定的其他措施。

第四十条　国家能源局及其派出机构应建立电力建设工程施工安全领域相关单位和人员的信用记录，并将其纳入国家统一的信用信息平台，依法公开严重违法失信信息，并对相关责任单位和人员采取一定期限内市场禁入等惩戒措施。

第四十一条　生产安全事故或自然灾害发生后，有关单位应当及时启动相关应急预案，采取有效措施，最大程度减少人员伤亡、财产损失，防止事故扩大和衍生事故发生。建设、勘察设计、施工、监理等单位应当按规定报告事故信息。

第四十二条　国家能源局及其派出机构有下列行为之一的，对直接负责的主管人员和其他直接责任人员依法给予处分；构成犯罪的，依法追究刑事责任：（一）迟报、漏报、瞒报、谎报事故的；（二）阻碍、干涉事故调查工作的；（三）在事故调查中营私舞弊、作伪证或者指使他人作伪证的；（四）不依法履行监管职责或者监督不力，造成严重后果的；（五）在实施监管过程中索取或者收受他人财物或者谋取其他利益；（六）其他违反国家法律法规的行为。

第四十三条　建设单位未按规定提取和使用安全生产费用的，责令限期改正；逾期未改正的，责令该建设工程停止施工。

第四十四条　电力建设工程参建单位有下列情形之一的，责令改正；拒不改正的，处5万元以上50万元以下的罚款；造成严重后果，构成犯罪的，依法追究刑事责任：（一）拒绝或者阻碍国家能源局及其派出机构及其从事监管工作的人员依法履行监管职责的；（二）提供虚假或者隐瞒重要事实的文件、资料；（三）未按照国家有关监管规章、规则的规定披露有关信息的。

第四十五条　建设单位有下列行为之一的，责令限期改正，并处20万元以上50万元以下的罚款；造成重大安全事故，构成犯罪的，对直接责任人员，依照刑法有关规定追究刑事责任；造成损失的，依法承担赔偿责任：（一）对电力勘察、设计、施工、调试、监理等单位提出不符合安全生产法律、法规和强制性标准规定的要求的；（二）违规压缩合同约定工期的；（三）将工程发包给不具有相应资质等级的施工单位的。

第四十六条　电力勘察设计单位有下列行为之一的，责令限期改正，并处10万元以上30万元以下的罚款；情节严重的，责令停业整顿，提请相关部门降低资质等级，直至吊销资质证书；造成重大安全事故，构成犯罪的，对直接责任人员，依照刑法有关规定追究刑事责任；造成损失的，依法承担赔偿责任：（一）未按照法律、法规和工程建设强制性标准进行勘察、设计的；（二）采用新技术、新工艺、新流程、新设备、新材料的电力建设工程和特殊结构的电力建设工程，设计单位未在设计中提出保障施工作业人员安全和预防生产安全事故的措施建议的。

第四十七条　施工单位有下列行为之一的，责令限期改正；逾期未改正的，责令停业整顿，并处10万元以上30万元以下的罚款；情节严重的，提请相关部门降低资质等级，直至吊销资质证书；造成重大安全事故，构成犯罪的，对直接责任人员，依照刑法有关规定追究刑事责任；造成损失的，依法承担赔偿责任：（一）未按本办法设立安全生产管理机构、配备专（兼）职安全生产管理人员或者分部分项工程施工时无专（兼）职安全生产管理人员现场监督的；（二）主要负责人、项目负责人、专职安全生产管理人员、特种（殊）作业人员未持证上岗的；（三）使用国家明令淘汰、禁止使用的危及电力施工安全的工艺、设备、材料的；（四）未按照规定在施工起重机械和整体提升脚手架、模板等自升式架设设施验收合格后取得使用登记证书的；（五）未向作业人员提供安全防护用品、用具的；（六）未在施工现场的危险部位设置明显的安全警示标志，或者未按照国家有关规定在施工现场设置消防通道、消防水源、配备消防设施和灭火器材的。

第四十八条　挪用安全生产费用的，责令限期改正，并处挪用费用20%以上50%以下的罚款；造成重大安全事故，构成犯罪的，依法追究刑事责任。

第四十九条　监理单位有下列行为之一的，责令限期改正；逾期未改正的，责令停业整顿，并处10万元以上30万元以下的罚款；情节严重的，提请相关部门降低资质等级，直至吊销资质证书；造成重大安全事故，构成犯罪的，对直接责任人员，依照刑法有关规定追究刑事责任；造成损失的，依法承担赔偿责任：（一）未对重大安全技术措施或者专项施工方案进行审查的；（二）发现安全事故隐患未及时要求施工单位整改或者暂时停止施工的；（三）施工单位拒不整改或者不停止施工，未及时向有关主管部门报告的；（四）未依照法律、法规和工程建设强制性标准实施监理的。

第五十条　违反本办法的规定，施工单位的主要负责人、项目负责人未履行安全生产管理职责的，责令限期改正；逾期未改正的，责令施工单位停业整顿；造成重大安全事故、重大伤亡事故或者其他严重后果，构成犯罪的，依照刑法有关规定追究刑事责任。作业人员不服管理、违反规章制度和操作规程冒险作业造成重大伤亡事故或者其他严重后果，构成犯罪的，依照刑法有关规定追究刑事责任。施工单位的主要负责人、项目负责人有前款违法行为，尚不够刑事处罚的，处2万元以上20万元以下的罚款或者按照管理权限给予撤职处分；自刑罚执行完毕或者受处分之日起，5年内不得担任任何施工单位的主要负责人、项目负责人。

第五十一条　本办法规定的行政处罚，由国家能源局及其派出机构或者其他有关部门依照法定职权决定。有关法律、行政法规对电力建设工程安全生产违法行为的行政处罚决定机关另有规定的，从其规定。

第五十二条　本办法自公布之日起30日后施行，原电监会发布的《电力建设安全生产监督管理办法》（电监安全〔2007〕38号）同时废止。

第五十三条　本办法由国家发展和改革委员会负责解释。

电力安全隐患治理监督管理规定

（国家能源局 2022 年 12 月 29 日发布　国能发安全规〔2022〕116 号）

第一条　为贯彻落实"安全第一、预防为主、综合治理"方针，规范电力安全隐患（以下简称隐患）排查治理工作，建立隐患监督管理长效机制，防范电力事故和电力安全事件发生，依据《中华人民共和国安全生产法》《电力监管条例》等相关法律法规和电力行业相关规定，制定本规定。

第二条　本规定所称隐患是指电力企业（含电力建设施工企业）违反安全生产法律、法规、规章、标准、规程和安全生产管理制度的规定，或者因其他因素在电力生产和建设施工过程中产生的可能导致电力事故和电力安全事件的人的不安全行为、设备设施的不安全状态、不良的工作环境以及安全管理方面的缺失。核安全隐患除外。

第三条　电力企业负隐患排查治理主体责任，按照本规定开展隐患排查治理工作。国家能源局及其派出机构、地方电力管理部门依据相关法律法规和相关规定负隐患监督管理责任，在职责范围内按照本规定对电力企业隐患排查治理工作开展相关监督管理。

第四条　国家能源局及其派出机构、地方电力管理部门依法对重大隐患进行督办。重大隐患判定标准由国家能源局负责制定。其他隐患判定由电力企业负责。

第五条　电力企业主要负责人是本单位隐患排查治理的第一责任人，对隐患排查治理工作全面负责，组织建立并落实隐患排查治理制度机制，督促、检查本单位隐患排查治理工作，及时消除隐患。

第六条　电力企业应当建立包括下列内容的隐患排查治理制度：（一）主要负责人、分管负责人、部门和岗位人员隐患排查治理工作要求、职责范围、防控责任；（二）隐患排查事项、具体内容和排查周期；（三）重大隐患以外的其他隐患判定标准；（四）隐患的治理流程；（五）重大隐患治理结果评估；（六）隐患排查治理能力培训；（七）资金、人员和设备设施保障；（八）应当纳入的其他内容。

第七条 电力企业应当定期组织安全生产管理人员、专业技术人员和其他相关人员根据《防止电力生产事故的二十五项重点要求》《防止电力建设工程施工安全事故三十项重点要求》等电力安全生产相关法规、标准、规程排查本单位的隐患，对排查出的隐患应当进行登记。登记信息应当包括排查对象、时间、人员、隐患级别、隐患具体描述等内容，经隐患排查工作责任人审核确认后妥善保存。

第八条 电力企业应当建立重大隐患即时报告制度，发现重大隐患立即向国家能源局派出机构、地方电力管理部门报告，涉及水电站大坝安全的重大隐患应同时报送国家能源局大坝安全监察中心。涉及消防、环保、防洪、航运和灌溉等重大隐患，电力企业要同时报告地方人民政府有关部门。重大隐患信息报告应包括：隐患名称、隐患现状及其产生的原因、隐患危害程度和治理难易程度分析、隐患的治理计划等。

第九条 隐患涉及相邻地区、单位或者社会公众安全的，电力企业应及时通知相邻地区、单位，并报告地方人民政府有关部门，现场进行必要的隔离并设置安全警示标志。

第十条 电力企业要建立隐患管理台账，制定切实可行的治理方案，落实治理责任、治理资金、治理措施和治理期限，限期将隐患整改到位。在隐患治理过程中，应当加强监测，采取有效的预防措施，确保安全，必要时应制定应急预案，开展应急演练。隐患治理工作涉及其他单位的，电力企业应协调相关单位及时治理，存在困难的应报告国家能源局及其派出机构、地方电力管理部门协调解决。

第十一条 在重大隐患排除前或者排除过程中无法保证安全的，电力企业应当停产停业，或者停止运行存在重大隐患的设备设施，撤离人员，并及时向国家能源局派出机构、地方电力管理部门报告。

第十二条 重大隐患治理工作结束后，电力企业应当组织对隐患的治理情况进行评估。电力企业委托第三方机构提供隐患排查治理服务的，隐患排查治理的责任仍由本单位承担。

第十三条 对国家能源局及其派出机构、地方电力管理部门检查发现并责令停产停业治理的重大隐患，生产经营单位完成治理并经评估后，符合安全生产条件和检查单位要求的，方可恢复生产经营和使用。

第十四条 电力企业应如实记录隐患排查治理情况，通过职工大会或者职工代表大会、信息公示栏等方式向本单位从业人员通报。重大隐患排查治理情况应当及时向职工大会或者职工代表大会报告。

第十五条 鼓励电力企业建立隐患排查治理激励约束制度，对发现、报告和消除隐患的有功人员，给予奖励或者表彰；对排查治理不力的人员予以相应处理。

第十六条 电力企业应当定期对本单位隐患排查治理情况进行统计分析，相关情况及时向国家能源局派出机构、地方电力管理部门报送。

第十七条 对发现的重大隐患，国家能源局派出机构、地方电力管理部门应于10个工作日内将隐患情况逐级报送至国家能源局。国家能源局派出机构、地方电力管理部门应依照法律法规和相关规定对重大隐患治理进行督办，国家能源局认为有必要的，可直接督办。督办可采用督办通知单的方式，内容主要包括：督办名称、督办事项、整改和过程防控要求、办理期限、督办解除程序和方式。

第十八条 任何单位或者个人发现隐患或者隐患排查治理违法行为，均有权向国家能源局及其派出机构、地方电力管理部门报告或者举报。

第十九条 国家能源局派出机构、地方电力管理部门应加强信息化建设，定期统计分析电力企业隐患排查治理情况，并将重大隐患纳入相关信息系统管理。

第二十条 国家能源局及其派出机构、地方电力管理部门对检查中发现的隐患，应当责令立即治理；重大隐患排除前或者排除过程中无法保证安全的，应当责令从危险区域内撤出作业人员，责令暂时停产停业，或者停止使用相关设备设施。

第二十一条 电力企业有下列情形之一的，由国家能源局及其派出机构、地方电力管理部门依照法律法规和相关规定进行处罚，并将涉及的违法违规行为纳入信用记录，实施失信惩戒；构成犯罪的，转相关部门追究刑事责任。（一）电力企业未将隐患排查治理情况如实记录或者未向从业人员通报的；（二）电力企业主要负责人未履行隐患排查治理相应职责的；（三）未建立隐患排查治理制度或者重大隐患排查治理情况未按照规定报告、未采取措施消除隐患的；（四）其他违反隐患排查治理相关规定应予处罚的情形。

第二十二条　本规定自 2023 年 2 月 1 日起施行，有效期 5 年。《电力安全隐患监督管理暂行规定》（电监安全〔2013〕5 号）同时废止。

电力安全事故调查程序规定

（国家能源局 2023 年 11 月 2 日发布　国能发安全规〔2023〕76 号）

第一条　为了规范电力安全事故调查工作，根据《中华人民共和国安全生产法》《生产安全事故报告和调查处理条例》和《电力安全事故应急处置和调查处理条例》等法律法规，制定本规定。

第二条　国家能源局及其派出机构（以下简称能源监管机构）组织调查电力安全事故（以下简称事故），适用本规定。

国务院授权国家能源局组织调查特别重大事故，国家另有规定的，从其规定。

第三条　事故调查应当按照依法依规、实事求是、科学严谨、注重实效的原则，及时、准确地查清事故原因，查明事故性质和责任，评估应急处置工作，总结事故教训，提出整改措施，并对事故责任单位和人员提出处理建议。

第四条　任何单位和个人不得阻挠和干涉对事故的依法调查。

第五条　能源监管机构调查事故，应当及时组织事故调查组。

第六条　重大事故、国务院授权组织调查的特别重大事故由国家能源局组织事故调查组。

第七条　较大事故、一般事故由事故发生地国家能源局派出机构（以下简称派出机构）组织事故调查组。

较大事故、一般事故跨省（自治区、直辖市）的，由事故发生地国家能源局区域监管局组织事故调查组；较大事故、一般事故跨区域的，由国家能源局指定派出机构组织事故调查组。

国家能源局认为有必要调查的较大事故，由国家能源局组织事故调查组。

派出机构可委托事故发生单位组织调查未造成供电用户停电的一般事故。

第八条 组织事故调查组应当遵循精简、高效的原则。根据事故的具体情况，事故调查组由能源监管机构、有关地方人民政府、应急管理部门、负有电力安全生产监督管理职责的地方电力管理部门派人组成。

事故有关人员涉嫌失职、渎职或者涉嫌犯罪的，应当邀请监察机关、公安机关、人民检察院派人参加。

能源监管机构可以聘请有关专家参加事故调查组，协助事故调查。

第九条 事故调查组成员应当具有事故调查所需要的知识和专长，与所调查的事故、事故发生单位及其主要负责人、主管人员、有关责任人员没有直接利害关系，由能源监管机构核定。

第十条 事故调查实施调查组组长负责制，事故调查组组长由能源监管机构指定。事故调查组组长主持事故调查组的工作，并履行下列职责：

（一）组织编制并实施事故调查方案；

（二）协调决定事故调查工作中的重要问题；

（三）根据调查的实际情况，组织调查组提出有关事故调查的结论性意见；

（四）审核事故涉嫌犯罪的材料，批准将有关材料或者复印件按程序移交相关部门处理；

（五）组织事故调查组开展其他相关工作。

事故调查组成员对事故的原因、性质和处理建议等不能取得一致意见时，事故调查组组长有权提出结论性意见。

第十一条 根据事故调查需要，能源监管机构可以重新组织事故调查组或者调整事故调查组成员。

第十二条 事故调查组应当制定事故调查方案。事故调查方案应包括事故调查的工作原则、职责分工、方法步骤、时间安排、措施要求等内容。

第十三条　事故调查组进行事故调查，应当制作事故调查通知书。事故调查通知书应当向事故发生单位、事故涉及单位出示。

第十四条　事故调查组勘查事故现场，可以采取照相、录像、绘制现场图、采集电子数据、制作现场勘查笔录等方法记录现场情况，提取与事故有关的痕迹、物品等证据材料。事故调查组应当要求事故发生单位移交事故应急处置形成的有关资料、材料。

第十五条　事故调查组可以进入事故发生单位、事故涉及单位的工作场所或者其他有关场所，查阅、复制与事故有关的工作日志、运行记录、工作票、操作票、设备台账、录音、视频等文件、资料，查阅、调取与事故有关的设备内部存储信息等，对可能被转移、隐匿、销毁的文件、资料予以封存。上述文件、资料如涉密，按照相关保密规定执行。

第十六条　事故调查组应当根据事故调查需要，对事故发生单位有关人员、应急处置人员等知情人员进行询问。询问应当形成询问笔录。

事故发生单位负责人和有关人员在事故调查期间应随时接受事故调查组的询问，如实提供有关情况。

事故发生有关单位和人员应当依法妥善保护事故现场以及相关证据，并配合调查组进行调查取证，任何单位和个人不得故意破坏事故现场、毁灭相关证据。

第十七条　事故调查组进行现场勘查、检查或者询问知情人员，调查人员不得少于2人。

第十八条　事故调查需要进行技术鉴定的，事故调查组应当委托具有国家规定资质的单位进行。必要时，事故调查组可以直接组织专家进行。

第十九条　事故调查组应当收集与事故有关的原始资料、材料。因客观原因不能收集原始资料、材料，或者收集原始资料、材料有困难的，可以收集与原始资料、材料核对无误的复印件、复制品、抄录件、部分样品或者证明该原件、原物的照片、录像等其他证据。

现场勘查笔录、检查笔录、询问笔录和鉴定意见应当由调查人员、勘查现场有关人员、被询问人员和鉴定人签名。

事故调查组应当依照法定程序收集与事故有关的资料、材料，并妥善保存。

第二十条 事故调查组成员在事故调查工作中应当诚信公正，恪尽职守，遵守纪律，保守秘密。

未经事故调查组组长允许，事故调查组成员不得擅自发布有关事故的信息。

第二十一条 事故调查组应当查明下列事故情况：

（一）事故发生单位的基本情况；

（二）事故发生的时间、地点、现场环境、气象等情况，事故发生前电力系统的运行情况；

（三）事故经过、事故应急处置情况，事故现场有关人员的工作内容、作业时间、作业程序、从业资格等情况；

（四）与事故有关的仪表、自动装置、断路器、保护装置、故障录波器、调整装置等设备和监控系统、调度自动化系统的记录、动作情况；

（五）事故影响范围，电网减供负荷比例、城市供电用户停电比例、停电持续时间、停止供热持续时间、发电机组停运时间、设施设备损坏等情况；

（六）事故涉及设施设备的规划、设计、选型、制造、加工、采购、施工安装、调试、运行、检修等方面的情况；

（七）事故调查组认为应当查明的其他情况。

第二十二条 事故调查组应当查明事故发生单位执行有关安全生产法律法规及强制性标准规范，加强安全生产管理，建立健全安全生产责任制度，完善安全生产条件等情况。

第二十三条 涉及由能源监管机构一并牵头调查的人身伤亡的事故，事故调查组除应查明本规定第二十一条、第二十二条规定的情况外，还应当查明：

（一）人员伤亡数量、人身伤害程度等情况；

（二）伤亡人员的单位、姓名、文化程度、工种等基本情况；

（三）事故发生前伤亡人员的技术水平、安全教育记录、从业资格、健康状况等情况；

（四）事故发生时采取安全防护措施的情况和伤亡人员使用个人防护用品的情况；

（五）能源监管机构认为应当查明的其他情况。

第二十四条　事故调查组应当在查明事故情况的基础上，确定事故发生的原因，判断事故性质并做出责任认定。

第二十五条　事故调查组应当根据现场调查、原因分析、性质判断和责任认定等情况，撰写事故调查报告。

事故调查报告的内容应当符合《中华人民共和国安全生产法》《生产安全事故报告和调查处理条例》和《电力安全事故应急处置和调查处理条例》的规定，并附具有关证据材料和技术分析报告。

第二十六条　事故调查组成员应当在事故调查报告上签名。事故调查组成员对事故调查报告的内容有不同意见的，应当在事故调查报告中注明。

第二十七条　事故调查报告经组织事故调查的能源监管机构审查批复，事故调查工作即告结束。

由事故发生地派出机构组织调查的较大事故和一般事故，事故调查报告应当报国家能源局，并抄送相关省级人民政府安全生产委员会办公室。

第二十八条　事故调查应当按照《电力安全事故应急处置和调查处理条例》规定的期限完成。

下列时间不计入事故调查期限：

（一）瞒报、谎报、迟报事故的调查核实所需的时间；

（二）因事故救援无法进行现场勘查的时间；

（三）本规定第十八条所述的技术鉴定时间。

第二十九条　事故调查涉及行政处罚的，应当符合行政处罚案件立案、调查、审查和决定的有关规定。

第三十条　能源监管机构应当依据事故调查报告，对事故发生单位及其有关人员依法依规给予行政处罚。

第三十一条　能源监管机构应当依据事故调查报告，制作监管文书，对有关人员提出给予处分或者其他处理的意见，送达有关单位。有关单位应当依据监管文书要求依法处理，并将处理情况报告能源监管机构。

第三十二条 事故调查过程中发现违法行为和安全隐患，能源监管机构有权予以纠正或者要求限期整改。要求限期整改的，能源监管机构应当及时制作整改通知书。

被责令整改的单位应当按照能源监管机构的要求进行整改，并将整改情况以书面形式报能源监管机构。

第三十三条 事故发生单位应当认真吸取事故教训，制定落实事故防范和整改措施方案。能源监管机构和负有电力安全生产监督管理职责的地方电力管理部门应当对事故发生单位和有关人员落实事故防范和整改措施的情况进行监督检查，必要时进行专项督办。

第三十四条 事故调查报告由牵头组织事故调查的单位依法向社会公布，依法应当保密的除外。

第三十五条 负责事故调查处理的能源监管机构应当在批复事故调查报告后一年内，组织有关部门对事故整改和防范措施落实情况进行评估，并及时向全行业公开评估结果。

第三十六条 有关单位和人员拒不配合，阻碍、干扰事故调查工作的，或不执行对事故责任人员的处理决定的，事故调查相关单位依据《中华人民共和国安全生产法》《电力监管条例》《生产安全事故报告和调查处理条例》和《电力安全事故应急处置和调查处理条例》等法律法规对相关责任单位和人员进行处理。

第三十七条 电力生产或者电网运行过程中发生发电设备或者输变电设备损坏，造成直接经济损失的事故，未影响电力系统安全稳定运行以及电力正常供应的，由能源监管机构依照本规定组织事故调查组对重大事故、较大事故和一般事故进行调查。

第三十八条 未造成供电用户停电的一般事故，派出机构委托事故发生单位组织事故调查的，派出机构应当制作事故调查委托书，确定事故调查组组长，审查事故调查报告。事故发生单位组织事故调查，参照本规定执行。

第三十九条 本规定自2023年11月10日起施行，有效期5年。本规定由国家能源局负责解释。

水电站大坝运行安全监督管理规定

（国家发展和改革委员会第23号令发布 自2015年4月1日起施行）

第一条 为了加强水电站大坝运行安全监督管理，保障人民生命财产安全，促进经济社会持续健康安全发展，根据《中华人民共和国安全生产法》、《水库大坝安全管理条例》、《电力监管条例》、《生产安全事故报告和调查处理条例》、《电力安全事故应急处置和调查处理条例》等法律法规，制定本规定。

第二条 水电站大坝运行安全管理应当坚持安全第一、预防为主、综合治理的方针。

第三条 本规定适用于以发电为主、总装机容量5万千瓦及以上的大、中型水电站大坝（以下简称大坝）。

本规定所称大坝，是指包括横跨河床和水库周围垭口的所有永久性挡水建筑物、泄洪建筑物、输水和过船建筑物的挡水结构以及这些建筑物与结构的地基、近坝库岸、边坡和附属设施。

第四条 电力企业是大坝运行安全的责任主体，应当遵守国家有关法律法规和标准规范，建立健全大坝运行安全组织体系和应急工作机制，加强大坝运行全过程安全管理，确保大坝运行安全。

第五条 国家能源局负责大坝运行安全综合监督管理。国家能源局派出机构（以下简称派出机构）具体负责本辖区大坝运行安全监督管理。国家能源局大坝安全监察中心（以下简称大坝中心）负责大坝运行安全技术监督管理服务，为国家能源局及其派出机构开展大坝运行安全监督管理提供技术支持。

第六条 电力企业应当保证大坝安全监测系统、泄洪消能和防护设施、应急电源等安全设施与大坝主体工程同时设计、同时施工、同时投入运行。

大坝蓄水验收和枢纽工程专项验收前应当分别经过蓄水安全鉴定和

竣工安全鉴定。

第七条　电力企业应当加强大坝安全检查、运行维护与除险加固等工作，保证大坝主体结构完好，大坝安全设施运行可靠。

第八条　电力企业应当加强大坝安全监测与信息化建设工作，及时整理分析监测成果，监控大坝运行安全状态，并且按照要求向大坝中心报送大坝运行安全信息。对坝高100米以上的大坝、库容1亿立方米以上的大坝和病险坝，电力企业应当建立大坝安全在线监控系统，并且接受大坝中心的监督。

第九条　电力企业应当对大坝进行日常巡视检查。每年汛期及汛前、汛后、枯水期、冰冻期，遭遇大洪水、发生有感地震或者极端气象等特殊情况，电力企业应当对大坝进行详细检查。

电力企业应当及时处理发现的大坝缺陷和隐患。

第十条　电力企业应当每年年底开展大坝安全年度详查，总结本年度大坝安全管理工作，整编分析大坝监测资料，分析水库、水工建筑物、闸门及启闭机、监测系统和应急电源的运行情况，提出大坝安全年度详查报告并且报送大坝中心。

第十一条　电力企业应当按照国家规定做好水电站防洪度汛工作。水库调度和发电运行应当以确保大坝运行安全为前提，严格遵循批准的汛期调度运用计划和水库运用与电站运行调度规程。汛期水库汛限水位以上防洪库容的运用，必须服从防汛指挥机构的调度指挥。

汛期发生影响正常泄洪的情况时，电力企业应当及时处置并且报告大坝中心。

第十二条　电力企业应当建立大坝安全应急管理体系，制定大坝安全应急预案，建立与地方政府、相关单位的应急联动机制。

遇有超标准洪水、地震、地质灾害、大体积漂浮物等险情，电力企业应当按照规定启动大坝安全应急机制，采取必要措施保障大坝安全，并且报告派出机构和大坝中心。

第十三条　任何单位、部门不得擅自改变或者调整水电站原批准的功能。任何改变或者调整水电站功能的方案，应当依法报有关项目核准

（或者审批）部门批准。

第十四条　水电站进行工程改造或者扩建，应当依法报有关项目核准（或者审批）部门批准。

大坝枢纽范围内新建、改建或者扩建建筑物，应当按照规定进行大坝安全影响专项论证并且经过大坝安全技术监督单位评审。

第十五条　工程降低等别以及大坝退役（包括大坝报废、拆除或者拆除重建）应当充分论证，经过有关项目核准（或者审批）部门同意后方可以实施。

第十六条　电力企业负责人及相关管理人员应当具备大坝安全专业知识和管理能力，定期培训。

从事大坝运行安全监测、维护及闸门启闭操作的作业人员应当经过相关技术培训，持证上岗。

第十七条　电力企业应当按照国家规定及时收集、整理和保存大坝建设工程档案、运行维护资料及相应原始记录。

第十八条　电力企业委托大坝运行安全专业技术服务单位承担大坝运行安全分析、监测、测试、检验、检查、维护等具体工作的，大坝运行安全责任仍由委托方承担。国家对专业技术服务有资质要求的，承担技术服务的单位应当具有相应资质。

第十九条　大坝中心应当定期检查大坝安全状况，评定大坝安全等级。

定期检查一般每5年进行1次，检查时间一般不超过1.5年。首次定期检查后，定期检查间隔可以根据大坝安全风险情况动态调整，但不得少于3年或者超过10年。

第二十条　大坝遭受超标准洪水或者破坏性地震等自然灾害以及其他严重事件后，大坝中心应当对大坝进行特种检查，重新评定大坝安全等级。

第二十一条　大坝安全等级分为正常坝、病坝和险坝三级。符合下列条件的大坝，评定为正常坝：（一）防洪能力符合规范要求；或者非常运用情况下的防洪能力略有不足，但大坝安全风险低且可控。（二）坝基良好；或者虽然存在局部缺陷但无趋势性恶化，大坝整体安全。（三）大坝结构安全度符合规范要求；或者略有不足，但大坝安全风险低且可控。（四）大坝运行性态总体正常。（五）近坝库岸和工程边坡稳定或者基本稳定。具有下列情形之一的大坝，评定为病坝：（一）正常运用情况下的防洪能力略有不足，但风险较低；或者非常运用情况下的防洪能力不足，风险较高。（二）坝基存在局部缺陷，且有趋势性恶化，可能危及大坝整体安全。（三）大坝结构安全度不符合规范要求，存在安全风险，可能危及大坝整体安全。（四）大坝运行性态异常，存在安全风险，可能危及大坝安全。（五）近坝库岸和工程边坡有失稳征兆，失稳后影响工程正常运用。具有下列情形之一的大坝，评定为险坝：（一）正常运用情况下防洪能力不足，风险较高；或者非常运用情况下防洪能力不足，风险很高。（二）坝基存在的缺陷持续恶化，已危及大坝安全。（三）大坝结构安全度严重不符合规范要求，已危及大坝安全。（四）大坝存在事故征兆。（五）近坝库岸或者工程边坡有失稳征兆，失稳后危及大坝安全。

第二十二条 电力企业应当限期完成对病坝、险坝的处理。

病坝、险坝以及正常坝的重大工程缺陷和隐患的处理应当专项设计、专项审查、专项施工和专项验收。

第二十三条 大坝评定为险坝后，电力企业应当立即降低水库运行水位，直至放空水库。病坝消缺前或者消缺过程中，如情况恶化或者发生重大险情，应当降低水库运行水位，极端情况下可以放空水库。

第二十四条 大坝运行实行安全注册登记制度。电力企业应当在规定期限内申请办理大坝安全注册登记。

在规定期限内不申请办理安全注册登记的大坝，不得投入运行，其发电机组不得并网发电。

第二十五条 大坝安全注册应当符合下列条件：（一）依法取得核准（或者审批）手续。（二）新建大坝具有竣工安全鉴定报告及其专题报告；已运行大坝具有近期的定期检查报告和定期检查审查意见。（三）有完整的大坝勘测、设计、施工、监理资料和运行资料。

（四）有职责明确的管理机构、符合岗位要求的专业运行人员、健全的大坝安全管理规章制度和操作规程。

第二十六条 大坝中心具体受理大坝安全注册登记申请，组织注册现场检查并且提出注册检查意见，经国家能源局批准后向电力企业颁发大坝安全注册登记证。

第二十七条 大坝安全注册等级分为甲、乙、丙三级。（一）通过竣工安全鉴定或者安全等级评定为正常坝的，根据管理实绩考核结果，颁发甲级注册登记证或者乙级注册登记证；（二）安全等级评定为病坝的，管理实绩考核结果满足要求的，颁发丙级注册登记证；（三）安全等级评定为险坝的，在完成除险加固后颁发相应注册登记证。

不满足注册条件或者未取得注册登记证的大坝，电力企业应当在大坝中心登记备案，并且限期完成大坝安全注册。

第二十八条 大坝安全注册实行动态管理。甲级注册登记证有效期为5年，乙级、丙级注册登记证有效期为3年。注册事项发生变化，电力企业应当及时办理注册变更。注册登记证有效期满前，电力企业应当申请大坝安全换证注册。期满后逾期6个月仍未申请换证的，注销注册登记证。

工程降低等别应当办理大坝安全注册变更手续；大坝退役应当办理大坝安全注册注销手续。

第二十九条 新建大坝通过蓄水安全鉴定后，在其发电机组转入商业运营前，应当将工程蓄水安全鉴定报告和蓄水验收鉴定书以及有关安全管理情况等报大坝中心备案。

第三十条 国家能源局应当定期公布大坝安全注册登记和定期检查情况。派出机构应当督促电力企业开展安全注册登记和定期检查工作，并且结合注册现场检查、定期检查等工作对电力企业执行国家有关安全法律法规和标准规范的情况进行监督检查，发现违法违规行为，依法处理；发现重大安全隐患，责令电力企业及时整改。

派出机构应当会同大坝中心对电力企业病坝治理、险坝除险加固等重大安全隐患治理和风险管控工作进行安全督查，督促电力企业按照要求开展相关工作。

第三十一条 大坝中心应当对电力企业大坝安全监测、检查、维护、信息化建设及信息报送等工作进行监督、检查和指导，对大坝安全监测系统进行评价鉴定，对电力企业报送的大坝运行安全信息进行分析处理，对注册（备案）登记的大坝运行安全进行远程在线技术监督。

第三十二条　国家能源局及其派出机构、大坝中心应当依法对大坝退役安全进行监督管理。

国家能源局及其派出机构、大坝中心应当依法组织或者参与大坝溃坝、库水漫坝等运行安全事故的调查处理。

第三十三条　电力企业应当积极配合国家能源局及其派出机构、大坝中心做好大坝安全监督管理工作。

第三十四条　电力企业有下列情形之一的，依据《安全生产法》第九十五条，由派出机构责令停止建设或者停产停业整顿，限期改正；逾期未改正的，将其列入安全生产不良信用记录和安全生产诚信"黑名单"，处以50万元以上100万元以下的罚款，对其直接负责的主管人员和其他直接责任人员处以2万元以上5万元以下的罚款：（一）大坝安全设施未与主体工程同时设计、同时施工、同时投入运行的；（二）未按照规定组织蓄水安全鉴定和竣工安全鉴定的；（三）未按照规定开展大坝安全定期检查的；

（四）擅自改变、调整水电站原批准功能的，擅自进行工程改造或者扩建的，擅自降低工程等别或者实施大坝退役的。

第三十五条　电力企业未按照规定及时开展病坝治理、险坝除险加固等重大安全隐患治理和风险管控工作的，依据《安全生产法》第九十九条，由派出机构给予警告并且责令限期整改；拒不整改的，责令停产停业整顿，将其列入安全生产不良信用记录和安全生产诚信"黑名单"，并且处以10万元以上50万元以下的罚款，对其直接负责的主管人员和其他直接责任人员处以2万元以上5万元以下的罚款。

第三十六条　电力企业有下列情形之一的，依据《安全生产法》第九十八条，由派出机构责令限期改正，可以处以10万元以下的罚款；逾期未改正的，责令停产停业整顿，将其列入安全生产不良信用记录和安全生产诚信"黑名单"，并且处以10万元以上20万元以下的罚款，对其直接负责的主管人员和其他直接责任人员处以2万元以上5万元以下的罚款：（一）未在规定期限内办理大坝安全注册登记和备案的；

（二）未按照规定制定大坝安全应急预案的。

第三十七条 电力企业未按照规定及时报告大坝险情或者提供虚假报告的，依据《安全生产法》第九十一条，由派出机构对其主要负责人处以2万元以上5万元以下的罚款，将其列入安全生产不良信用记录和安全生产诚信"黑名单"。

第三十八条 电力企业有下列情形之一的，由派出机构给予警告并且责令限期改正；逾期未改正的，可以处以1万元的罚款，并且对其主要负责人处以1万元的罚款：（一）未按照规定开展大坝安全监测、检查、运行维护、年度详查、信息报送和信息化建设的；

（二）未按照规定收集、整理、分析和保存大坝运行资料的。

第三十九条 从事大坝安全分析、监测、测试、检验等专业技术服务的单位，出具虚假材料或者造成事故的，依法追究责任，并且将其列入安全生产不良信用记录和安全生产诚信"黑名单"。

第四十条 大坝中心违反本规定，有下列情形之一的，由国家能源局责令限期改正；逾期未改正的，对直接负责的主管人员和其他直接责任人员，依法给予行政处分：（一）没有正当理由，拒不受理大坝安全注册登记申请和备案的；（二）未经批准，擅自颁发大坝安全注册登记证的；

（三）不按照要求开展定期检查和特种检查的。

第四十一条 大坝安全监督管理工作人员未按照本规定履行大坝安全监督管理职责的，由所在单位责令限期改正；存在徇私舞弊、滥用职权、玩忽职守行为的，由所在单位或者上级行政机关依法给予行政处分；构成犯罪的，依法追究刑事责任。

第四十二条 水电站输水隧洞、压力钢管、调压井、发电厂房、尾水隧洞等输水发电建筑物及过坝建筑物及其附属设施应当参照本规定相关要求开展安全检查，发现缺陷及时处理。

第四十三条 对运行大坝进行安全评价等技术服务，依照国家有关规定，实行公示基准价格的有偿服务。

第四十四条 以发电为主、总装机容量小于5万千瓦的大坝运行安全监督管理，参照本规定执行。

第四十五条　大坝安全注册登记、备案、定期检查、除险加固、安全监测、信息报送、信息化建设以及应急管理等方面的具体要求由国家能源局另行制定。

第四十六条　本规定自2015年4月1日起施行。原国家电力监管委员会《水电站大坝运行安全管理规定》同时废止。

（二）新能源

26.国家鼓励安装和使用太阳能利用系统对新建和已建成的建筑有何安全要求？

《中华人民共和国可再生能源法》第十七条规定，国家鼓励单位和个人安装和使用太阳能热水系统、太阳能供热采暖和制冷系统、太阳能光伏发电系统等太阳能利用系统。国务院建设行政主管部门会同国务院有关部门制定太阳能利用系统与建筑结合的技术经济政策和技术规范。房地产开发企业应当根据前款规定的技术规范，在建筑物的设计和施工中，为太阳能利用提供必备条件。对已建成的建筑物，住户可以在不影响其质量与安全的前提下安装符合技术规范和产品标准的太阳能利用系统；但是，当事人另有约定的除外。

27.风电场工程项目是否应当全面传送和报告运行信息？

《风电开发建设管理暂行办法》第二十二条规定，项目单位应根据电网调度和信息管理要求，向电网调度机构及可再生能源信息管理机构传送和报告运行信息。未经批准，项目运行实时数据不得向境外传送，项目控制系统不能与公共互联网直接联接。项目单位长期保留的测风塔、机组附带的测风仪的使用要符合气象观测管理的有关要求。

28.风电场工程项目发生哪些事故应当第一时间向国务院能源主管部门及省级政府能源主管部门报告？

《风电开发建设管理暂行办法》第二十五条规定，风电项目单位应按照国务院能源主管部门及国家可再生能源信息管理机构的要求，报告风电场工程相关运行信息。如发生火灾、风电机组严重损毁以及其他停产7天以上事故，或风电机组部件发生批量质量问题，应在第一时间向国务院能源主管部门及省级政府能源主管部门报告。同时，第二十九条规定，风电场发生火灾、风电机组严重损毁以及其他停产7天以上事故，或风电机组部件发生批量质量问题，超过7天未以任何方式报告情况，或未按规定向国家可再生能源信息管理机构提交有关信息的，省级以上政府能源主管部门将责令其改正，并依法追究有关责任人的法律和行政责任。

29.哪些区域不得规划布局海上风电场？

《海上风电开发建设管理办法》第七条规定，海上风电场应当按照生态文明建设要求，统筹考虑开发强度和资源环境承载能力，原则上应在离岸距离不少于10公里、滩涂宽度超过10公里时海域水深不得少于10米的海域布局。在各种海洋自然保护区、海洋特别保护区、自然历史遗迹保护区、重要渔业水域、河口、海湾、滨海湿地、鸟类迁徙通道、栖息地等重要、敏感和脆弱生态区域，以及划定的生态红线区内不得规划布局海上风电场。同时，第十九条还规定，海上风电项目建设用海应遵循节约和集约利用海域和海岸线资源的原则，合理布局，统一规划海上送出工程输电电缆通道和登陆点，严格限制无居民海岛风电项目建设。

30.光伏电站项目是否应当在并网前取得电力业务许可证？

《光伏电站开发建设管理办法》第二十三条规定，除国家能源局规定的豁免情形外，光伏电站项目应当在并网后6个月内取得电力业务许可证，国家能源局派出机构按规定公开行政许可信息。电网企业不得允许并网后6个月内未取得电力业务许可证的光伏电站项目发电上网。

31.新建动力电池梯次利用储能项目需要进行哪些安全要求？

《新型储能项目管理规范（暂行）》第十五条规定，新建动力电池梯次利用储能项目，必须遵循全生命周期理念，建立电池一致性管理和溯源系统，梯次利用电池均要取得相应资质机构出具的安全评估报告。已建和新建的动力电池梯次利用储能项目须建立在线监控平台，实时监测电池性能参数，定期进行维护和安全评估，做好应急预案。

【相关法律】

中华人民共和国可再生能源法（节录）

（2005年2月28日第十届全国人民代表大会常务委员会第十四次会议通过　根据2009年12月26日第十一届全国人民代表大会常务委员会第十二次会议《关于修改〈中华人民共和国可再生能源法〉的决定》修正）

第一条　为了促进可再生能源的开发利用，增加能源供应，改善能源结构，保障能源安全，保护环境，实现经济社会的可持续发展，制定本法。

第二条　本法所称可再生能源，是指风能、太阳能、水能、生物质能、地热能、海洋能等非化石能源。水力发电对本法的适用，由国务院能源主管部门规定，报国务院批准。通过低效率炉灶直接燃烧方式利用秸秆、薪柴、粪便等，不适用本法。……

第十条　国务院能源主管部门根据全国可再生能源开发利用规划，制定、公布可再生能源产业发展指导目录。

第十一条　国务院标准化行政主管部门应当制定、公布国家可再生能源电力的并网技术标准和其他需要在全国范围内统一技术要求的有关可再生能源技术和产品的国家标准。对前款规定的国家标准中未作规定的技术要求，国务院有关部门可以制定相关的行业标准，并报国务院标准化行政主管部门备案。

第十二条　国家将可再生能源开发利用的科学技术研究和产业化发展列为科技发展与高技术产业发展的优先领域，纳入国家科技发展规划和高技术产业发展规划，并安排资金支持可再生能源开发利用的科学技术研究、应用示范和产业化发展，促进可再生能源开发利用的技术进步，降低可再生能源产品的生产成本，提高产品质量。国务院教育行政部门应当将可再生能源知识和技术纳入普通教育、职业教育课程。

第十三条　国家鼓励和支持可再生能源并网发电。建设可再生能源并网发电项目，应当依照法律和国务院的规定取得行政许可或者报送备案。建设应当取得行政许可的可再生能源并网发电项目，有多人申请同一项目许可的，应当依法通过招标确定被许可人。

第十四条　国家实行可再生能源发电全额保障性收购制度。国务院能源主管部门会同国家电力监管机构和国务院财政部门，按照全国可再生能源开发利用规划，确定在规划期内应当达到的可再生能源发电量占全部发电量的比重，制定电网企业优先调度和全额收购可再生能源发电的具体办法，并由国务院能源主管部门会同国家电力监管机构在年度中督促落实。电网企业应当与按照可再生能源开发利用规划建设，依法取得行政许可或者报送备案的可再生能源发电企业签订并网协议，全额收购其电网覆盖范围内符合并网技术标准的可再生能源并网发电项目的上网电量。发电企业有义务配合电网企业保障电网安全。电网企业应当加强电网建设，扩大可再生能源电力配置范围，发展和应用智能电网、储能等技术，完善电网运行管理，提高吸纳可再生能源电力的能力，为可再生能源发电提供上网服务。

第十五条　国家扶持在电网未覆盖的地区建设可再生能源独立电力系统，为当地生产和生活提供电力服务。

第十六条　国家鼓励清洁、高效地开发利用生物质燃料，鼓励发展能源作物。利用生物质资源生产的燃气和热力，符合城市燃气管网、热力管网的入网技术标准的，经营燃气管网、热力管网的企业应当接收其入网。国家鼓励生产和利用生物液体燃料。石油销售企业应当按照国务院能源主管部门或者省级人民政府的规定，将符合国家标准的生物液体燃料纳入其燃料销售体系。

第十七条　国家鼓励单位和个人安装和使用太阳能热水系统、太阳能供热采暖和制冷系统、太阳能光伏发电系统等太阳能利用系统。国务院建设行政主管部门会同国务院有关部门制定太阳能利用系统与建筑结合的技术经济政策和技术规范。房地产开发企业应当根据前款规定的技术规范，在建筑物的设计和施工中，为太阳能利用提供必备条件。对已建成的建筑物，住户可以在不影响其质量与安全的前提下安装符合技术规范和产品标准的太阳能利用系统；但是，当事人另有约定的除外。

……

光伏电站开发建设管理办法

（国家能源局2022年11月30日发布　国能发新能规〔2022〕104号）

第一条　为规范光伏电站开发建设管理，保障光伏电站和电力系统清洁低碳、安全高效运行，促进光伏发电行业持续健康高质量发展，根据《中华人民共和国可再生能源法》《中华人民共和国电力法》《企业投资项目核准和备案管理条例》《电力监管条例》《国务院关于促进光伏产业健康发展的若干意见》《国务院办公厅转发国家发展改革委　国家能源局关于促进新时代新能源高质量发展实施方案的通知》等有关规定，制定本办法。

第二条　本办法适用于集中式光伏电站的行业管理、年度开发建设方案、项目建设管理、电网接入管理、运行监测等。分布式光伏发电管理另行规定。

第三条　国家能源局负责全国光伏电站开发建设和运行的监督管理工作。省级能源主管部门在国家能源局指导下，负责本省（区、市）光伏电站开发建设和运行的监督管理工作。国家能源局派出机构负责所辖区域内光伏电站的国家规划与政策执行、资质许可、公平接网、电力消纳等方面的监管工作。电网企业承担光伏电站并网条件的落实或认定、电网接入、调度能力优化、电量收购等工作，配合各级能源主管部门分析测算电网消纳能力与接入送出条件。有关方面按照国家法律法规和部门职责等规定做好光伏电站的安全生产监督管理工作。

第四条　国家能源局编制全国可再生能源发展规划，确定全国光伏电站开发建设的总体目标和重大布局，并结合发展实际与需要适时调整。

第五条 国家能源局依托国家可再生能源发电项目信息管理平台组织开展并网在运光伏电站项目的建档立卡工作。建档立卡的内容主要包括项目名称、建设地点、项目业主、装机容量、并网时间、项目运行状态等信息。每个建档立卡的光伏电站项目由系统自动生成项目编码，作为项目全生命周期的唯一身份识别代码。

第六条 国家能源局加强对光伏电站项目开发建设及运行的全过程监测，规范市场开发秩序，优化发展环境，根据光伏电站发展的实际情况及时完善行业政策、规范和标准等，并会同有关部门深化"放管服"改革，完善相关支持政策。

第七条 省级能源主管部门负责做好本省（区、市）可再生能源发展规划与国家能源、可再生能源、电力等发展规划和重大布局的衔接，根据本省（区、市）可再生能源发展规划、非水电可再生能源电力消纳责任权重以及电网接入与消纳条件等，制定光伏电站年度开发建设方案。涉及跨省跨区外送消纳的光伏电站，相关送受端省（区、市）能源主管部门在制定可再生能源发展规划、年度开发建设方案时应充分做好衔接。

第八条 省级能源主管部门制定的光伏电站年度开发建设方案可包括项目清单、开工建设与投产时间、建设要求、保障措施等内容，其中项目清单可视发展需要并结合本地实际分类确定为保障性并网项目和市场化并网项目。各地可结合实际，一次性或分批确定项目清单，并及时向社会公布相关情况。纳入光伏电站年度开发建设方案的项目，电网企业应及时办理电网接入手续。鼓励各级能源主管部门采用建立项目库的管理方式，做好光伏电站项目储备。

第九条 保障性并网项目原则上由省级能源主管部门通过竞争性配置方式确定。市场化并网项目按照国家和各省（区、市）有关规定确定，电网企业应配合省级能源主管部门对市场化并网项目通过自建、合建共享或购买服务等市场化方式落实的并网条件予以认定。

第十条 各省（区、市）光伏电站年度开发建设方案和竞争性配置项目办法应及时向国家能源局报备，并抄送当地国家能源局派出机构。各级能源主管部门要优化营商环境，规范开发建设秩序，不得将强制配套产业或投资、违规收取项目保证金等作为项目开发建设的门槛。

第十一条 光伏电站项目建设前应做好规划选址、资源测评、建设条件论证、市场需求分析等各项准备工作，重点落实光伏电站项目的接网消纳条件，符合用地用海和河湖管理、生态环保等有关要求。

第十二条 按照国务院投资项目管理规定，光伏电站项目实行备案管理。各省（区、市）可制定本省（区、市）光伏电站项目备案管理办法，明确备案机关及其权限等，并向社会公布。备案机关及其工作人员应当依法对项目进行备案，不得擅自增减审查条件，不得超出办理时限。备案机关及有关部门应当加强对光伏电站的事中事后监管。

第十三条 光伏电站完成项目备案后，项目单位应抓紧落实各项建设条件。已经完成备案并纳入年度开发建设方案的项目，在办理完成相关法律法规要求的各项建设手续后应及时开工建设，并会同电网企业做好与配套电力送出工程的衔接。

第十四条 光伏电站项目备案容量原则上为交流侧容量（即逆变器额定输出功率之和）。项目单位应按照备案信息进行建设，不得自行变更项目备案信息的重要事项。项目备案后，项目法人发生变化，项目建设地点、规模、内容发生重大变更，或者放弃项目建设的，项目单位应当及时告知备案机关并修改相关信息。各省级能源主管部门和备案机关可视需要组织核查备案后2年内未开工建设或者未办理任何其他手续的项目，及时废止确实不具备建设条件的项目。

第十五条 光伏电站配套电力送出工程（含汇集站，下同）建设应与光伏电站建设相协调。光伏电站项目单位负责投资建设项目场址内集电线路和升压站（开关站）工程，原则上电网企业负责投资建设项目场址外配套电力送出工程。各省级能源主管部门负责做好协调工作。

第十六条 电网企业应根据国家确定的光伏电站开发建设总体目标和重大布局、各地区可再生能源发展规划和年度开发建设方案，结合光伏电站发展需要，及时优化电网规划建设方案和投资计划安排，统筹开展光伏电站配套电网建设和改造，鼓励采用智能电网等先进技术，提高电力系统接纳光伏发电的能力。

第十七条　光伏电站项目接入系统设计工作一般应在电源项目本体可行性研究阶段开展，在纳入年度开发建设方案后20个工作日内向电网企业提交接入系统设计方案报告。电网企业应按照积极服务、简捷高效的原则，建立和完善光伏电站项目接网审核和服务程序。项目单位提交接入系统设计报告评审申请后，电网企业应按照电网公平开放的有关要求在规定时间内出具书面回复意见，对于确实不具备接入条件的项目应书面说明原因。鼓励电网企业推广新能源云等信息平台，提供项目可用接入点、可接入容量、技术规范等信息，实现接网全流程线上办理，提高接网申请审核效率。

第十八条　500千伏及以上的光伏电站配套电力送出工程，由项目所在地省（区、市）能源主管部门上报国家能源局，履行纳入规划程序；500千伏以下的光伏电站配套电力送出工程经项目所在地省（区、市）能源主管部门会同电网企业审核确认后自动纳入相应电力规划。

第十九条　电网企业应改进完善内部审批流程，合理安排建设时序，加强网源协调发展，建立网源沟通机制，提高光伏电站配套电力送出工程相关工作的效率，衔接好网源建设进度，确保配套电力送出工程与光伏电站项目建设的进度相匹配，满足相应并网条件后"能并尽并"。光伏电站并网后，电网企业应及时掌握情况并按月报送相关信息。

第二十条　电网企业建设确有困难或规划建设时序不匹配的光伏电站配套电力送出工程，允许光伏电站项目单位投资建设。光伏电站项目单位建设配套送出工程应充分进行论证，并完全自愿，可以多家企业联合建设，也可以一家企业建设，多家企业共享。光伏电站项目单位建设的配套电力送出工程，经电网企业与光伏电站项目单位双方协商同意，可由电网企业依法依规进行回购。

第二十一条　光伏电站项目应符合国家有关光伏电站接入电网的技术标准规范等有关要求，科学合理确定容配比，交流侧容量不得大于备案容量或年度开发建设方案确定的规模。涉网设备必须通过经国家认可的检测认证机构检测认证，经检测认证合格的设备，电网企业非必要不得要求重复检测。项目单位要认真做好涉网设备管理，不得擅自停运和调整参数。

第二十二条 项目主体工程和配套电力送出工程完工后，项目单位应及时组织项目竣工验收。项目单位提交并网运行申请书后，电网企业应按国家有关技术标准规范和管理规定，在规定时间内配合开展光伏电站涉网设备和电力送出工程的并网调试、竣工验收，并参照《新能源场站并网调度协议示范文本》《购售电合同示范文本》与项目单位签订并网调度协议和购售电合同。对于符合条件且自愿参与市场化交易的光伏电站，项目单位按照相关电力市场规则要求执行。

第二十三条 除国家能源局规定的豁免情形外，光伏电站项目应当在并网后6个月内取得电力业务许可证，国家能源局派出机构按规定公开行政许可信息。电网企业不得允许并网后6个月内未取得电力业务许可证的光伏电站项目发电上网。

第二十四条 电网企业应采取系统性技术措施，合理安排电网运行方式，完善光伏电站并网运行的调度技术体系，按照有关规定保障光伏电站安全高效并网运行。光伏电站项目单位应加强运行维护管理，积极配合电网企业的并网运行调度管理。

第二十五条 光伏电站项目单位负责电站建设和运营，是光伏电站的安全生产责任主体，必须贯彻执行国家及行业安全生产管理规定，依法加强光伏电站建设运营全过程的安全生产管理，并加大对安全生产的投入保障力度，改善安全生产条件，提高安全生产水平，确保安全生产。

第二十六条 国家能源局负责全国光伏电站工程的安全监管（包括施工安全监管、质量监督管理及运行监管），国家能源局派出机构依职责承担所辖区域内光伏电站工程的安全监管，地方政府电力管理等部门依据法律法规和相关规定落实"管行业必须管安全、管业务必须管安全、管生产经营必须管安全"的相关工作。光伏电站建设、调试、运行和维护过程中发生电力事故、电力安全事件和信息安全事件时，项目单位和有关参建单位应按相关规定要求及时向有关部门报告。

第二十七条 国家能源局依托国家可再生能源发电项目信息管理平台和全国新能源电力消纳监测预警平台开展光伏电站项目全过程信息监

测。省级能源主管部门应督促项目单位按照有关要求，及时在国家可再生能源发电项目信息管理平台和全国新能源电力消纳监测预警平台报送相关信息，填写、更新项目建档立卡内容。

第二十八条 电网企业要会同全国新能源消纳监测预警中心及时公布各省级区域并网消纳情况及预测分析，引导理性投资、有序建设。对项目单位反映的有关问题，省级能源主管部门要会同电网企业等有关单位及时协调、督导和纠正。

第二十九条 鼓励光伏电站开展改造升级工作，应用先进、高效、安全的技术和设备。光伏电站的拆除、设备回收与再利用，应符合国家资源回收利用和生态环境、安全生产等相关法律法规与政策要求，不得造成环境污染破坏与安全事故事件，鼓励项目单位为设备回收与再利用创造便利条件。

第三十条 各省级能源主管部门可根据本办法，制定适应本省（区、市）实际的具体管理办法。

第三十一条 本办法由国家能源局负责解释。

第三十二条 本办法自发布之日起施行，有效期5年。《光伏电站项目管理暂行办法》（国能新能〔2013〕329号）同时废止。

风电开发建设管理暂行办法

（国家能源局2011年8月25日发布　国能新能〔2011〕285号）

第一条 为加强风能资源开发管理，规范风电项目建设，促进风电有序健康发展，根据《中华人民共和国行政许可法》《中华人民共和国可再生能源法》和《企业投资项目核准暂行办法》，制定本办法。

第二条 风电开发建设管理包括风电场工程的建设规划、项目前期工作、项目核准、竣工验收、运行监督等环节的行政组织管理和技术质量管理。

第三条 国务院能源主管部门负责全国风电开发建设管理。各省（区、市）政府能源主管部门在国务院能源主管部门的指导和组织下，按照国家有关规定负责本地区风电开发建设管理。委托国家风电建设技术归口管理单位承担全国风电技术质量管理。

第四条　本办法适用于国务院投资主管部门和省级政府投资主管部门核准的所有风电项目。海上风电开发建设还应符合《海上风电开发建设管理暂行办法》（国能新能〔2010〕29号）的要求。

第五条　风电场工程建设规划是风电场工程项目建设的基本依据，要坚持"统筹规划、有序开发、分步实施、协调发展"的方针，协调好风电开发与环境保护、土地及海域利用、军事设施保护、电网建设及运行的关系。

第六条　国务院能源主管部门负责全国风电场工程建设规划（含百万千瓦级、千万千瓦级风电基地规划）的编制和实施工作，在进行风能资源评价、风电市场消纳、土地及海域使用、环境保护等建设条件论证的基础上，确定全国风电建设规模和区域布局。

第七条　省级政府能源主管部门根据全国风电场工程建设规划要求，在落实项目风能资源、项目场址和电网接入等条件的基础上，综合项目建设的经济效益和社会效益，按照有关技术规范要求组织编制本地区的风电场工程建设规划与年度开发计划，报国务院能源主管部门备案，并抄送国家风电建设技术归口管理单位。

第八条　风电建设技术归口管理单位综合考虑风能资源、能源需求和技术进步等因素，负责对各省（区、市）风电场工程建设规划与年度开发计划进行技术经济评价。

第九条　国务院能源主管部门依法对地方规划进行备案管理，各省（区、市）风电场工程年度开发计划内的项目经国务院能源主管部门备案后，方可享受国家可再生能源发展基金的电价补贴。

第十条　各电网企业依据国务院能源主管部门备案的各省（区、市）风电场工程建设规划、年度开发计划，落实风电场工程配套电力送出工程。

第十一条　项目前期工作包括选址测风、风能资源评价、建设条件论证、项目开发申请、可行性研究和项目核准前的各项准备工作。

企业开展测风要向县级以上政府能源主管部门提出申请，按照气象观测管理要求开展相关工作。

第十二条　风电项目开发企业开展前期工作之前应向省级以上政府能源主管部门提出开展风电场项目开发前期工作的申请。按照项目核准权限划分，5万千瓦及以上项目开发前期工作申请由省级政府能源主管部门受理后，上报国务院能源主管部门批复。

第十三条　省级政府能源主管部门提出的年度开发计划，应包括建设总规模和各项目的开发申请报告，国务院投资主管部门和省级政府投资主管部门核准的项目均应包括在内。项目的开发申请报告应在预可行性研究阶段工作成果的基础上编制，包括以下内容：

（一）风电场风能资源测量与评估成果、风电场地形图测量成果、工程地质勘察成果及工程建设条件；

（二）项目建设必要性，初步确定开发任务、工程规模、设计方案和电网接入条件；

（三）初拟建设用地或用海的类别、范围，环境影响初步评价；

（四）初步的项目经济和社会效益分析；

国务院能源主管部门对满足上述要求的项目予以备案。

第十四条　为促进风电技术进步，国务院能源主管部门可根据需要选择特定开发区域及项目，组织省级政府能源主管部门采取特许权招标方式确定项目投资开发主体及项目关键设备。也可对已明确投资开发主体的大型风电基地的项目提出统一的技术条件，会同项目所在地省级政府能源主管部门指导项目单位对关键设备集中招标采购。

第十五条　为做好地方规划及项目建设与国家规划衔接，根据项目核准管理权限，省级政府投资主管部门核准的风电场工程项目，须按照报国务院能源主管部门备案后的风电场工程建设规划和年度开发计划进行。

第十六条　风电场工程项目按照国务院规定的项目核准管理权限，分别由国务院投资主管部门和省级政府投资主管部门核准。

由国务院投资主管部门核准的风电场工程项目，经所在地省级政府能源主管部门对项目申请报告初审后，按项目核准程序，上报国务院投资主管部门核准。项目单位属于中央企业的，所属集团公司需同时向国务院投资主管部门报送项目核准申请。

第十七条　项目单位应遵循节约、集约和合理利用土地资源的原则，按照有关法律法规与技术规定要求落实建设方案和建设条件，编写项目申请报告，办理项目核准所需的支持性文件。

第十八条　风电场工程项目申请报告应达到可行性研究的深度，并附有下列文件：

（一）项目列入全国或所在省（区、市）风电场工程建设规划及年度开发计划的依据文件；

（二）项目开发前期工作批复文件，或项目特许权协议，或特许权项目中标通知书；

（三）项目可行性研究报告及其技术审查意见；

（四）土地管理部门出具的关于项目用地预审意见；

（五）环境保护管理部门出具的环境影响评价批复意见；

（六）安全生产监督管理部门出具的风电场工程安全预评价报告备案函；

（七）电网企业出具的关于风电场接入电网运行的意见，或省级以上政府能源主管部门关于项目接入电网的协调意见。

（八）金融机构同意给予项目融资贷款的文件；

（九）根据有关法律法规应提交的其他文件。

第十九条　风电场工程项目须经过核准后方可开工建设。项目核准后2年内不开工建设的，项目原核准机构可按照规定收回项目。风电场工程开工以第一台风电机组基础施工为标志。

第二十条　项目所在省级政府能源主管部门负责指导和监督项目竣工验收，协调和督促电网企业完成电网接入配套设施建设并与项目单位签订并网调度协议和购售电合同。项目单位完成土建施工、设备安装和配套电力送出设施，办理好各专项验收，待电网企业建成电力送出配套电网设施后，制定整体工程竣工验收方案，报项目所在地省级政府能源主管部门备案。项目单位和电网企业按有关技术规定和备案的验收方案进行竣工验收，将结果报告省级政府能源主管部门，省级政府能源主管部门审核后报国务院能源主管部门备案。

第二十一条 电网企业配合进行项目并网运行调试，按照相关技术规定进行项目电力送出工程和并网运行的竣工验收。完成竣工验收后将结果报告省级政府能源主管部门，省级政府能源主管部门审核后报国务院能源主管部门备案。

第二十二条 项目单位应根据电网调度和信息管理要求，向电网调度机构及可再生能源信息管理机构传送和报告运行信息。未经批准，项目运行实时数据不得向境外传送，项目控制系统不能与公共互联网直接联接。项目单位长期保留的测风塔、机组附带的测风仪的使用要符合气象观测管理的有关要求。

第二十三条 项目投产1年后，国务院能源主管部门可组织有规定资质的单位，根据相关技术规定对项目建设和运行情况进行后评估，3个月内完成评估报告，评估结果作为项目单位参与后续风电项目开发的依据。项目单位应按照评估报告对项目设施和运行管理进行必要的改进。

第二十四条 多个风电场工程在同一地域同期建设，可由项目所在地省级政府能源主管部门组织有关单位统一协调办理电网接入、建设用地或用海预审、环境影响评价、安全预评价等手续。

第二十五条 风电项目单位应按照国务院能源主管部门及国家可再生能源信息管理机构的要求，报告风电场工程相关运行信息。如发生火灾、风电机组严重损毁以及其他停产7天以上事故，或风电机组部件发生批量质量问题，应在第一时间向国务院能源主管部门及省级政府能源主管部门报告。

第二十六条 风电场工程未按规定程序和条件获得核准擅自开工建设，不能享受国家可再生能源发展基金的电价补贴，电网企业不予接受其并网运行。

第二十七条 对于违规擅自开工建设的项目，一经发现，省级以上政府能源主管部门将责令其停止建设，并依法追究有关责任人的法律和行政责任。

第二十八条 通过国家特许权招标方式获得投资开发主体资格的项

目单位发生违约，项目单位承担特许权协议规定的相关责任；情节严重的，按照招投标法规定，自违约时间起3年内取消其参与同类项目投标资格，并予以公告。参加国家特许权项目招标或设备集中招标的设备制造企业违反招标约定，自违约发生时间起3年内该企业不得参与同类项目投标。

第二十九条 风电场发生火灾、风电机组严重损毁以及其他停产7天以上事故，或风电机组部件发生批量质量问题，超过7天未以任何方式报告情况，或未按规定向国家可再生能源信息管理机构提交有关信息的，省级以上政府能源主管部门将责令其改正，并依法追究有关责任人的法律和行政责任。

第三十条 本办法由国家能源局负责解释。

第三十一条 本办法由国家能源局发布，自发布之日起施行。

海上风电开发建设管理办法

（国家能源局、国家海洋局2016年12月29日发布　国能新能〔2016〕394号）

第一条 为规范海上风电项目开发建设管理，促进海上风电有序开发、规范建设和持续发展，根据《行政许可法》《可再生能源法》《海域使用管理法》《海洋环境保护法》和《海岛保护法》，特制定本办法。

第二条 本办法所称海上风电项目是指沿海多年平均大潮高潮线以下海域的风电项目，包括在相应开发海域内无居民海岛上的风电项目。

第三条 海上风电开发建设管理包括海上风电发展规划、项目核准、海域海岛使用、环境保护、施工及运行等环节的行政组织管理和技术质量管理。

第四条 国家能源局负责全国海上风电开发建设管理。各省（自治区、直辖市）能源主管部门在国家能源局指导下，负责本地区海上风电开发建设管理。可再生能源技术支撑单位做好海上风电技术服务。

第五条 海洋行政主管部门负责海上风电开发建设海域海岛使用和环境保护的管理和监督。

第六条 海上风电发展规划包括全国海上风电发展规划、各省（自治区、直辖市）以及市县级海上风电发展规划。全国海上风电发展规划和各省（自治区、直辖市）海上风电发展规划应当与可再生能源发展规划、海洋主体功能区规划、海洋功能区划、海岛保护规划、海洋经济发展规划相协调。各省（自治区、直辖市）海上风电发展规划应符合全国海上风电发展规划。

第七条　海上风电场应当按照生态文明建设要求，统筹考虑开发强度和资源环境承载能力，原则上应在离岸距离不少于10公里、滩涂宽度超过10公里时海域水深不得少于10米的海域布局。在各种海洋自然保护区、海洋特别保护区、自然历史遗迹保护区、重要渔业水域、河口、海湾、滨海湿地、鸟类迁徙通道、栖息地等重要、敏感和脆弱生态区域，以及划定的生态红线区内不得规划布局海上风电场。

第八条　国家能源局统一组织全国海上风电发展规划编制和管理；会同国家海洋局审定各省（自治区、直辖市）海上风电发展规划；适时组织有关技术单位对各省（自治区、直辖市）海上风电发展规划进行评估。

第九条　各省（自治区、直辖市）能源主管部门组织有关单位，按照标准要求编制本省（自治区、直辖市）管理海域内的海上风电发展规划，并落实电网接入方案和市场消纳方案。

第十条　各省（自治区、直辖市）海洋行政主管部门，根据全国和各省（自治区、直辖市）海洋主体功能区规划、海洋功能区划、海岛保护规划、海洋经济发展规划，对本地区海上风电发展规划提出用海用岛初审和环境影响评价初步意见。

第十一条　鼓励海上风能资源丰富、潜在开发规模较大的沿海县市编制本辖区海上风电规划，重点研究海域使用、海缆路由及配套电网工程规划等工作，上报当地省级能源主管部门审定。

第十二条　各省（自治区、直辖市）能源主管部门可根据国家可再生能源发展相关政策及海上风电行业发展状况，开展海上风电发展规划滚动调整工作，具体程序按照规划编制要求进行。

第十三条　省级及以下能源主管部门按照有关法律法规，依据经国家能源局审定的海上风电发展规划，核准具备建设条件的海上风电项目。核准文件应及时对全社会公开并抄送国家能源局和同级海洋行政主管部门。

未纳入海上风电发展规划的海上风电项目，开发企业不得开展海上风电项目建设。

鼓励海上风电项目采取连片规模化方式开发建设。

第十四条 国家能源局组织有关技术单位按年度对全国海上风电核准建设情况进行评估总结，根据产业发展的实际情况完善支持海上风电发展的政策措施和规划调整的建议。

第十五条 鼓励海上风电项目采取招标方式选择开发投资企业，各省（自治区、直辖市）能源主管部门组织开展招投标工作，上网电价、工程方案、技术能力等作为重要考量指标。

第十六条 项目投资企业应按要求落实工程建设方案和建设条件，办理项目核准所需的支持性文件。

第十七条 省级及以下能源主管部门应严格按照有关法律法规明确海上风电项目核准所需支持性文件，不得随意增加支持性文件。

第十八条 项目开工前，应落实有关利益协调解决方案或协议，完成通航安全、接入系统等相关专题的论证工作，并依法取得相应主管部门的批复文件。

海底电缆按照《铺设海底电缆管道管理规定》及实施办法的规定，办理路由调查勘测及铺设施工许可手续。

第十九条 海上风电项目建设用海应遵循节约和集约利用海域和海岸线资源的原则，合理布局，统一规划海上送出工程输电电缆通道和登陆点，严格限制无居民海岛风电项目建设。

第二十条 海上风电项目建设用海面积和范围按照风电设施实际占用海域面积和安全区占用海域面积界定。海上风电机组用海面积为所有风电机组塔架占用海域面积之和，单个风电机组塔架用海面积一般按塔架中心点至基础外缘线点再向外扩50m为半径的圆形区域计算；海底电缆用海面积按电缆外缘向两侧各外扩10m宽为界计算；其他永久设施用海面积按《海籍调查规范》的规定计算。各种用海面积不重复计算。

第二十一条 项目单位向省级及以下能源主管部门申请核准前，应向海洋行政主管部门提出用海预审申请，按规定程序和要求审查后，由海洋行政主管部门出具项目用海预审意见。

第二十二条 海上风电项目核准后，项目单位应按照程序及时向海洋行政主管部门提出海域使用申请，依法取得海域使用权后方可开工建设。

第二十三条 使用无居民海岛建设海上风电的项目单位应当按照《海岛保护法》等法律法规办理无居民海岛使用申请审批手续，并取得无居民海岛使用权后，方可开工建设。

第二十四条 项目单位在提出海域使用权申请前，应当按照《海洋环境保护法》《防治海洋工程建设项目污染损害海洋环境管理条例》、地方海洋环境保护相关法规及相关技术标准要求，委托有相应资质的机构编制海上风电项目环境影响报告书，报海洋行政主管部门审查批准。

第二十五条 海上风电项目核准后，项目单位应按环境影响报告书及批准意见的要求，加强环境保护设计，落实环境保护措施；项目核准后建设条件发生变化，应在开工前按《海洋工程环境影响评价管理规定》办理。

第二十六条 海上风电项目建成后，按规定程序申请环境保护设施竣工验收，验收合格后，该项目方可正式投入运营。

第二十七条 海上风电项目经核准后，项目单位应制定施工方案，办理相关施工手续，施工企业应具备海洋工程施工资质。项目单位和施工企业应制定应急预案。

项目开工以第一台风电机组基础施工为标志。

第二十八条 项目单位负责海上风电项目的竣工验收工作，项目所在省（自治区、直辖市）能源主管部门负责海上风电项目竣工验收的协调和监督工作。

第二十九条 项目单位应建立自动化风电机组监控系统，按规定向电网调度机构和国家可再生能源信息管理中心传送风电场的相关数据。

第三十条 项目单位应建立安全生产制度，发生重大事故和设备故障应及时向电网调度机构、当地能源主管部门和能源监管派出机构报告，当地能源主管部门和能源监管派出机构按照有关规定向国家能源局报告。

第三十一条 项目单位应长期监测项目所在区域的风资源、海洋环境等数据，监测结果应定期向省级能源主管部门、海洋行政主管部门和国家可再生能源信息管理中心报告。

第三十二条 新建项目投产一年后，项目建设单位应视实际情况，及时委托有资质的咨询单位，对项目建设和运行情况进行后评估，并向省级能源主管部门报备。

第三十三条 海上风电设计方案、建设施工、验收及运行等必须严格遵守国家、地方、行业相关标准、规程规范，国家能源局组织相关机构进行工程质量监督检查工作，形成海上风电项目质量监督检查评价工作报告，并向全社会予以发布。

第三十四条 海上风电基地或大型海上风电项目，可由当地省级能源主管部门组织有关单位统一协调办理电网接入系统、建设用海预审、环境影响评价等相关手续。

第三十五条 各省（自治区、直辖市）能源主管部门可根据本办法，制定本地区海上风电开发建设管理办法实施细则。

第三十六条 本办法由国家能源局和国家海洋局负责解释。

第三十七条 本办法由国家能源局和国家海洋局联合发布，自发布之日起施行，原发布的《海上风电开发建设管理暂行办法》（国能新能〔2010〕29号）和《海上风电开发建设管理暂行办法实施细则》（国能新能〔2011〕210号）自动失效。

新型储能项目管理规范（暂行）

（国家能源局2021年9月24日发布　国能发科技规〔2021〕47号）

第一条 为规范新型储能项目管理，促进新型储能有序、安全、健康发展，支撑构建以新能源为主体的新型电力系统，根据《中华人民共和国电力法》《中华人民共和国行政许可法》《电力监管条例》《企业投资项目核准和备案管理条例》《关于加快推动新型储能发展的指导意见》等法律法规，制定本规范。

第二条 本规范适用于除抽水蓄能外以输出电力为主要形式，并对外提供服务的储能项目。

第三条 新型储能项目管理坚持安全第一、规范管理、积极稳妥原则，包括规划布局、备案要求、项目建设、并网接入、调度运行、监测监督等环节管理。

第四条 国务院能源主管部门负责全国新型储能项目规划、指导和监督管理；地方能源主管部门在国务院能源主管部门指导下，建立健全本地区新型储能项目管理体系，负责本地区新型储能项目发展及监督管理；国家能源局派出机构负责对本地区新型储能政策执行、并网调度、市场交易及运行管理进行监管。

第五条 国务院能源主管部门负责编制全国新型储能发展规划。根据国家能源发展规划、电力发展规划、可再生能源发展规划、能源技术创新规划等相关文件，在论证发展基础、发展需求和新型储能技术经济性等的基础上，积极稳妥确定全国新型储能发展目标、总体布局等。

第六条 省级能源主管部门根据国家新型储能发展规划，按照统筹规划、因地制宜，创新引领、示范先行，市场主导、有序发展，立足安全、规范管理的原则，研究本地区重点任务，指导本地区新型储能发展。

第七条 省级能源主管部门组织开展本地区关系电力系统安全高效运行的新型储能发展规模与布局研究，科学合理引导新型储能项目建设。

第八条 地方能源主管部门依据投资有关法律、法规及配套制度对本地区新型储能项目实行备案管理，并将项目备案情况抄送国家能源局派出机构。

第九条 新型储能项目备案内容应包括：项目单位基本情况，项目名称、建设地点、建设规模、建设内容（含技术路线、应用场景、主要功能、技术标准、环保安全等）、项目总投资额，项目符合产业政策声明等。

第十条 新型储能项目完成备案后，应抓紧落实各项建设条件，在办理法律法规要求的其他相关建设手续后及时开工建设。

第十一条 已备案的新型储能项目，项目法人发生变化，项目建设地点、规模、内容发生重大变更，或者放弃项目建设的，项目单位应及时告知项目备案机关，并修改相关信息。

第十二条　新型储能项目的建设应符合相关管理规定和标准规范要求，承担项目设计、咨询、施工和监理的单位应具有国家规定的相应资质。

第十三条　新型储能项目主要设备应满足相关标准规范要求，通过具有相应资质机构的检测认证，涉网设备应符合电网安全运行相关技术要求。

第十四条　新型储能项目相关单位应按照有关法律法规和技术规范要求，严格履行项目安全、消防、环保等管理程序，落实安全责任。

第十五条　新建动力电池梯次利用储能项目，必须遵循全生命周期理念，建立电池一致性管理和溯源系统，梯次利用电池均要取得相应资质机构出具的安全评估报告。已建和新建的动力电池梯次利用储能项目须建立在线监控平台，实时监测电池性能参数，定期进行维护和安全评估，做好应急预案。

第十六条　电网企业应根据新型储能发展规划，统筹开展配套电网规划和建设。配套电网工程应与新型储能项目建设协调进行。各级能源主管部门负责做好协调工作。

第十七条　电网企业应公平无歧视为新型储能项目提供电网接入服务。电网企业应按照积极服务、简捷高效的原则，建立和完善新型储能项目接网程序，向已经备案的新型储能项目提供接网服务。

第十八条　新型储能项目在并网调试前，应按照国家质量、环境、消防有关规定，完成相关手续。电网企业应按有关标准和规范要求，明确并网调试和验收流程，积极配合开展新型储能项目的并网调试和验收工作。

第十九条　电网企业应按照法律法规和技术规范要求，采取系统性措施，优化调度运行机制，科学优先调用，保障新型储能利用率，充分发挥新型储能系统作用。

第二十条　新型储能项目单位应按照相关标准和规范要求，配备必要的通信信息系统，按程序向电网调度部门上传运行信息、接受调度指令。

第二十一条 项目单位应做好新型储能项目运行状态监测工作，实时监控储能系统运行工况，在项目达到设计寿命或安全运行状况不满足相关技术要求时，应及时组织论证评估和整改工作。经整改后仍不满足相关要求的，项目单位应及时采取项目退役措施，并及时报告原备案机关及其他相关单位。

第二十二条 国务院能源主管部门负责建设全国新型储能管理平台，实现全国新型储能项目信息化管理，将新型储能项目的建设、运行实际情况作为制定产业政策、完善行业规范和标准体系的重要依据。

第二十三条 地方能源主管部门会同相关部门加强新型储能项目监测管理体系建设，根据本地区新型储能项目备案、建设、运行、市场交易情况，研究并定期公布新型储能发展规模、建设布局、调度运行等情况，引导新型储能项目科学合理投资和建设。

第二十四条 本规范由国家能源局负责解释。

第二十五条 本规范自发布之日起实施。

核电厂核事故应急管理条例

（1993年8月4日中华人民共和国国务院令第124号发布 根据2011年1月8日《国务院关于废止和修改部分行政法规的决定》修订）

第一条 为了加强核电厂核事故应急管理工作，控制和减少核事故危害，制定本条例。

第二条 本条例适用于可能或者已经引起放射性物质释放、造成重大辐射后果的核电厂核事故（以下简称核事故）应急管理工作。

第三条 核事故应急管理工作实行常备不懈，积极兼容，统一指挥，大力协同，保护公众，保护环境的方针。

第四条 全国的核事故应急管理工作由国务院指定的部门负责，其主要职责是：（一）拟定国家核事故应急工作政策；（二）统一协调国务院有关部门、军队和地方人民政府的核事故应急工作；（三）组织制定和实施国家核事故应急计划，审查批准场外核事故应急计划；（四）适时批准进入和终止场外应急状态；（五）提出实施核事故应急响应行动的建议；（六）审查批准核事故公报、国际通报，提出请求国际援助的方案。必要时，由国务院领导、组织、协调全国的核事故应急管理工作。

第五条　核电厂所在地的省、自治区、直辖市人民政府指定的部门负责本行政区域内的核事故应急管理工作，其主要职责是：（一）执行国家核事故应急工作的法规和政策；（二）组织制定场外核事故应急计划，做好核事故应急准备工作；（三）统一指挥场外核事故应急响应行动；（四）组织支援核事故应急响应行动；（五）及时向相邻的省、自治区、直辖市通报核事故情况。必要时，由省、自治区、直辖市人民政府领导、组织、协调本行政区域内的核事故应急管理工作。

第六条　核电厂的核事故应急机构的主要职责是：（一）执行国家核事故应急工作的法规和政策；（二）制定场内核事故应急计划，做好核事故应急准备工作；（三）确定核事故应急状态等级，统一指挥本单位的核事故应急响应行动；（四）及时向上级主管部门、国务院核安全部门和省级人民政府指定的部门报告事故情况，提出进入场外应急状态和采取应急防护措施的建议；（五）协助和配合省级人民政府指定的部门做好核事故应急管理工作。

第七条　核电厂的上级主管部门领导核电厂的核事故应急工作。国务院核安全部门、环境保护部门和卫生部门等有关部门在各自的职责范围内做好相应的核事故应急工作。

第八条　中国人民解放军作为核事故应急工作的重要力量，应当在核事故应急响应中实施有效的支援。

第九条　针对核电厂可能发生的核事故，核电厂的核事故应急机构、省级人民政府指定的部门和国务院指定的部门应当预先制定核事故应急计划。核事故应急计划包括场内核事故应急计划、场外核事故应急计划和国家核事故应急计划。各级核事故应急计划应当相互衔接、协调一致。

第十条　场内核事故应急计划由核电厂核事故应急机构制定，经其主管部门审查后，送国务院核安全部门审评并报国务院指定的部门备案。

第十一条　场外核事故应急计划由核电厂所在地的省级人民政府指

定的部门组织制定，报国务院指定的部门审查批准。

第十二条 国家核事故应急计划由国务院指定的部门组织制定。国务院有关部门和中国人民解放军总部应当根据国家核事故应急计划，制定相应的核事故应急方案，报国务院指定的部门备案。

第十三条 场内核事故应急计划、场外核事故应急计划应当包括下列内容：（一）核事故应急工作的基本任务；（二）核事故应急响应组织及其职责；（三）烟羽应急计划区和食入应急计划区的范围；（四）干预水平和导出干预水平；（五）核事故应急准备和应急响应的详细方案；（六）应急设施、设备、器材和其他物资；（七）核电厂核事故应急机构同省级人民政府指定的部门之间以及同其他有关方面相互配合、支援的事项及措施。

第十四条 有关部门在进行核电厂选址和设计工作时，应当考虑核事故应急工作的要求。新建的核电厂必须在其场内和场外核事故应急计划审查批准后，方可装料。

第十五条 国务院指定的部门、省级人民政府指定的部门和核电厂的核事故应急机构应当具有必要的应急设施、设备和相互之间快速可靠的通讯联络系统。核电厂的核事故应急机构和省级人民政府指定的部门应当具有辐射监测系统、防护器材、药械和其他物资。用于核事故应急工作的设施、设备和通讯联络系统、辐射监测系统以及防护器材、药械等，应当处于良好状态。

第十六条 核电厂应当对职工进行核安全、辐射防护和核事故应急知识的专门教育。省级人民政府指定的部门应当在核电厂的协助下对附近的公众进行核安全、辐射防护和核事故应急知识的普及教育。

第十七条 核电厂的核事故应急机构和省级人民政府指定的部门应当对核事故应急工作人员进行培训。

第十八条 核电厂的核事故应急机构和省级人民政府指定的部门应当适时组织不同专业和不同规模的核事故应急演习。在核电厂首次装料前，核电厂的核事故应急机构和省级人民政府指定的部门应当组织场内、场外核事故应急演习。

第十九条 核事故应急状态分为下列四级：（一）应急待命。出现可能导致危及核电厂核安全的某些特定情况或者外部事件，核电厂有关人员进入戒备状态。（二）厂房应急。事故后果仅限于核电厂的局部区域，核电厂人员按照场内核事故应急计划的要求采取核事故应急响应行动，通知厂外有关核事故应急响应组织。（三）场区应急。事故后果蔓延至整个场区，场区内的人员采取核事故应急响应行动，通知省级人民政府指定的部门，某些厂外核事故应急响应组织可能采取核事故应急响应行动。（四）场外应急。事故后果超越场区边界，实施场内和场外核事故应急计划。

第二十条 当核电厂进入应急待命状态时，核电厂核事故应急机构应当及时向核电厂的上级主管部门和国务院核安全部门报告情况，并视情况决定是否向省级人民政府指定的部门报告。当出现可能或者已经有放射性物质释放的情况时，应当根据情况，及时决定进入厂房应急或者场区应急状态，并迅速向核电厂的上级主管部门、国务院核安全部门和省级人民政府指定的部门报告情况；在放射性物质可能或者已经扩散到核电厂场区以外时，应当迅速向省级人民政府指定的部门提出进入场外应急状态并采取应急防护措施的建议。省级人民政府指定的部门接到核电厂核事故应急机构的事故情况报告后，应当迅速采取相应的核事故应急对策和应急防护措施，并及时向国务院指定的部门报告情况。需要决定进入场外应急状态时，应当经国务院指定的部门批准；在特殊情况下，省级人民政府指定的部门可以先行决定进入场外应急状态，但是应当立即向国务院指定的部门报告。

第二十一条 核电厂的核事故应急机构和省级人民政府指定的部门应当做好核事故后果预测与评价以及环境放射性监测等工作，为采取核事故应急对策和应急防护措施提供依据。

第二十二条 省级人民政府指定的部门应当适时选用隐蔽、服用稳定性碘制剂、控制通道、控制食物和水源、撤离、迁移、对受影响的区域去污等应急防护措施。

第二十三条 省级人民政府指定的部门在核事故应急响应过程中应当将必要的信息及时地告知当地公众。

第二十四条 在核事故现场，各核事故应急响应组织应当实行有效的剂量监督。现场核事故应急响应人员和其他人员都应当在辐射防护人员的监督和指导下活动，尽量防止接受过大剂量的照射。

第二十五条 核电厂的核事故应急机构和省级人民政府指定的部门应当做好核事故现场接受照射人员的救护、洗消、转运和医学处置工作。

第二十六条 在核事故应急进入场外应急状态时，国务院指定的部门应当及时派出人员赶赴现场，指导核事故应急响应行动，必要时提出派出救援力量的建议。

第二十七条 因核事故应急响应需要，可以实行地区封锁。省、自治区、直辖市行政区域内的地区封锁，由省、自治区、直辖市人民政府决定；跨省、自治区、直辖市的地区封锁，以及导致中断干线交通或者封锁国境的地区封锁，由国务院决定。地区封锁的解除，由原决定机关宣布。

第二十八条 有关核事故的新闻由国务院授权的单位统一发布。

第二十九条 场外应急状态的终止由省级人民政府指定的部门会同核电厂核事故应急机构提出建议，报国务院指定的部门批准，由省级人民政府指定的部门发布。

第三十条 省级人民政府指定的部门应当根据受影响地区的放射性水平，采取有效的恢复措施。

第三十一条 核事故应急状态终止后，核电厂核事故应急机构应当向国务院指定的部门、核电厂的上级主管部门、国务院核安全部门和省级人民政府指定的部门提交详细的事故报告；省级人民政府指定的部门应当向国务院指定的部门提交场外核事故应急工作的总结报告。

第三十二条 核事故使核安全重要物项的安全性能达不到国家标准时，核电厂的重新起动计划应当按照国家有关规定审查批准。

第三十三条 国务院有关部门、军队、地方各级人民政府和核电厂在核事故应急准备工作中应当充分利用现有组织机构、人员、设施和设备等，努力提高核事故应急准备资金和物资的使用效益，并使核事故应急准备工作与地方和核电厂的发展规划相结合。各有关单位应当提供支援。

第三十四条　场内核事故应急准备资金由核电厂承担，列入核电厂工程项目投资概算和运行成本。场外核事故应急准备资金由核电厂和地方人民政府共同承担，资金数额由国务院指定的部门会同有关部门审定。核电厂承担的资金，在投产前根据核电厂容量、在投产后根据实际发电量确定一定的比例交纳，由国务院计划部门综合平衡后用于地方场外核事故应急准备工作；其余部分由地方人民政府解决。具体办法由国务院指定的部门会同国务院计划部门和国务院财政部门规定。国务院有关部门和军队所需的核事故应急准备资金，根据各自在核事故应急工作中的职责和任务，充分利用现有条件进行安排，不足部分按照各自的计划和资金渠道上报。

第三十五条　国家的和地方的物资供应部门及其他有关部门应当保证供给核事故应急所需的设备、器材和其他物资。

第三十六条　因核电厂核事故应急响应需要，执行核事故应急响应行动的行政机关有权征用非用于核事故应急响应的设备、器材和其他物资。对征用的设备、器材和其他物资，应当予以登记并在使用后及时归还；造成损坏的，由征用单位补偿。

第三十七条　在核事故应急工作中有下列事迹之一的单位和个人，由主管部门或者所在单位给予表彰或者奖励：（一）完成核事故应急响应任务的；（二）保护公众安全和国家的、集体的和公民的财产，成绩显著的；（三）对核事故应急准备与响应提出重大建议，实施效果显著的；（四）辐射、气象预报和测报准确及时，从而减轻损失的；（五）有其他特殊贡献的。

第三十八条　有下列行为之一的，对有关责任人员视情节和危害后果，由其所在单位或者上级机关给予行政处分；属于违反治安管理行为的，由公安机关依照治安管理处罚法的规定予以处罚；构成犯罪的，由司法机关依法追究刑事责任：（一）不按照规定制定核事故应急计划，拒绝承担核事故应急准备义务的；（二）玩忽职守，引起核事故发生的；（三）不按照规定报告、通报核事故真实情况的；（四）拒不执行核事故应急计划，不服从命令和指挥，或者在核事故应急响应时临阵脱逃的；

（五）盗窃、挪用、贪污核事故应急工作所用资金或者物资的；（六）阻碍核事故应急工作人员依法执行职务或者进行破坏活动的；（七）散布谣言，扰乱社会秩序的；（八）有其他对核事故应急工作造成危害的行为的。

第三十九条 本条例中下列用语的含义：（一）核事故应急，是指为了控制或者缓解核事故、减轻核事故后果而采取的不同于正常秩序和正常工作程序的紧急行动。（二）场区，是指由核电厂管理的区域。（三）应急计划区，是指在核电厂周围建立的，制定有核事故应急计划、并预计采取核事故应急对策和应急防护措施的区域。（四）烟羽应急计划区，是指针对放射性烟云引起的照射而建立的应急计划区。（五）食入应急计划区，是指针对食入放射性污染的水或者食物引起照射而建立的应急计划区。（六）干预水平，是指预先规定的用于在异常状态下确定需要对公众采取应急防护措施的剂量水平。（七）导出干预水平，是指由干预水平推导得出的放射性物质在环境介质中的浓度或者水平。（八）应急防护措施，是指在核事故情况下用于控制工作人员和公众所接受的剂量而采取的保护措施。（九）核安全重要物项，是指对核电厂安全有重要意义的建筑物、构筑物、系统、部件和设施等。

第四十条 除核电厂外，其他核设施的核事故应急管理，可以根据具体情况，参照本条例的有关规定执行。

第四十一条 对可能或者已经造成放射性物质释放超越国界的核事故应急，除执行本条例的规定外，并应当执行中华人民共和国缔结或者参加的国际条约的规定，但是中华人民共和国声明保留的条款除外。

第四十二条 本条例自发布之日起施行。

三、水资源与海洋

（一）水资源

32.我国法律规定禁止围湖造地，已经围垦的应当如何处理？

《中华人民共和国水法》第四十条规定，禁止围湖造地。已经围垦的，应当按照国家规定的防洪标准有计划地退地还湖。禁止围垦河道。确需围垦的，应当经过科学论证，经省、自治区、直辖市人民政府水行政主管部门或者国务院水行政主管部门同意后，报本级人民政府批准。

33.在江河、湖泊新建、改建或者扩大排污口有哪些要求？

《中华人民共和国水法》第三十四条规定，禁止在饮用水水源保护区内设置排污口。在江河、湖泊新建、改建或者扩大排污口，应当经过有管辖权的水行政主管部门或者流域管理机构同意，由环境保护行政主管部门负责对该建设项目的环境影响报告书进行审批。

34.应当依法编制水土保持方案的生产建设项目，水土保持设施能否延迟使用？

《中华人民共和国水土保持法》第二十七条规定，依法应当编制水土保持方案的生产建设项目中的水土保持设施，应当与主体工程同时设计、同时施工、同时投产使用；生产建设项目竣工验收，应当验收水土保持设施；水土保持设施未经验收或者验收不合格的，生产建设项目不得投产使用。

35.我国规定国家机关决策和防灾减灾、国防建设、公共安全、环境保护以及其他单位、个人等如何使用水文监测资料和成果？

《中华人民共和国水文条例》第二十六条规定，国家建立水文监测资料共享制度。水文机构应当妥善存储和保管水文监测资料，根据国民经济建设和社会发展需要对水文监测资料进行加工整理形成水文监测成果，予以刊印。国务院水行政主管部门直属的水文机构应当建立国家水文数据库。基本水文监测资料应当依法公开，水文监测资料属于国家秘密的，对其密级的确定、变更、解密以及对资料的使用、管理，依照国家有关规定执行。

同时，第二十八条还明确规定，国家机关决策和防灾减灾、国防建设、公共安全、环境保护等公益事业需要使用水文监测资料和成果的，应当无偿提供。除前款规定的情形外，需要使用水文监测资料和成果的，按照国家有关规定收取费用，并实行收支两条线管理。因经营性活动需要提供水文专项咨询服务的，当事人双方应当签订有偿服务合同，明确双方的权利和义务。

36.我国如何划分地下水资源的禁止开采与限制开采？在地下水禁止开采区内禁止取用地下水是否存在例外情形？

《地下水管理条例》第三十三条规定，有下列情形之一的，应当划为地下水禁止开采区：（一）已发生严重的地面沉降、地裂缝、海（咸）水入侵、植被退化等地质灾害或者生态损害的区域；（二）地下水超采区内公共供水管网覆盖或者通过替代水源已经解决供水需求的区域；（三）法律、法规规定禁止开采地下水的其他区域。第三十四条规定，有下列情形之一的，应当划为地下水限制开采区：（一）地下水开采量接近可采量的区域；（二）开采地下水可能引发地质灾害或者生态损害的区域；（三）法律、法规规定限制开采地下水的其他区域。

第三十五条规定，除下列情形外，在地下水禁止开采区内禁止取用地下水：（一）为保障地下工程施工安全和生产安全必须进行临时应急取（排）水；（二）为消除对公共安全或者公共利益的危害临时应急取水；（三）为开展地下水监测、勘探、试验少量取水。除前款规定的情形外，在地下水限制开采区内禁止新增取用地下水，并逐步削减地下水取水量；前款规定的情形消除后，应当立即停止取用地下水。

【相关法律】

中华人民共和国水法（节录）

（1988年1月21日第六届全国人民代表大会常务委员会第二十四次会议通过 2002年8月29日第九届全国人民代表大会常务委员会第二十九次会议修订 根据2009年8月27日第十一届全国人民代表大会常务委员会第十次会议《关于修改部分法律的决定》第一次修正 根据2016年7月2日第十二届全国人民代表大会常务委员会第二十一次会议《关于修改〈中华人民共和国节约能源法〉等六部法律的决定》第二次修正）

......

第三条 水资源属于国家所有。水资源的所有权由国务院代表国家行使。农村集体经济组织的水塘和由农村集体经济组织修建管理的水库中的水，归各该农村集体经济组织使用。

第四条 开发、利用、节约、保护水资源和防治水害，应当全面规划、统筹兼顾、标本兼治、综合利用、讲求效益，发挥水资源的多种功能，协调好生活、生产经营和生态环境用水。

第五条 县级以上人民政府应当加强水利基础设施建设，并将其纳入本级国民经济和社会发展计划。

第六条 国家鼓励单位和个人依法开发、利用水资源，并保护其合法权益。开发、利用水资源的单位和个人有依法保护水资源的义务。

第七条 国家对水资源依法实行取水许可制度和有偿使用制度。但是，农村集体经济组织及其成员使用本集体经济组织的水塘、水库中的水的除外。国务院水行政主管部门负责全国取水许可制度和水资源有偿使用制度的组织实施。

......

第十九条 建设水工程，必须符合流域综合规划。在国家确定的重要江河、湖泊和跨省、自治区、直辖市的江河、湖泊上建设水工程，未取得有关流域管理机构签署的符合流域综合规划要求的规划同意书的，建设单位不得开工建设；在其他江河、湖泊上建设水工程，未取得县级以上地方人民政府水行政主管部门按照管理权限签署的符合流域综合规划要求的规划同意书的，建设单位不得开工建设。水工程建设涉及防洪的，依照防洪法的有关规定执行；涉及其他地区和行业的，建设单位应当事先征求有关地区和部门的意见。

第二十条　开发、利用水资源，应当坚持兴利与除害相结合，兼顾上下游、左右岸和有关地区之间的利益，充分发挥水资源的综合效益，并服从防洪的总体安排。

第二十一条　开发、利用水资源，应当首先满足城乡居民生活用水，并兼顾农业、工业、生态环境用水以及航运等需要。在干旱和半干旱地区开发、利用水资源，应当充分考虑生态环境用水需要。

第二十二条　跨流域调水，应当进行全面规划和科学论证，统筹兼顾调出和调入流域的用水需要，防止对生态环境造成破坏。

第二十三条　地方各级人民政府应当结合本地区水资源的实际情况，按照地表水与地下水统一调度开发、开源与节流相结合、节流优先和污水处理再利用的原则，合理组织开发、综合利用水资源。国民经济和社会发展规划以及城市总体规划的编制、重大建设项目的布局，应当与当地水资源条件和防洪要求相适应，并进行科学论证；在水资源不足的地区，应当对城市规模和建设耗水量大的工业、农业和服务业项目加以限制。

第二十四条　在水资源短缺的地区，国家鼓励对雨水和微咸水的收集、开发、利用和对海水的利用、淡化。

第二十五条　地方各级人民政府应当加强对灌溉、排涝、水土保持工作的领导，促进农业生产发展；在容易发生盐碱化和渍害的地区，应当采取措施，控制和降低地下水的水位。农村集体经济组织或者其成员依法在本集体经济组织所有的集体土地或者承包土地上投资兴建水工程设施的，按照谁投资建设谁管理和谁受益的原则，对水工程设施及其蓄水进行管理和合理使用。农村集体经济组织修建水库应当经县级以上地方人民政府水行政主管部门批准。

第二十六条　国家鼓励开发、利用水能资源。在水能丰富的河流，应当有计划地进行多目标梯级开发。建设水力发电站，应当保护生态环境，兼顾防洪、供水、灌溉、航运、竹木流放和渔业等方面的需要。

第二十七条　国家鼓励开发、利用水运资源。在水生生物洄游通道、通航或者竹木流放的河流上修建永久性拦河闸坝，建设单位应当同时修建过鱼、过船、过木设施，或者经国务院授权的部门批准采取其他补救措施，并妥善安排施工和蓄水期间的水生生物保护、航运和竹木流放，所需费用由建设单位承担。在不通航的河流或者人工水道上修建闸坝后可以通航的，闸坝建设单位应当同时修建过船设施或者预留过船设施位置。

第二十八条　任何单位和个人引水、截（蓄）水、排水，不得损害公共利益和他人的合法权益。

第二十九条　国家对水工程建设移民实行开发性移民的方针，按照前期补偿、补助与后期扶持相结合的原则，妥善安排移民的生产和生活，保护移民的合法权益。移民安置应当与工程建设同步进行。建设单位应当根据安置地区的环境容量和可持续发展的原则，因地制宜，编制移民安置规划，经依法批准后，由有关地方人民政府组织实施。所需移民经费列入工程建设投资计划。

第三十条　县级以上人民政府水行政主管部门、流域管理机构以及其他有关部门在制定水资源开发、利用规划和调度水资源时，应当注意维持江河的合理流量和湖泊、水库以及地下水的合理水位，维护水体的自然净化能力。

第三十一条　从事水资源开发、利用、节约、保护和防治水害等水事活动，应当遵守经批准的规划；因违反规划造成江河和湖泊水域使用功能降低、地下水超采、地面沉降、水体污染的，应当承担治理责任。开采矿藏或者建设地下工程，因疏干排水导致地下水水位下降、水源枯竭或者地面塌陷，采矿单位或者建设单位应当采取补救措施；对他人生活和生产造成损失的，依法给予补偿。

第三十二条　国务院水行政主管部门会同国务院环境保护行政主管部门、有关部门和有关省、自治区、直辖市人民政府，按照流域综合规划、水资源保护规划和经济社会发展要求，拟定国家确定的重要江河、湖泊的水功能区划，报国务院批准。跨省、自治区、直辖市的其他江河、湖泊的水功能区划，由有关流域管理机构会同江河、湖泊所在地的省、自治区、直辖市人民政府水行政主管部门、环境保护行政主管部门和其他有关部门拟定，分别经有关省、自治区、直辖市人民政府审查提出意见后，由国务院水行政主管部门会同国务院环境保护行政主管部门审核，报国务院或者其授权的部门批准。前款规定以外的其他江河、湖泊的水功能区划，由县级以上地方人民政府水行政主管部门会同同级人民政府环境保护行政主管部门和有关部门拟定，报同级人民政府或者其授权的部门批准，并报上一级水行政主管部门和环境保护行政主管部门备案。县级以上人民政府水行政主管部门或者流域管理机构应当按照水功能区对水质的要求和水体的自然净化能力，核定该水域的纳污能力，向环境保护行政主管部门提出该水域的限制排污总量意见。县级以上地方人民政府水行政主管部门和流域管理机构应当对水功能区的水质状况进行监测，发现重点污染物排放总量超过控制指标的，或者水功能区的水质未达到水域使用功能对水质的要求的，应当及时报告有关人民政府采取治理措施，并向环境保护行政主管部门通报。

第三十三条　国家建立饮用水水源保护区制度。省、自治区、直辖市人民政府应当划定饮用水水源保护区，并采取措施，防止水源枯竭和水体污染，保证城乡居民饮用水安全。

第三十四条　禁止在饮用水水源保护区内设置排污口。在江河、湖泊新建、改建或者扩大排污口，应当经过有管辖权的水行政主管部门或者流域管理机构同意，由环境保护行政主管部门负责对该建设项目的环境影响报告书进行审批。

第三十五条　从事工程建设，占用农业灌溉水源、灌排工程设施，或者对原有灌溉用水、供水水源有不利影响的，建设单位应当采取相应的补救措施；造成损失的，依法给予补偿。

第三十六条　在地下水超采地区，县级以上地方人民政府应当采取措施，严格控制开采地下水。在地下水严重超采地区，经省、自治区、直辖市人民政府批准，可以划定地下水禁止开采或者限制开采区。在沿海地区开采地下水，应当经过科学论证，并采取措施，防止地面沉降和海水入侵。

第三十七条　禁止在江河、湖泊、水库、运河、渠道内弃置、堆放阻碍行洪的物体和种植阻碍行洪的林木及高秆作物。禁止在河道管理范围内建设妨碍行洪的建筑物、构筑物以及从事影响河势稳定、危害河岸堤防安全和其他妨碍河道行洪的活动。

第三十八条　在河道管理范围内建设桥梁、码头和其他拦河、跨河、临河建筑物、构筑物，铺设跨河管道、电缆，应当符合国家规定的防洪标准和其他有关的技术要求，工程建设方案应当依照防洪法的有关规定报经有关水行政主管部门审查同意。因建设前款工程设施，需要扩建、改建、拆除或者损坏原有水工程设施的，建设单位应当负担扩建、改建的费用和损失补偿。但是，原有工程设施属于违法工程的除外。

第三十九条　国家实行河道采砂许可制度。河道采砂许可制度实施办法，由国务院规定。在河道管理范围内采砂，影响河势稳定或者危及堤防安全的，有关县级以上人民政府水行政主管部门应当划定禁采区和规定禁采期，并予以公告。

第四十条　禁止围湖造地。已经围垦的，应当按照国家规定的防洪标准有计划地退地还湖。禁止围垦河道。确需围垦的，应当经过科学论证，经省、自治区、直辖市人民政府水行政主管部门或者国务院水行政主管部门同意后，报本级人民政府批准。

第四十一条　单位和个人有保护水工程的义务，不得侵占、毁坏堤防、护岸、防汛、水文监测、水文地质监测等工程设施。

第四十二条　县级以上地方人民政府应当采取措施，保障本行政区域内水工程，特别是水坝和堤防的安全，限期消除险情。水行政主管部门应当加强对水工程安全的监督管理。

第四十三条　国家对水工程实施保护。国家所有的水工程应当按照国务院的规定划定工程管理和保护范围。国务院水行政主管部门或者流域管理机构管理的水工程，由主管部门或者流域管理机构商有关省、自治区、直辖市人民政府划定工程管理和保护范围。前款规定以外的其他水工程，应当按照省、自治区、直辖市人民政府的规定，划定工程保护范围和保护职责。在水工程保护范围内，禁止从事影响水工程运行和危害水工程安全的爆破、打井、采石、取土等活动。

……

第四十八条　直接从江河、湖泊或者地下取用水资源的单位和个人，应当按照国家取水许可制度和水资源有偿使用制度的规定，向水行政主管部门或者流域管理机构申请领取取水许可证，并缴纳水资源费，取得取水权。但是，家庭生活和零星散养、圈养畜禽饮用等少量取水的除外。实施取水许可制度和征收管理水资源费的具体办法，由国务院规定。

第四十九条　用水应当计量，并按照批准的用水计划用水。用水实行计量收费和超定额累进加价制度。

第五十条　各级人民政府应当推行节水灌溉方式和节水技术，对农业蓄水、输水工程采取必要的防渗漏措施，提高农业用水效率。

第五十一条　工业用水应当采用先进技术、工艺和设备，增加循环用水次数，提高水的重复利用率。国家逐步淘汰落后的、耗水量高的工艺、设备和产品，具体名录由国务院经济综合主管部门会同国务院水行政主管部门和有关部门制定并公布。生产者、销售者或者生产经营中的使用者应当在规定的时间内停止生产、销售或者使用列入名录的工艺、设备和产品。

第五十二条　城市人民政府应当因地制宜采取有效措施，推广节水型生活用水器具，降低城市供水管网漏失率，提高生活用水效率；加强城市污水集中处理，鼓励使用再生水，提高污水再生利用率。

第五十三条　新建、扩建、改建建设项目，应当制订节水措施方案，配套建设节水设施。节水设施应当与主体工程同时设计、同时施工、同时投产。供水企业和自建供水设施的单位应当加强供水设施的维护管理，减少水的漏失。

第五十四条　各级人民政府应当积极采取措施，改善城乡居民的饮用水条件。

第五十五条　使用水工程供应的水，应当按照国家规定向供水单位缴纳水费。供水价格应当按照补偿成本、合理收益、优质优价、公平负担的原则确定。具体办法由省级以上人民政府价格主管部门会同同级水行政主管部门或者其他供水行政主管部门依据职权制定。

……

第六十四条 水行政主管部门或者其他有关部门以及水工程管理单位及其工作人员，利用职务上的便利收取他人财物、其他好处或者玩忽职守，对不符合法定条件的单位或者个人核发许可证、签署审查同意意见，不按照水量分配方案分配水量，不按照国家有关规定收取水资源费，不履行监督职责，或者发现违法行为不予查处，造成严重后果，构成犯罪的，对负有责任的主管人员和其他直接责任人员依照刑法的有关规定追究刑事责任；尚不够刑事处罚的，依法给予行政处分。

第六十五条 在河道管理范围内建设妨碍行洪的建筑物、构筑物，或者从事影响河势稳定、危害河岸堤防安全和其他妨碍河道行洪的活动的，由县级以上人民政府水行政主管部门或者流域管理机构依据职权，责令停止违法行为，限期拆除违法建筑物、构筑物，恢复原状；逾期不拆除、不恢复原状的，强行拆除，所需费用由违法单位或者个人负担，并处一万元以上十万元以下的罚款。未经水行政主管部门或者流域管理机构同意，擅自修建水工程，或者建设桥梁、码头和其他拦河、跨河、临河建筑物、构筑物，铺设跨河管道、电缆，且防洪法未作规定的，由县级以上人民政府水行政主管部门或者流域管理机构依据职权，责令停止违法行为，限期补办有关手续；逾期不补办或者补办未被批准的，责令限期拆除违法建筑物、构筑物；逾期不拆除的，强行拆除，所需费用由违法单位或者个人负担，并处一万元以上十万元以下的罚款。虽经水行政主管部门或者流域管理机构同意，但未按照要求修建前款所列工程设施的，由县级以上人民政府水行政主管部门或者流域管理机构依据职权，责令限期改正，按照情节轻重，处一万元以上十万元以下的罚款。

第六十六条 有下列行为之一，且防洪法未作规定的，由县级以上人民政府水行政主管部门或者流域管理机构依据职权，责令停止违法行为，限期清除障碍或者采取其他补救措施，处一万元以上五万元以下的罚款：（一）在江河、湖泊、水库、运河、渠道内弃置、堆放阻碍行洪的

物体和种植阻碍行洪的林木及高秆作物的;

（二）围湖造地或者未经批准围垦河道的。

第六十七条　在饮用水水源保护区内设置排污口的,由县级以上地方人民政府责令限期拆除、恢复原状;逾期不拆除、不恢复原状的,强行拆除、恢复原状,并处五万元以上十万元以下的罚款。未经水行政主管部门或者流域管理机构审查同意,擅自在江河、湖泊新建、改建或者扩大排污口的,由县级以上人民政府水行政主管部门或者流域管理机构依据职权,责令停止违法行为,限期恢复原状,处五万元以上十万元以下的罚款。

第六十八条　生产、销售或者在生产经营中使用国家明令淘汰的落后的、耗水量高的工艺、设备和产品的,由县级以上地方人民政府经济综合主管部门责令停止生产、销售或者使用,处二万元以上十万元以下的罚款。

第六十九条　有下列行为之一的,由县级以上人民政府水行政主管部门或者流域管理机构依据职权,责令停止违法行为,限期采取补救措施,处二万元以上十万元以下的罚款;情节严重的,吊销其取水许可证:（一）未经批准擅自取水的;（二）未依照批准的取水许可规定条件取水的。

第七十条　拒不缴纳、拖延缴纳或者拖欠水资源费的,由县级以上人民政府水行政主管部门或者流域管理机构依据职权,责令限期缴纳;逾期不缴纳的,从滞纳之日起按日加收滞纳部分千分之二的滞纳金,并处应缴或者补缴水资源费一倍以上五倍以下的罚款。

第七十一条　建设项目的节水设施没有建成或者没有达到国家规定的要求,擅自投入使用的,由县级以上人民政府有关部门或者流域管理机构依据职权,责令停止使用,限期改正,处五万元以上十万元以下的罚款。

第七十二条　有下列行为之一,构成犯罪的,依照刑法的有关规定追究刑事责任;尚不够刑事处罚,且防洪法未作规定的,由县级以上地方人民政府水行政主管部门或者流域管理机构依据职权,责令停止违法行为,采取补救措施,处一万元以上五万元以下的罚款;违反治安管理处罚法的,由公安机关依法给予治安管理处罚;给他人造成损失的,依法承担赔偿责任:（一）侵占、毁坏水工程及堤防、护岸等有关设施,毁坏防汛、水文监测、水文地质监测设施的;（二）在水工程保护范围内,从事影响水工程运行和危害水工程安全的爆破、打井、采石、取土等活动的。

第七十三条　侵占、盗窃或者抢夺防汛物资，防洪排涝、农田水利、水文监测和测量以及其他水工程设备和器材，贪污或者挪用国家救灾、抢险、防汛、移民安置和补偿及其他水利建设款物，构成犯罪的，依照刑法的有关规定追究刑事责任。

第七十四条　在水事纠纷发生及其处理过程中煽动闹事、结伙斗殴、抢夺或者损坏公私财物、非法限制他人人身自由，构成犯罪的，依照刑法的有关规定追究刑事责任；尚不够刑事处罚的，由公安机关依法给予治安管理处罚。

第七十五条　不同行政区域之间发生水事纠纷，有下列行为之一的，对负有责任的主管人员和其他直接责任人员依法给予行政处分：（一）拒不执行水量分配方案和水量调度预案的；（二）拒不服从水量统一调度的；（三）拒不执行上一级人民政府的裁决的；（四）在水事纠纷解决前，未经各方达成协议或者上一级人民政府批准，单方面违反本法规定改变水的现状的。

第七十六条　引水、截（蓄）水、排水，损害公共利益或者他人合法权益的，依法承担民事责任。

第七十七条　对违反本法第三十九条有关河道采砂许可制度规定的行政处罚，由国务院规定。

……

中华人民共和国水土保持法（节录）

（1991年6月29日第七届全国人民代表大会常务委员会第二十次会议通过　根据2009年8月27日第十一届全国人民代表大会常务委员会第十次会议《关于修改部分法律的决定》修正　2010年12月25日第十一届全国人民代表大会常务委员会第十八次会议修订）

……

第十六条　地方各级人民政府应当按照水土保持规划，采取封育保护、自然修复等措施，组织单位和个人植树种草，扩大林草覆盖面积，涵养水源，预防和减轻水土流失。

第十七条　地方各级人民政府应当加强对取土、挖砂、采石等活动的管理，预防和减轻水土流失。禁止在崩塌、滑坡危险区和泥石流易发区从事取土、挖砂、采石等可能造成水土流失的活动。崩塌、滑坡危险区和泥石流易发区的范围，由县级以上地方人民政府划定并公告。崩塌、滑坡危险区和泥石流易发区的划定，应当与地质灾害防治规划确定的地质灾害易发区、重点防治区相衔接。

第十八条　水土流失严重、生态脆弱的地区，应当限制或者禁止可能造成水土流失的生产建设活动，严格保护植物、沙壳、结皮、地衣等。在侵蚀沟的沟坡和沟岸、河流的两岸以及湖泊和水库的周边，土地所有权人、使用权人或者有关管理单位应当营造植物保护带。禁止开垦、开发植物保护带。

第十九条　水土保持设施的所有权人或者使用权人应当加强对水土保持设施的管理与维护，落实管护责任，保障其功能正常发挥。

第二十条　禁止在二十五度以上陡坡地开垦种植农作物。在二十五度以上陡坡地种植经济林的，应当科学选择树种，合理确定规模，采取水土保持措施，防止造成水土流失。省、自治区、直辖市根据本行政区域的实际情况，可以规定小于二十五度的禁止开垦坡度。禁止开垦的陡坡地的范围由当地县级人民政府划定并公告。

第二十一条　禁止毁林、毁草开垦和采集发菜。禁止在水土流失重点预防区和重点治理区铲草皮、挖树兜或者滥挖虫草、甘草、麻黄等。

第二十二条　林木采伐应当采用合理方式，严格控制皆伐；对水源涵养林、水土保持林、防风固沙林等防护林只能进行抚育和更新性质的采伐；对采伐区和集材道应当采取防止水土流失的措施，并在采伐后及时更新造林。在林区采伐林木的，采伐方案中应当有水土保持措施。采伐方案经林业主管部门批准后，由林业主管部门和水行政主管部门监督实施。

第二十三条　在五度以上坡地植树造林、抚育幼林、种植中药材等，应当采取水土保持措施。在禁止开垦坡度以下、五度以上的荒坡地开垦种植农作物，应当采取水土保持措施。具体办法由省、自治区、直辖市根据本行政区域的实际情况规定。

第二十四条　生产建设项目选址、选线应当避让水土流失重点预防区和重点治理区；无法避让的，应当提高防治标准，优化施工工艺，减少地表扰动和植被损坏范围，有效控制可能造成的水土流失。

第二十五条　在山区、丘陵区、风沙区以及水土保持规划确定的容易发生水土流失的其他区域开办可能造成水土流失的生产建设项目，生产建设单位应当编制水土保持方案，报县级以上人民政府水行政主管部门审批，并按照经批准的水土保持方案，采取水土流失预防和治理措施。没有能力编制水土保持方案的，应当委托具备相应技术条件的机构编制。水土保持方案应当包括水土流失预防和治理的范围、目标、措施和投资等内容。水土保持方案经批准后，生产建设项目的地点、规模发生重大变化的，应当补充或者修改水土保持方案并报原审批机关批准。水土保持方案实施过程中，水土保持措施需要作出重大变更的，应当经原审批机关批准。生产建设项目水土保持方案的编制和审批办法，由国务院水行政主管部门制定。

第二十六条　依法应当编制水土保持方案的生产建设项目，生产建设单位未编制水土保持方案或者水土保持方案未经水行政主管部门批准的，生产建设项目不得开工建设。

第二十七条　依法应当编制水土保持方案的生产建设项目中的水土保持设施，应当与主体工程同时设计、同时施工、同时投产使用；生产建设项目竣工验收，应当验收水土保持设施；水土保持设施未经验收或者验收不合格的，生产建设项目不得投产使用。

第二十八条　依法应当编制水土保持方案的生产建设项目，其生产建设活动中排弃的砂、石、土、矸石、尾矿、废渣等应当综合利用；不能综合利用，确需废弃的，应当堆放在水土保持方案确定的专门存放地，并采取措施保证不产生新的危害。

第二十九条　县级以上人民政府水行政主管部门、流域管理机构，应当对生产建设项目水土保持方案的实施情况进行跟踪检查，发现问题及时处理。

第三十条　国家加强水土流失重点预防区和重点治理区的坡耕地改梯田、淤地坝等水土保持重点工程建设，加大生态修复力度。县级以上人民政府水行政主管部门应当加强对水土保持重点工程的建设管理，建立和完善运行管护制度。

第三十一条　国家加强江河源头区、饮用水水源保护区和水源涵养区水土流失的预防和治理工作，多渠道筹集资金，将水土保持生态效益补偿纳入国家建立的生态效益补偿制度。

第三十二条　开办生产建设项目或者从事其他生产建设活动造成水土流失的，应当进行治理。在山区、丘陵区、风沙区以及水土保持规划确定的容易发生水土流失的其他区域开办生产建设项目或者从事其他生产建设活动，损坏水土保持设施、地貌植被，不能恢复原有水土保持功能的，应当缴纳水土保持补偿费，专项用于水土流失预防和治理。专项水土流失预防和治理由水行政主管部门负责组织实施。水土保持补偿费的收取使用管理办法由国务院财政部门、国务院价格主管部门会同国务院水行政主管部门制定。生产建设项目在建设过程中和生产过程中发生的水土保持费用，按照国家统一的财务会计制度处理。

第三十三条　国家鼓励单位和个人按照水土保持规划参与水土流失治理，并在资金、技术、税收等方面予以扶持。

第三十四条　国家鼓励和支持承包治理荒山、荒沟、荒丘、荒滩，防治水土流失，保护和改善生态环境，促进土地资源的合理开发和可持续利用，并依法保护土地承包合同当事人的合法权益。承包治理荒山、荒沟、荒丘、荒滩和承包水土流失严重地区农村土地的，在依法签订的土地承包合同中应当包括预防和治理水土流失责任的内容。

第三十五条　在水力侵蚀地区，地方各级人民政府及其有关部门应当组织单位和个人，以天然沟壑及其两侧山坡地形成的小流域为单元，因地制宜地采取工程措施、植物措施和保护性耕作等措施，进行坡耕地和沟道水土流失综合治理。在风力侵蚀地区，地方各级人民政府及其有关部门应当组织单位和个人，因地制宜地采取轮封轮牧、植树种草、设置人工沙障和网格林带等措施，建立防风固沙防护体系。在重力侵蚀地区，地方各级人民政府及其有关部门应当组织单位和个人，采取监测、径流排导、削坡减载、支挡固坡、修建拦挡工程等措施，建立监测、预报、预警体系。

第三十六条　在饮用水水源保护区，地方各级人民政府及其有关部门应当组织单位和个人，采取预防保护、自然修复和综合治理措施，配套建设植物过滤带，积极推广沼气，开展清洁小流域建设，严格控制化肥和农药的使用，减少水土流失引起的面源污染，保护饮用水水源。

第三十七条　已在禁止开垦的陡坡地上开垦种植农作物的，应当按照国家有关规定退耕，植树种草；耕地短缺、退耕确有困难的，应当修建梯田或者采取其他水土保持措施。在禁止开垦坡度以下的坡耕地上开垦种植农作物的，应当根据不同情况，采取修建梯田、坡面水系整治、蓄水保土耕作或者退耕等措施。

第三十八条　对生产建设活动所占用土地的地表土应当进行分层剥离、保存和利用，做到土石方挖填平衡，减少地表扰动范围；对废弃的砂、石、土、矸石、尾矿、废渣等存放地，应当采取拦挡、坡面防护、防洪排导等措施。生产建设活动结束后，应当及时在取土场、开挖面和存放地的裸露土地上植树种草、恢复植被，对闭库的尾矿库进行复垦。在干旱缺水地区从事生产建设活动，应当采取防止风力侵蚀措施，设置降水蓄渗设施，充分利用降水资源。

第三十九条　国家鼓励和支持在山区、丘陵区、风沙区以及容易发生水土流失的其他区域，采取下列有利于水土保持的措施：（一）免耕、等高耕作、轮耕轮作、草田轮作、间作套种等；（二）封禁抚育、轮封轮牧、舍饲圈养；（三）发展沼气、节柴灶，利用太阳能、风能和水能，以煤、电、气代替薪柴等；（四）从生态脆弱地区向外移民；（五）其他有利于水土保持的措施。

……

第四十七条　水行政主管部门或者其他依照本法规定行使监督管理

权的部门，不依法作出行政许可决定或者办理批准文件的，发现违法行为或者接到对违法行为的举报不予查处的，或者有其他未依照本法规定履行职责的行为的，对直接负责的主管人员和其他直接责任人员依法给予处分。

第四十八条　违反本法规定，在崩塌、滑坡危险区或者泥石流易发区从事取土、挖砂、采石等可能造成水土流失的活动的，由县级以上地方人民政府水行政主管部门责令停止违法行为，没收违法所得，对个人处一千元以上一万元以下的罚款，对单位处二万元以上二十万元以下的罚款。

第四十九条　违反本法规定，在禁止开垦坡度以上陡坡地开垦种植农作物，或者在禁止开垦、开发的植物保护带内开垦、开发的，由县级以上地方人民政府水行政主管部门责令停止违法行为，采取退耕、恢复植被等补救措施；按照开垦或者开发面积，可以对个人处每平方米二元以下的罚款、对单位处每平方米十元以下的罚款。

第五十条　违反本法规定，毁林、毁草开垦的，依照《中华人民共和国森林法》《中华人民共和国草原法》的有关规定处罚。

第五十一条　违反本法规定，采集发菜，或者在水土流失重点预防区和重点治理区铲草皮、挖树兜、滥挖虫草、甘草、麻黄等的，由县级以上地方人民政府水行政主管部门责令停止违法行为，采取补救措施，没收违法所得，并处违法所得一倍以上五倍以下的罚款；没有违法所得的，可以处五万元以下的罚款。在草原地区有前款规定违法行为的，依照《中华人民共和国草原法》的有关规定处罚。

第五十二条　在林区采伐林木不依法采取防止水土流失措施的，由县级以上地方人民政府林业主管部门、水行政主管部门责令限期改正，采取补救措施；造成水土流失的，由水行政主管部门按照造成水土流失的面积处每平方米二元以上十元以下的罚款。

第五十三条　违反本法规定，有下列行为之一的，由县级以上人民政府水行政主管部门责令停止违法行为，限期补办手续；逾期不补办手续的，处五万元以上五十万元以下的罚款；对生产建设单位直接负责的主管人员和其他直接责任人员依法给予处分：（一）依法应当编制水土保持方案的生产建设项目，未编制水土保持方案或者编制的水土保持方案未经批准而开工建设的；（二）生产建设项目的地点、规模发生重大变化，未补充、修改水土保持方案或者补充、修改的水土保持方案未经原审批机关批准的；（三）水土保持方案实施过程中，未经原审批机关批准，对水土保持措施作出重大变更的。

第五十四条　违反本法规定，水土保持设施未经验收或者验收不合格将生产建设项目投产使用的，由县级以上人民政府水行政主管部门责令停止生产或者使用，直至验收合格，并处五万元以上五十万元以下的罚款。

第五十五条　违反本法规定，在水土保持方案确定的专门存放地以外的区域倾倒砂、石、土、矸石、尾矿、废渣等的，由县级以上地方人民政府水行政主管部门责令停止违法行为，限期清理，按照倾倒数量处每立方米十元以上二十元以下的罚款；逾期仍不清理的，县级以上地方人民政府水行政主管部门可以指定有清理能力的单位代为清理，所需费用由违法行为人承担。

第五十六条　违反本法规定，开办生产建设项目或者从事其他生产建设活动造成水土流失，不进行治理的，由县级以上人民政府水行政主管部门责令限期治理；逾期仍不治理的，县级以上人民政府水行政主管部门可以指定有治理能力的单位代为治理，所需费用由违法行为人承担。

第五十七条　违反本法规定，拒不缴纳水土保持补偿费的，由县级以上人民政府水行政主管部门责令限期缴纳；逾期不缴纳的，自滞纳之日起按日加收滞纳部分万分之五的滞纳金，可以处应缴水土保持补偿费三倍以下的罚款。

第五十八条　违反本法规定，造成水土流失危害的，依法承担民事责任；构成违反治安管理行为的，由公安机关依法给予治安管理处罚；构成犯罪的，依法追究刑事责任。

......

中华人民共和国水污染防治法（节录）

（1984年5月11日第六届全国人民代表大会常务委员会第五次会议通过　根据　1996年5月15日第八届全国人民代表大会常务委员会第十九次会议《关于修改〈中华人民共和国水污染防治法〉的决定》第一次修正　2008年2月28日第十届全国人民代表大会常务委员会第三十二次会议修订　根据2017年6月27日第十二届全国人民代表大会常务委员会第二十八次会议《关于修改〈中华人民共和国水污染防治法〉的决定》第二次修正）

......

第十九条　新建、改建、扩建直接或者间接向水体排放污染物的建设项目和其他水上设施，应当依法进行环境影响评价。建设单位在江河、湖泊新建、改建、扩建排污口的，应当取得水行政主管部门或者流域管理机构同意；涉及通航、渔业水域的，环境保护主管部门在审批环境影响评价文件时，应当征求交通、渔业主管部门的意见。建设项目的水污染防治设施，应当与主体工程同时设计、同时施工、同时投入使用。水污染防治设施应当符合经批准或者备案的环境影响评价文件的要求。

第二十条　国家对重点水污染物排放实施总量控制制度。重点水污染物排放总量控制指标，由国务院环境保护主管部门在征求国务院有关部门和各省、自治区、直辖市人民政府意见后，会同国务院经济综合宏观调控部门报国务院批准并下达实施。省、自治区、直辖市人民政府应当按照国务院的规定削减和控制本行政区域的重点水污染物排放总量。具体办法由国务院环境保护主管部门会同国务院有关部门规定。省、自治区、直辖市人民政府可以根据本行政区域水环境质量状况和水污染防治工作的需要，对国家重点水污染物之外的其他水污染物排放实行总量控制。对超过重点水污染物排放总量控制指标或者未完成水环境质量改善目标的地区，省级以上人民政府环境保护主管部门应当会同有关部门约谈该地区人民政府的主要负责人，并暂停审批新增重点水污染物排放总量的建设项目的环境影响评价文件。约谈情况应当向社会公开。

第二十一条　直接或者间接向水体排放工业废水和医疗污水以及其

他按照规定应当取得排污许可证方可排放的废水、污水的企业事业单位和其他生产经营者，应当取得排污许可证；城镇污水集中处理设施的运营单位，也应当取得排污许可证。排污许可证应当明确排放水污染物的种类、浓度、总量和排放去向等要求。排污许可的具体办法由国务院规定。禁止企业事业单位和其他生产经营者无排污许可证或者违反排污许可证的规定向水体排放前款规定的废水、污水。

第二十二条　向水体排放污染物的企业事业单位和其他生产经营者，应当按照法律、行政法规和国务院环境保护主管部门的规定设置排污口；在江河、湖泊设置排污口的，还应当遵守国务院水行政主管部门的规定。

第二十三条　实行排污许可管理的企业事业单位和其他生产经营者应当按照国家有关规定和监测规范，对所排放的水污染物自行监测，并保存原始监测记录。重点排污单位还应当安装水污染物排放自动监测设备，与环境保护主管部门的监控设备联网，并保证监测设备正常运行。具体办法由国务院环境保护主管部门规定。应当安装水污染物排放自动监测设备的重点排污单位名录，由设区的市级以上地方人民政府环境保护主管部门根据本行政区域的环境容量、重点水污染物排放总量控制指标的要求以及排污单位排放水污染物的种类、数量和浓度等因素，商同级有关部门确定。

第二十四条　实行排污许可管理的企业事业单位和其他生产经营者应当对监测数据的真实性和准确性负责。环境保护主管部门发现重点排污单位的水污染物排放自动监测设备传输数据异常，应当及时进行调查。

第二十五条　国家建立水环境质量监测和水污染物排放监测制度。国务院环境保护主管部门负责制定水环境监测规范，统一发布国家水环境状况信息，会同国务院水行政等部门组织监测网络，统一规划国家水环境质量监测站（点）的设置，建立监测数据共享机制，加强对水环境监测的管理。

第二十六条　国家确定的重要江河、湖泊流域的水资源保护工作机构负责监测其所在流域的省界水体的水环境质量状况，并将监测结果及时报国务院环境保护主管部门和国务院水行政主管部门；有经国务院批准成立的流域水资源保护领导机构的，应当将监测结果及时报告流域水资源保护领导机构。

第二十七条　国务院有关部门和县级以上地方人民政府开发、利用和调节、调度水资源时，应当统筹兼顾，维持江河的合理流量和湖泊、水库以及地下水体的合理水位，保障基本生态用水，维护水体的生态功能。

第二十八条　国务院环境保护主管部门应当会同国务院水行政等部门和有关省、自治区、直辖市人民政府，建立重要江河、湖泊的流域水环境保护联合协调机制，实行统一规划、统一标准、统一监测、统一的防治措施。

第二十九条　国务院环境保护主管部门和省、自治区、直辖市人民政府环境保护主管部门应当会同同级有关部门根据流域生态环境功能需要，明确流域生态环境保护要求，组织开展流域环境资源承载能力监测、评价，实施流域环境资源承载能力预警。县级以上地方人民政府应当根据流域生态环境功能需要，组织开展江河、湖泊、湿地保护与修复，因地制宜建设人工湿地、水源涵养林、沿河沿湖植被缓冲带和隔离带等生态环境治理与保护工程，整治黑臭水体，提高流域环境资源承载能力。从事开发建设活动，应当采取有效措施，维护流域生态环境功能，严守生态保护红线。

第三十条　环境保护主管部门和其他依照本法规定行使监督管理权的部门，有权对管辖范围内的排污单位进行现场检查，被检查的单位应当如实反映情况，提供必要的资料。检查机关有义务为被检查的单位保守在检查中获取的商业秘密。

第三十一条　跨行政区域的水污染纠纷，由有关地方人民政府协商解决，或者由其共同的上级人民政府协调解决。

第三十二条　国务院环境保护主管部门应当会同国务院卫生主管部门，根据对公众健康和生态环境的危害和影响程度，公布有毒有害水污染物名录，实行风险管理。排放前款规定名录中所列有毒有害水污染物的企业事业单位和其他生产经营者，应当对排污口和周边环境进行监测，评估环境风险，排查环境安全隐患，并公开有毒有害水污染物信息，采取有效措施防范环境风险。

第三十三条 禁止向水体排放油类、酸液、碱液或者剧毒废液。禁止在水体清洗装贮过油类或者有毒污染物的车辆和容器。

第三十四条 禁止向水体排放、倾倒放射性固体废物或者含有高放射性和中放射性物质的废水。向水体排放含低放射性物质的废水，应当符合国家有关放射性污染防治的规定和标准。

第三十五条 向水体排放含热废水，应当采取措施，保证水体的水温符合水环境质量标准。

第三十六条 含病原体的污水应当经过消毒处理；符合国家有关标准后，方可排放。

第三十七条 禁止向水体排放、倾倒工业废渣、城镇垃圾和其他废弃物。禁止将含有汞、镉、砷、铬、铅、氰化物、黄磷等的可溶性剧毒废渣向水体排放、倾倒或者直接埋入地下。存放可溶性剧毒废渣的场所，应当采取防水、防渗漏、防流失的措施。

第三十八条 禁止在江河、湖泊、运河、渠道、水库最高水位线以下的滩地和岸坡堆放、存贮固体废弃物和其他污染物。

第三十九条 禁止利用渗井、渗坑、裂隙、溶洞，私设暗管，篡改、伪造监测数据，或者不正常运行水污染防治设施等逃避监管的方式排放水污染物。

第四十条 化学品生产企业以及工业集聚区、矿山开采区、尾矿库、危险废物处置场、垃圾填埋场等的运营、管理单位，应当采取防渗漏等措施，并建设地下水水质监测井进行监测，防止地下水污染。加油站等的地下油罐应当使用双层罐或者采取建造防渗池等其他有效措施，并进行防渗漏监测，防止地下水污染。禁止利用无防渗漏措施的沟渠、坑塘等输送或者存贮含有毒污染物的废水、含病原体的污水和其他废弃物。

第四十一条 多层地下水的含水层水质差异大的，应当分层开采；对已受污染的潜水和承压水，不得混合开采。

第四十二条 兴建地下工程设施或者进行地下勘探、采矿等活动，应当采取防护性措施，防止地下水污染。报废矿井、钻井或者取水井等，应当实施封井或者回填。

第四十三条　人工回灌补给地下水，不得恶化地下水质。

第四十四条　国务院有关部门和县级以上地方人民政府应当合理规划工业布局，要求造成水污染的企业进行技术改造，采取综合防治措施，提高水的重复利用率，减少废水和污染物排放量。

第四十五条　排放工业废水的企业应当采取有效措施，收集和处理产生的全部废水，防止污染环境。含有毒有害水污染物的工业废水应当分类收集和处理，不得稀释排放。工业集聚区应当配套建设相应的污水集中处理设施，安装自动监测设备，与环境保护主管部门的监控设备联网，并保证监测设备正常运行。向污水集中处理设施排放工业废水的，应当按照国家有关规定进行预处理，达到集中处理设施处理工艺要求后方可排放。

第四十六条　国家对严重污染水环境的落后工艺和设备实行淘汰制度。国务院经济综合宏观调控部门会同国务院有关部门，公布限期禁止采用的严重污染水环境的工艺名录和限期禁止生产、销售、进口、使用的严重污染水环境的设备名录。生产者、销售者、进口者或者使用者应当在规定的期限内停止生产、销售、进口或者使用列入前款规定的设备名录中的设备。工艺的采用者应当在规定的期限内停止采用列入前款规定的工艺名录中的工艺。依照本条第二款、第三款规定被淘汰的设备，不得转让给他人使用。

第四十七条　国家禁止新建不符合国家产业政策的小型造纸、制革、印染、染料、炼焦、炼硫、炼砷、炼汞、炼油、电镀、农药、石棉、水泥、玻璃、钢铁、火电以及其他严重污染水环境的生产项目。

第四十八条　企业应当采用原材料利用效率高、污染物排放量少的清洁工艺，并加强管理，减少水污染物的产生。

第四十九条　城镇污水应当集中处理。县级以上地方人民政府应当通过财政预算和其他渠道筹集资金，统筹安排建设城镇污水集中处理设施及配套管网，提高本行政区域城镇污水的收集率和处理率。国务院建设主管部门应当会同国务院经济综合宏观调控、环境保护主管部门，根据城乡规划和水污染防治规划，组织编制全国城镇污水处理设施建设规划。县级以上地方人民政府组织建设、经济综合宏观调控、环境保护、水行政等部门编制本行政区域的城镇污水处理设施建设规划。县级以上地方人民政府建设主管部门应当按照城镇污水处理设施建设规划，组织建设城镇污水集中处理设施及配套管网，并加强对城镇污水集中处理设施运营的监督管理。城镇污水集中处理设施的运营单位按照国家规定向排污者提供污水处理的有偿服务，收取污水处理费用，保证污水集中处理设施的正常运行。收取的污水处理费用应当用于城镇污水集中处理设施的建设运行和污泥处理处置，不得挪作他用。城镇污水集中处理设施的污水处理收费、管理以及使用的具体办法，由国务院规定。

第五十条　向城镇污水集中处理设施排放水污染物，应当符合国家或者地方规定的水污染物排放标准。城镇污水集中处理设施的运营单位，应当对城镇污水集中处理设施的出水水质负责。环境保护主管部门应当对城镇污水集中处理设施的出水水质和水量进行监督检查。

第五十一条　城镇污水集中处理设施的运营单位或者污泥处理处置单位应当安全处理处置污泥，保证处理处置后的污泥符合国家标准，并对污泥的去向等进行记录。

第五十二条　国家支持农村污水、垃圾处理设施的建设，推进农村污水、垃圾集中处理。地方各级人民政府应当统筹规划建设农村污水、垃圾处理设施，并保障其正常运行。

第五十三条　制定化肥、农药等产品的质量标准和使用标准，应当适应水环境保护要求。

第五十四条　使用农药，应当符合国家有关农药安全使用的规定和标准。运输、存贮农药和处置过期失效农药，应当加强管理，防止造成水污染。

第五十五条　县级以上地方人民政府农业主管部门和其他有关部门，应当采取措施，指导农业生产者科学、合理地施用化肥和农药，推广测土配方施肥技术和高效低毒低残留农药，控制化肥和农药的过量使用，防止造成水污染。

第五十六条 国家支持畜禽养殖场、养殖小区建设畜禽粪便、废水的综合利用或者无害化处理设施。畜禽养殖场、养殖小区应当保证其畜禽粪便、废水的综合利用或者无害化处理设施正常运转，保证污水达标排放，防止污染水环境。畜禽散养密集区所在地县、乡级人民政府应当组织对畜禽粪便污水进行分户收集、集中处理利用。

第五十七条 从事水产养殖应当保护水域生态环境，科学确定养殖密度，合理投饵和使用药物，防止污染水环境。

第五十八条 农田灌溉用水应当符合相应的水质标准，防止污染土壤、地下水和农产品。禁止向农田灌溉渠道排放工业废水或者医疗污水。向农田灌溉渠道排放城镇污水以及未综合利用的畜禽养殖废水、农产品加工废水的，应当保证其下游最近的灌溉取水点的水质符合农田灌溉水质标准。

第五十九条 船舶排放含油污水、生活污水，应当符合船舶污染物排放标准。从事海洋航运的船舶进入内河和港口的，应当遵守内河的船舶污染物排放标准。船舶的残油、废油应当回收，禁止排入水体。禁止向水体倾倒船舶垃圾。船舶装载运输油类或者有毒货物，应当采取防止溢流和渗漏的措施，防止货物落水造成水污染。进入中华人民共和国内河的国际航线船舶排放压载水的，应当采用压载水处理装置或者采取其他等效措施，对压载水进行灭活等处理。禁止排放不符合规定的船舶压载水。

第六十条 船舶应当按照国家有关规定配置相应的防污设备和器材，并持有合法有效的防止水域环境污染的证书与文书。船舶进行涉及污染物排放的作业，应当严格遵守操作规程，并在相应的记录簿上如实记载。

第六十一条 港口、码头、装卸站和船舶修造厂所在地市、县级人民政府应当统筹规划建设船舶污染物、废弃物的接收、转运及处理处置设施。港口、码头、装卸站和船舶修造厂应当备有足够的船舶污染物、废弃物的接收设施。从事船舶污染物、废弃物接收作业，或者从事装载油类、污染危害性货物船舱清洗作业的单位，应当具备与其运营规模相适应的接收处理能力。

第六十二条　船舶及有关作业单位从事有污染风险的作业活动，应当按照有关法律法规和标准，采取有效措施，防止造成水污染。海事管理机构、渔业主管部门应当加强对船舶及有关作业活动的监督管理。船舶进行散装液体污染危害性货物的过驳作业，应当编制作业方案，采取有效的安全和污染防治措施，并报作业地海事管理机构批准。禁止采取冲滩方式进行船舶拆解作业。

第六十三条　国家建立饮用水水源保护区制度。饮用水水源保护区分为一级保护区和二级保护区；必要时，可以在饮用水水源保护区外围划定一定的区域作为准保护区。饮用水水源保护区的划定，由有关市、县人民政府提出划定方案，报省、自治区、直辖市人民政府批准；跨市、县饮用水水源保护区的划定，由有关市、县人民政府协商提出划定方案，报省、自治区、直辖市人民政府批准；协商不成的，由省、自治区、直辖市人民政府环境保护主管部门会同同级水行政、国土资源、卫生、建设等部门提出划定方案，征求同级有关部门的意见后，报省、自治区、直辖市人民政府批准。跨省、自治区、直辖市的饮用水水源保护区，由有关省、自治区、直辖市人民政府商有关流域管理机构划定；协商不成的，由国务院环境保护主管部门会同同级水行政、国土资源、卫生、建设等部门提出划定方案，征求国务院有关部门的意见后，报国务院批准。国务院和省、自治区、直辖市人民政府可以根据保护饮用水水源的实际需要，调整饮用水水源保护区的范围，确保饮用水安全。有关地方人民政府应当在饮用水水源保护区的边界设立明确的地理界标和明显的警示标志。

第六十四条　在饮用水水源保护区内，禁止设置排污口。

第六十五条　禁止在饮用水水源一级保护区内新建、改建、扩建与供水设施和保护水源无关的建设项目；已建成的与供水设施和保护水源无关的建设项目，由县级以上人民政府责令拆除或者关闭。禁止在饮用水水源一级保护区内从事网箱养殖、旅游、游泳、垂钓或者其他可能污染饮用水水体的活动。

第六十六条　禁止在饮用水水源二级保护区内新建、改建、扩建排放污染物的建设项目；已建成的排放污染物的建设项目，由县级以上人民政府责令拆除或者关闭。在饮用水水源二级保护区内从事网箱养殖、旅游等活动的，应当按照规定采取措施，防止污染饮用水水体。

第六十七条　禁止在饮用水水源准保护区内新建、扩建对水体污染严重的建设项目；改建建设项目，不得增加排污量。

第六十八条　县级以上地方人民政府应当根据保护饮用水水源的实际需要，在准保护区内采取工程措施或者建造湿地、水源涵养林等生态保护措施，防止水污染物直接排入饮用水水体，确保饮用水安全。

第六十九条　县级以上地方人民政府应当组织环境保护等部门，对饮用水水源保护区、地下水型饮用水源的补给区及供水单位周边区域的环境状况和污染风险进行调查评估，筛查可能存在的污染风险因素，并采取相应的风险防范措施。饮用水水源受到污染可能威胁供水安全的，环境保护主管部门应当责令有关企业事业单位和其他生产经营者采取停止排放水污染物等措施，并通报饮用水供水单位和供水、卫生、水行政等部门；跨行政区域的，还应当通报相关地方人民政府。

第七十条　单一水源供水城市的人民政府应当建设应急水源或者备用水源，有条件的地区可以开展区域联网供水。县级以上地方人民政府应当合理安排、布局农村饮用水水源，有条件的地区可以采取城镇供水管网延伸或者建设跨村、跨乡镇联片集中供水工程等方式，发展规模集中供水。

第七十一条　饮用水供水单位应当做好取水口和出水口的水质检测工作。发现取水口水质不符合饮用水水源水质标准或者出水口水质不符合饮用水卫生标准的，应当及时采取相应措施，并向所在地市、县级人民政府供水主管部门报告。供水主管部门接到报告后，应当通报环境保护、卫生、水行政等部门。饮用水供水单位应当对供水水质负责，确保供水设施安全可靠运行，保证供水水质符合国家有关标准。

第七十二条　县级以上地方人民政府应当组织有关部门监测、评估本行政区域内饮用水水源、供水单位供水和用户水龙头出水的水质等饮用水安全状况。县级以上地方人民政府有关部门应当至少每季度向社会公开一次饮用水安全状况信息。

第七十三条　国务院和省、自治区、直辖市人民政府根据水环境保护的需要，可以规定在饮用水水源保护区内，采取禁止或者限制使用含磷洗涤剂、化肥、农药以及限制种植养殖等措施。

第七十四条　县级以上人民政府可以对风景名胜区水体、重要渔业水体和其他具有特殊经济文化价值的水体划定保护区，并采取措施，保证保护区的水质符合规定用途的水环境质量标准。

第七十五条　在风景名胜区水体、重要渔业水体和其他具有特殊经济文化价值的水体的保护区内，不得新建排污口。在保护区附近新建排污口，应当保证保护区水体不受污染。

第七十六条　各级人民政府及其有关部门，可能发生水污染事故的企业事业单位，应当依照《中华人民共和国突发事件应对法》的规定，做好突发水污染事故的应急准备、应急处置和事后恢复等工作。

第七十七条　可能发生水污染事故的企业事业单位，应当制定有关水污染事故的应急方案，做好应急准备，并定期进行演练。生产、储存危险化学品的企业事业单位，应当采取措施，防止在处理安全生产事故过程中产生的可能严重污染水体的消防废水、废液直接排入水体。

第七十八条　企业事业单位发生事故或者其他突发性事件，造成或者可能造成水污染事故的，应当立即启动本单位的应急方案，采取隔离等应急措施，防止水污染物进入水体，并向事故发生地的县级以上地方人民政府或者环境保护主管部门报告。环境保护主管部门接到报告后，应当及时向本级人民政府报告，并抄送有关部门。造成渔业污染事故或者渔业船舶造成水污染事故的，应当向事故发生地的渔业主管部门报告，接受调查处理。其他船舶造成水污染事故的，应当向事故发生地的海事管理机构报告，接受调查处理；给渔业造成损害的，海事管理机构应当通知渔业主管部门参与调查处理。

第七十九条　市、县级人民政府应当组织编制饮用水安全突发事件应急预案。饮用水供水单位应当根据所在地饮用水安全突发事件应急预案，制定相应的突发事件应急方案，报所在地市、县级人民政府备案，并定期进行演练。饮用水水源发生水污染事故，或者发生其他可能影响饮用水安全的突发性事件，饮用水供水单位应当采取应急处理措施，向所在地市、县级人民政府报告，并向社会公开。有关人民政府应当根据情况及时启动应急预案，采取有效措施，保障供水安全。

第八十条　环境保护主管部门或者其他依照本法规定行使监督管理权的部门，不依法作出行政许可或者办理批准文件的，发现违法行为或者接到对违法行为的举报后不予查处的，或者有其他未依照本法规定履行职责的行为的，对直接负责的主管人员和其他直接责任人员依法给予处分。

第八十一条　以拖延、围堵、滞留执法人员等方式拒绝、阻挠环境保护主管部门或者其他依照本法规定行使监督管理权的部门的监督检查，或者在接受监督检查时弄虚作假的，由县级以上人民政府环境保护主管部门或者其他依照本法规定行使监督管理权的部门责令改正，处二万元以上二十万元以下的罚款。

第八十二条　违反本法规定，有下列行为之一的，由县级以上人民政府环境保护主管部门责令限期改正，处二万元以上二十万元以下的罚款；逾期不改正的，责令停产整治：（一）未按照规定对所排放的水污染物自行监测，或者未保存原始监测记录的；（二）未按照规定安装水污染物排放自动监测设备，未按照规定与环境保护主管部门的监控设备联网，或者未保证监测设备正常运行的；（三）未按照规定对有毒有害水污染物的排污口和周边环境进行监测，或者未公开有毒有害水污染物信息的。

第八十三条　违反本法规定，有下列行为之一的，由县级以上人民政府环境保护主管部门责令改正或者责令限制生产、停产整治，并处十万元以上一百万元以下的罚款；情节严重的，报经有批准权的人民政府批准，责令停业、关闭：（一）未依法取得排污许可证排放水污染物的；（二）超过水污染物排放标准或者超过重点水污染物排放总量控制指标排放水污染物的；（三）利用渗井、渗坑、裂隙、溶洞，私设暗管，篡改、伪造监测数据，或者不正常运行水污染防治设施等逃避监管的方式排放水污染物的；（四）未按照规定进行预处理，向污水集中处理设施排放不符合处理工艺要求的工业废水的。

第八十四条　在饮用水水源保护区内设置排污口的，由县级以上地方人民政府责令限期拆除，处十万元以上五十万元以下的罚款；逾期不拆除的，强制拆除，所需费用由违法者承担，处五十万元以上一百万元以下的罚款，并可以责令停产整治。除前款规定外，违反法律、行政法规和国务院环境保护主管部门的规定设置排污口的，由县级以上地方人民政府环境保护主管部门责令限期拆除，处二万元以上十万元以下的罚款；逾期不拆除的，强制拆除，所需费用由违法者承担，处十万元以上五十万元以下的罚款；情节严重的，可以责令停产整治。未经水行政主管部门或者流域管理机构同意，在江河、湖泊新建、改建、扩建排污口的，由县级以上人民政府水行政主管部门或者流域管理机构依据职权，依照前款规定采取措施、给予处罚。

第八十五条　有下列行为之一的，由县级以上地方人民政府环境保护主管部门责令停止违法行为，限期采取治理措施，消除污染，处以罚款；逾期不采取治理措施的，环境保护主管部门可以指定有治理能力的单位代为治理，所需费用由违法者承担：（一）向水体排放油类、酸液、碱液的；（二）向水体排放剧毒废液，或者将含有汞、镉、砷、铬、铅、氰化物、黄磷等的可溶性剧毒废渣向水体排放、倾倒或者直接埋入地下的；（三）在水体清洗装贮过油类、有毒污染物的车辆或者容器的；（四）向水体排放、倾倒工业废渣、城镇垃圾或者其他废弃物，或者在江河、湖泊、运河、渠道、水库最高水位线以下的滩地、岸坡堆放、存贮固体废弃物或者其他污染物的；（五）向水体排放、倾倒放射性固体废物或者含有高放射性、中放射性物质的废水的；（六）违反国家有关规定或者标准，向水体排放含低放射性物质的废水、热废水或者含病原体的污水的；（七）未采取防渗漏等措施，或者未建设地下水水质监测井进行监测的；（八）加油站等的地下油罐未使用双层罐或者采取建造防渗池等其他有效措施，或者未进行防渗漏监测的；（九）未按照规定采取防护性措施，或者利用无防渗漏措施的沟渠、坑塘等输送或者存贮含有毒污染物的废水、含病原体的污水或者其他废弃物的。有前款第三项、第四项、第六项、第七项、第八项行为之一的，处二万元以上二十万元以下的罚款。有前款第一项、第二项、第五项、第九项行为之一的，处十万元以上一百万元以下的罚款；情节严重的，报经有批准权的人民政府批准，责令停业、关闭。

第八十六条　违反本法规定，生产、销售、进口或者使用列入禁止生产、销售、进口、使用的严重污染水环境的设备名录中的设备，或者采用列入禁止采用的严重污染水环境的工艺名录中的工艺的，由县级以上人民政府经济综合宏观调控部门责令改正，处五万元以上二十万元以下的罚款；情节严重的，由县级以上人民政府经济综合宏观调控部门提出意见，报请本级人民政府责令停业、关闭。

第八十七条　违反本法规定，建设不符合国家产业政策的小型造纸、制革、印染、染料、炼焦、炼硫、炼砷、炼汞、炼油、电镀、农药、石棉、水泥、玻璃、钢铁、火电以及其他严重污染水环境的生产项目的，由所在地的市、县人民政府责令关闭。

第八十八条　城镇污水集中处理设施的运营单位或者污泥处理处置单位，处理处置后的污泥不符合国家标准，或者对污泥去向等未进行记录的，由城镇排水主管部门责令限期采取治理措施，给予警告；造成严重后果的，处十万元以上二十万元以下的罚款；逾期不采取治理措施的，城镇排水主管部门可以指定有治理能力的单位代为治理，所需费用由违法者承担。

第八十九条　船舶未配置相应的防污染设备和器材，或者未持有合法有效的防止水域环境污染的证书与文书的，由海事管理机构、渔业主管部门按照职责分工责令限期改正，处二千元以上二万元以下的罚款；逾期不改正的，责令船舶临时停航。船舶进行涉及污染物排放的作业，未遵守操作规程或者未在相应的记录簿上如实记载的，由海事管理机构、渔业主管部门按照职责分工责令改正，处二千元以上二万元以下的罚款。

第九十条　违反本法规定，有下列行为之一的，由海事管理机构、渔业主管部门按照职责分工责令停止违法行为，处一万元以上十万元以下的罚款；造成水污染的，责令限期采取治理措施，消除污染，处二万元以上二十万元以下的罚款；逾期不采取治理措施的，海事管理机构、渔业主管部门按照职责分工可以指定有治理能力的单位代为治理，所需费用由船舶承担：（一）向水体倾倒船舶垃圾或者排放船舶的残油、废油的；（二）未经作业地海事管理机构批准，船舶进行散装液体污染危害性货物的过驳作业的；（三）船舶及有关作业单位从事有污染风险的作业活动，未按照规定采取污染防治措施的；（四）以冲滩方式进行船舶拆解的；（五）进入中华人民共和国内河的国际航线船舶，排放不符合规定的船舶压载水的。

第九十一条　有下列行为之一的，由县级以上地方人民政府环境保护主管部门责令停止违法行为，处十万元以上五十万元以下的罚款；并报经有批准权的人民政府批准，责令拆除或者关闭：（一）在饮用水水源一级保护区内新建、改建、扩建与供水设施和保护水源无关的建设项目的；（二）在饮用水水源二级保护区内新建、改建、扩建排放污染物的建设项目的；（三）在饮用水水源准保护区内新建、扩建对水体污染严重的建设项目，或者改建建设项目增加排污量的。在饮用水水源一级保护区内从事网箱养殖或者组织进行旅游、垂钓或者其他可能污染饮用水水体的活动的，由县级以上地方人民政府环境保护主管部门责令停止违法行为，处二万元以上十万元以下的罚款。个人在饮用水水源一级保护区内游泳、垂钓或者从事其他可能污染饮用水水体的活动的，由县级以上地方人民政府环境保护主管部门责令停止违法行为，可以处五百元以下的罚款。

第九十二条　饮用水供水单位供水水质不符合国家规定标准的，由所在地市、县级人民政府供水主管部门责令改正，处二万元以上二十万元以下的罚款；情节严重的，报经有批准权的人民政府批准，可以责令停业整顿；对直接负责的主管人员和其他直接责任人员依法给予处分。

第九十三条　企业事业单位有下列行为之一的，由县级以上人民政府环境保护主管部门责令改正；情节严重的，处二万元以上十万元以下的罚款：（一）不按照规定制定水污染事故的应急方案的；（二）水污染事故发生后，未及时启动水污染事故的应急方案，采取有关应急措施的。

第九十四条　企业事业单位违反本法规定，造成水污染事故的，除依法承担赔偿责任外，由县级以上人民政府环境保护主管部门依照本条第二款的规定处以罚款，责令限期采取治理措施，消除污染；未按照要求采取治理措施或者不具备治理能力的，由环境保护主管部门指定有治理能力的单位代为治理，所需费用由违法者承担；对造成重大或者特大水污染事故的，还可以报经有批准权的人民政府批准，责令关闭；对直接负责的主管人员和其他直接责任人员可以处上一年度从本单位取得的收入百分之五十以下的罚款；有《中华人民共和国环境保护法》第六十三条规定的违法排放水污染物等行为之一，尚不构成犯罪的，由公安机关对直接负责的主管人员和其他直接责任人员处十日以上十五日以下的拘留；情节较轻的，处五日以上十日以下的拘留。对造成一般或者较大水污染事故的，按照水污染事故造成的直接损失的百分之二十计算罚款；对造成重大或者特大水污染事故的，按照水污染事故造成的直接损失的百分之三十计算罚款。造成渔业污染事故或者渔业船舶造成水污染事故的，由渔业主管部门进行处罚；其他船舶造成水污染事故的，由海事管理机构进行处罚。

第九十五条 企业事业单位和其他生产经营者违法排放水污染物，受到罚款处罚，被责令改正的，依法作出处罚决定的行政机关应当组织复查，发现其继续违法排放水污染物或者拒绝、阻挠复查的，依照《中华人民共和国环境保护法》的规定按日连续处罚。

第九十六条 因水污染受到损害的当事人，有权要求排污方排除危害和赔偿损失。由于不可抗力造成水污染损害的，排污方不承担赔偿责任；法律另有规定的除外。水污染损害是由受害人故意造成的，排污方不承担赔偿责任。水污染损害是由受害人重大过失造成的，可以减轻排污方的赔偿责任。水污染损害是由第三人造成的，排污方承担赔偿责任后，有权向第三人追偿。

第九十七条 因水污染引起的损害赔偿责任和赔偿金额的纠纷，可以根据当事人的请求，由环境保护主管部门或者海事管理机构、渔业主管部门按照职责分工调解处理；调解不成的，当事人可以向人民法院提起诉讼。当事人也可以直接向人民法院提起诉讼。

第九十八条　因水污染引起的损害赔偿诉讼，由排污方就法律规定的免责事由及其行为与损害结果之间不存在因果关系承担举证责任。

第九十九条　因水污染受到损害的当事人人数众多的，可以依法由当事人推选代表人进行共同诉讼。环境保护主管部门和有关社会团体可以依法支持因水污染受到损害的当事人向人民法院提起诉讼。国家鼓励法律服务机构和律师为水污染损害诉讼中的受害人提供法律援助。

第一百条　因水污染引起的损害赔偿责任和赔偿金额的纠纷，当事人可以委托环境监测机构提供监测数据。环境监测机构应当接受委托，如实提供有关监测数据。

第一百零一条　违反本法规定，构成犯罪的，依法追究刑事责任。

……

地下水管理条例（节录）

（2021年9月15日国务院第149次常务会议通过　2021年10月21日国务院令第748号公布　自2021年12月1日起施行）

……

第十五条　国家建立地下水储备制度。国务院水行政主管部门应当会同国务院自然资源、发展改革等主管部门，对地下水储备工作进行指导、协调和监督检查。县级以上地方人民政府水行政主管部门应当会同本级人民政府自然资源、发展改革等主管部门，根据本行政区域内地下水条件、气候状况和水资源储备需要，制定动用地下水储备预案并报本级人民政府批准。除特殊干旱年份以及发生重大突发事件外，不得动用地下水储备。

第十六条　国家实行地下水取水总量控制制度。国务院水行政主管部门会同国务院自然资源主管部门，根据各省、自治区、直辖市地下水可开采量和地表水水资源状况，制定并下达各省、自治区、直辖市地下水取水总量控制指标。

第十七条　省、自治区、直辖市人民政府水行政主管部门应当会同本级人民政府有关部门，根据国家下达的地下水取水总量控制指标，制定本行政区域内县级以上行政区域的地下水取水总量控制指标和地下水水位控制指标，经省、自治区、直辖市人民政府批准后下达实施，并报国务院水行政主管部门或者其授权的流域管理机构备案。

第十八条 省、自治区、直辖市人民政府水行政主管部门制定本行政区域内地下水取水总量控制指标和地下水水位控制指标时，涉及省际边界区域且属于同一水文地质单元的，应当与相邻省、自治区、直辖市人民政府水行政主管部门协商确定。协商不成的，由国务院水行政主管部门会同国务院有关部门确定。

第十九条 县级以上地方人民政府应当根据地下水取水总量控制指标、地下水水位控制指标和国家相关技术标准，合理确定本行政区域内地下水取水工程布局。

第二十条 县级以上地方人民政府水行政主管部门应当根据本行政区域内地下水取水总量控制指标、地下水水位控制指标以及科学分析测算的地下水需求量和用水结构，制定地下水年度取水计划，对本行政区域内的年度取用地下水实行总量控制，并报上一级人民政府水行政主管部门备案。

第二十一条 取用地下水的单位和个人应当遵守取水总量控制和定额管理要求，使用先进节约用水技术、工艺和设备，采取循环用水、综合利用及废水处理回用等措施，实施技术改造，降低用水消耗。对下列工艺、设备和产品，应当在规定的期限内停止生产、销售、进口或者使用：（一）列入淘汰落后的、耗水量高的工艺、设备和产品名录的；（二）列入限期禁止采用的严重污染水环境的工艺名录和限期禁止生产、销售、进口、使用的严重污染水环境的设备名录的。

第二十二条 新建、改建、扩建地下水取水工程，应当同时安装计量设施。已有地下水取水工程未安装计量设施的，应当按照县级以上地方人民政府水行政主管部门规定的期限安装。单位和个人取用地下水量达到取水规模以上的，应当安装地下水取水在线计量设施，并将计量数据实时传输到有管理权限的水行政主管部门。取水规模由省、自治区、直辖市人民政府水行政主管部门制定、公布，并报国务院水行政主管部门备案。

第二十三条　以地下水为灌溉水源的地区，县级以上地方人民政府应当采取保障建设投入、加大对企业信贷支持力度、建立健全基层水利服务体系等措施，鼓励发展节水农业，推广应用喷灌、微灌、管道输水灌溉、渠道防渗输水灌溉等节水灌溉技术，以及先进的农机、农艺和生物技术等，提高农业用水效率，节约农业用水。

第二十四条　国务院根据国民经济和社会发展需要，对取用地下水的单位和个人试点征收水资源税。地下水水资源税根据当地地下水资源状况、取用水类型和经济发展等情况实行差别税率，合理提高征收标准。征收水资源税的，停止征收水资源费。尚未试点征收水资源税的省、自治区、直辖市，对同一类型取用水，地下水的水资源费征收标准应当高于地表水的标准，地下水超采区的水资源费征收标准应当高于非超采区的标准，地下水严重超采区的水资源费征收标准应当大幅高于非超采区的标准。

第二十五条　有下列情形之一的，对取用地下水的取水许可申请不予批准：（一）不符合地下水取水总量控制、地下水水位控制要求；（二）不符合限制开采区取用水规定；（三）不符合行业用水定额和节水规定；（四）不符合强制性国家标准；（五）水资源紧缺或者生态脆弱地区新建、改建、扩建高耗水项目；（六）违反法律、法规的规定开垦种植而取用地下水。

第二十六条　建设单位和个人应当采取措施防止地下工程建设对地下水补给、径流、排泄等造成重大不利影响。对开挖达到一定深度或者达到一定排水规模的地下工程，建设单位和个人应当于工程开工前，将工程建设方案和防止对地下水产生不利影响的措施方案报有管理权限的水行政主管部门备案。开挖深度和排水规模由省、自治区、直辖市人民政府制定、公布。

第二十七条　除下列情形外，禁止开采难以更新的地下水：（一）应急供水取水；（二）无替代水源地区的居民生活用水；（三）为开展地下水监测、勘探、试验少量取水。已经开采的，除前款规定的情形外，有关县级以上地方人民政府应当采取禁止开采、限制开采措施,逐步实现全面禁止开采;前款规定的情形消除后,应当立即停止取用地下水。

第二十八条 县级以上地方人民政府应当加强地下水水源补给保护,充分利用自然条件补充地下水,有效涵养地下水水源。城乡建设应当统筹地下水水源涵养和回补需要,按照海绵城市建设的要求,推广海绵型建筑、道路、广场、公园、绿地等,逐步完善滞渗蓄排等相结合的雨洪水收集利用系统。河流、湖泊整治应当兼顾地下水水源涵养,加强水体自然形态保护和修复。城市人民政府应当因地制宜采取有效措施,推广节水型生活用水器具,鼓励使用再生水,提高用水效率。

第二十九条 县级以上地方人民政府应当根据地下水水源条件和需要,建设应急备用饮用水水源,制定应急预案,确保需要时正常使用。应急备用地下水水源结束应急使用后,应当立即停止取水。

第三十条 有关县级以上地方人民政府水行政主管部门会同本级人民政府有关部门编制重要泉域保护方案,明确保护范围、保护措施,报本级人民政府批准后实施。

对已经干涸但具有重要历史文化和生态价值的泉域,具备条件的,应当采取措施予以恢复。

第三十一条 国务院水行政主管部门应当会同国务院自然资源主管部门根据地下水状况调查评价成果,组织划定全国地下水超采区,并依法向社会公布。

第三十二条 省、自治区、直辖市人民政府水行政主管部门应当会同本级人民政府自然资源等主管部门,统筹考虑地下水超采区划定、地下水利用情况以及地质环境条件等因素,组织划定本行政区域内地下水禁止开采区、限制开采区,经省、自治区、直辖市人民政府批准后公布,并报国务院水行政主管部门备案。地下水禁止开采区、限制开采区划定后,确需调整的,应当按照原划定程序进行调整。

第三十三条 有下列情形之一的,应当划为地下水禁止开采区:(一)已发生严重的地面沉降、地裂缝、海(咸)水入侵、植被退化等地质灾害或者生态损害的区域;(二)地下水超采区内公共供水管网覆盖或者通过替代水源已经解决供水需求的区域；（三）法律、法规规定禁止开采地下水的其他区域。

第三十四条　有下列情形之一的，应当划为地下水限制开采区：（一）地下水开采量接近可开采量的区域；（二）开采地下水可能引发地质灾害或者生态损害的区域；（三）法律、法规规定限制开采地下水的其他区域。

第三十五条　除下列情形外，在地下水禁止开采区内禁止取用地下水：（一）为保障地下工程施工安全和生产安全必须进行临时应急取（排）水；（二）为消除对公共安全或者公共利益的危害临时应急取水；（三）为开展地下水监测、勘探、试验少量取水。除前款规定的情形外，在地下水限制开采区内禁止新增取用地下水，并逐步削减地下水取水量；前款规定的情形消除后，应当立即停止取用地下水。

第三十六条　省、自治区、直辖市人民政府水行政主管部门应当会同本级人民政府有关部门，编制本行政区域地下水超采综合治理方案，经省、自治区、直辖市人民政府批准后，报国务院水行政主管部门备案。地下水超采综合治理方案应当明确治理目标、治理措施、保障措施等内容。

第三十七条　地下水超采区的县级以上地方人民政府应当加强节水型社会建设，通过加大海绵城市建设力度、调整种植结构、推广节水农业、加强工业节水、实施河湖地下水回补等措施，逐步实现地下水采补平衡。国家在替代水源供给、公共供水管网建设、产业结构调整等方面，加大对地下水超采区地方人民政府的支持力度。

第三十八条　有关县级以上地方人民政府水行政主管部门应当会同本级人民政府自然资源主管部门加强对海（咸）水入侵的监测和预防。已经出现海（咸）水入侵的地区，应当采取综合治理措施。

第三十九条　国务院生态环境主管部门应当会同国务院水行政、自然资源等主管部门，指导全国地下水污染防治重点区划定工作。省、自治区、直辖市人民政府生态环境主管部门应当会同本级人民政府水行政、自然资源等主管部门，根据本行政区域内地下水污染防治需要，划定地下水污染防治重点区。

第四十条　禁止下列污染或者可能污染地下水的行为：（一）利用渗井、渗坑、裂隙、溶洞以及私设暗管等逃避监管的方式排放水污染物；（二）利用岩层孔隙、裂隙、溶洞、废弃矿坑等贮存石化原料及产品、农药、危险废物、城镇污水处理设施产生的污泥和处理后的污泥或者其他有毒有害物质；（三）利用无防渗漏措施的沟渠、坑塘等输送或者贮存含有毒污染物的废水、含病原体的污水和其他废弃物；（四）法律、法规禁止的其他污染或者可能污染地下水的行为。

第四十一条　企业事业单位和其他生产经营者应当采取下列措施，防止地下水污染：（一）兴建地下工程设施或者进行地下勘探、采矿等活动，依法编制的环境影响评价文件中，应当包括地下水污染防治的内容，并采取防护性措施；（二）化学品生产企业以及工业集聚区、矿山开采区、尾矿库、危险废物处置场、垃圾填埋场等的运营、管理单位，应当采取防渗漏等措施，并建设地下水水质监测井进行监测；（三）加油站等的地下油罐应当使用双层罐或者采取建造防渗池等其他有效措施，并进行防渗漏监测；（四）存放可溶性剧毒废渣的场所，应当采取防水、防渗漏、防流失的措施；（五）法律、法规规定应当采取的其他防止地下水污染的措施。根据前款第二项规定的企业事业单位和其他生产经营者排放有毒有害物质情况，地方人民政府生态环境主管部门应当按照国务院生态环境主管部门的规定，商有关部门确定并公布地下水污染防治重点排污单位名录。地下水污染防治重点排污单位应当依法安装水污染物排放自动监测设备，与生态环境主管部门的监控设备联网，并保证监测设备正常运行。

第四十二条　在泉域保护范围以及岩溶强发育、存在较多落水洞和岩溶漏斗的区域内，不得新建、改建、扩建可能造成地下水污染的建设项目。

第四十三条　多层含水层开采、回灌地下水应当防止串层污染。多层地下水的含水层水质差异大的，应当分层开采；对已受污染的潜水和承压水，不得混合开采。已经造成地下水串层污染的，应当按照封填井技术要求限期回填串层开采井，并对造成的地下水污染进行治理和修复。

人工回灌补给地下水，应当符合相关的水质标准，不得使地下水水质恶化。

第四十四条 农业生产经营者等有关单位和个人应当科学、合理使用农药、肥料等农业投入品，农田灌溉用水应当符合相关水质标准，防止地下水污染。县级以上地方人民政府及其有关部门应当加强农药、肥料等农业投入品使用指导和技术服务，鼓励和引导农业生产经营者等有关单位和个人合理使用农药、肥料等农业投入品，防止地下水污染。

第四十五条 依照《中华人民共和国土壤污染防治法》的有关规定，安全利用类和严格管控类农用地地块的土壤污染影响或者可能影响地下水安全的，制定防治污染的方案时，应当包括地下水污染防治的内容。污染物含量超过土壤污染风险管控标准的建设用地地块，编制土壤污染风险评估报告时，应当包括地下水是否受到污染的内容；列入风险管控和修复名录的建设用地地块，采取的风险管控措施中应当包括地下水污染防治的内容。对需要实施修复的农用地地块，以及列入风险管控和修复名录的建设用地地块，修复方案中应当包括地下水污染防治的内容。

……

第五十四条 县级以上地方人民政府，县级以上人民政府水行政、生态环境、自然资源主管部门和其他负有地下水监督管理职责的部门有下列行为之一的，由上级机关责令改正，对负有责任的主管人员和其他直接责任人员依法给予处分：（一）未采取有效措施导致本行政区域内地下水超采范围扩大，或者地下水污染状况未得到改善甚至恶化；（二）未完成本行政区域内地下水取水总量控制指标和地下水水位控制指标；（三）对地下水水位低于控制水位未采取相关措施；（四）发现违法行为或者接到对违法行为的检举后未予查处；（五）有其他滥用职权、玩忽职守、徇私舞弊等违法行为。

第五十五条 违反本条例规定，未经批准擅自取用地下水，或者利用渗井、渗坑、裂隙、溶洞以及私设暗管等逃避监管的方式排放水污染物等违法行为，依照《中华人民共和国水法》《中华人民共和国水污染防治法》《中华人民共和国土壤污染防治法》《取水许可和水资源费征收管理条例》等法律、行政法规的规定处罚。

第五十六条　地下水取水工程未安装计量设施的，由县级以上地方人民政府水行政主管部门责令限期安装，并按照日最大取水能力计算的取水量计征相关费用，处10万元以上50万元以下罚款；情节严重的，吊销取水许可证。计量设施不合格或者运行不正常的，由县级以上地方人民政府水行政主管部门责令限期更换或者修复；逾期不更换或者不修复的，按照日最大取水能力计算的取水量计征相关费用，处10万元以上50万元以下罚款；情节严重的，吊销取水许可证。

第五十七条　地下工程建设对地下水补给、径流、排泄等造成重大不利影响的，由县级以上地方人民政府水行政主管部门责令限期采取措施消除不利影响，处10万元以上50万元以下罚款；逾期不采取措施消除不利影响的，由县级以上地方人民政府水行政主管部门组织采取措施消除不利影响，所需费用由违法行为人承担。地下工程建设应当于开工前将工程建设方案和防止对地下水产生不利影响的措施方案备案而未备案的，或者矿产资源开采、地下工程建设疏干排水应当定期报送疏干排水量和地下水水位状况而未报送的，由县级以上地方人民政府水行政主管部门责令限期补报；逾期不补报的，处2万元以上10万元以下罚款。

第五十八条　报废的矿井、钻井、地下水取水工程，或者未建成、已完成勘探任务、依法应当停止取水的地下水取水工程，未按照规定封井或者回填的，由县级以上地方人民政府或者其授权的部门责令封井或者回填，处10万元以上50万元以下罚款；不具备封井或者回填能力的，由县级以上地方人民政府或者其授权的部门组织封井或者回填，所需费用由违法行为人承担。

第五十九条　利用岩层孔隙、裂隙、溶洞、废弃矿坑等贮存石化原料及产品、农药、危险废物或者其他有毒有害物质的，由地方人民政府生态环境主管部门责令限期改正，处10万元以上100万元以下罚款。利用岩层孔隙、裂隙、溶洞、废弃矿坑等贮存城镇污水处理设施产生的污泥和处理后的污泥的，由县级以上地方人民政府城镇排水主管部门责令限期改正，处20万元以上200万元以下罚款，对直接负责的主管人员和其他直接责任人员处2万元以上10万元以下罚款；造成严重后果的，处200万元以上500万元以下罚款，对直接负责的主管人员和其他直接责任人员处5万元以上50万元以下罚款。在泉域保护范围以及岩溶强发育、存在较多落水洞和岩溶漏斗的区域内，新建、改建、扩建造成地下水污染的建设项目的，由地方人民政府生态环境主管部门处10万元以上50万元以下罚款，并报经有批准权的人民政府批准，责令拆除或者关闭。

第六十条 侵占、毁坏或者擅自移动地下水监测设施设备及其标志的，由县级以上地方人民政府水行政、自然资源、生态环境主管部门责令停止违法行为，限期采取补救措施，处2万元以上10万元以下罚款；逾期不采取补救措施的，由县级以上地方人民政府水行政、自然资源、生态环境主管部门组织补救，所需费用由违法行为人承担。

第六十一条 以监测、勘探为目的的地下水取水工程在施工前应当备案而未备案的，由县级以上地方人民政府水行政主管部门责令限期补办备案手续；逾期不补办备案手续的，责令限期封井或者回填，处2万元以上10万元以下罚款；逾期不封井或者回填的，由县级以上地方人民政府水行政主管部门组织封井或者回填，所需费用由违法行为人承担。

第六十二条 违反本条例规定，构成违反治安管理行为的，由公安机关依法给予治安管理处罚；构成犯罪的，依法追究刑事责任。

……

入河排污口监督管理办法

（2004年11月30日水利部令第22号发布 根据2015年12月16日《水利部关于废止和修改部分规章的决定》修正）

第一条 为加强入河排污口监督管理，保护水资源，保障防洪和工程设施安全，促进水资源的可持续利用，根据《中华人民共和国水法》《中华人民共和国防洪法》和《中华人民共和国河道管理条例》等法律法规，制定本办法。

第二条 在江河、湖泊（含运河、渠道、水库等水域，下同）新建、改建或者扩大排污口，以及对排污口使用的监督管理，适用本办法。前款所称排污口，包括直接或者通过沟、渠、管道等设施向江河、湖泊排放污水的排污口，以下统称入河排污口；新建，是指入河排污口的首次建造或者使用，以及对原来不具有排污功能或者已废弃的排污口的使用；改建，是指已有入河排污口的排放位置、排放方式等事项的重大改变；扩大，是指已有入河排污口排污能力的提高。入河排污口的新建、改建和扩大，以下统称入河排污口设置。

第三条　入河排污口的设置应当符合水功能区划、水资源保护规划和防洪规划的要求。

第四条　国务院水行政主管部门负责全国入河排污口监督管理的组织和指导工作，县级以上地方人民政府水行政主管部门和流域管理机构按照本办法规定的权限负责入河排污口设置和使用的监督管理工作。县级以上地方人民政府水行政主管部门和流域管理机构可以委托下级地方人民政府水行政主管部门或者其所属管理单位对其管理权限内的入河排污口实施日常监督管理。

第五条　依法应当办理河道管理范围内建设项目审查手续的，其入河排污口设置由县级以上地方人民政府水行政主管部门和流域管理机构按照河道管理范围内建设项目的管理权限审批；依法不需要办理河道管理范围内建设项目审查手续的，除下列情况外，其入河排污口设置由入河排污口所在地县级水行政主管部门负责审批：（一）在流域管理机构直接管理的河道（河段）、湖泊上设置入河排污口的，由该流域管理机构负责审批；（二）设置入河排污口需要同时办理取水许可手续的，其入河排污口设置由县级以上地方人民政府水行政主管部门和流域管理机构按照取水许可管理权限审批；（三）设置入河排污口不需要办理取水许可手续，但是按规定需要编制环境影响报告书（表）的，其入河排污口设置由与负责审批环境影响报告书（表）的环境保护部门同级的水行政主管部门审批。其中环境影响报告书（表）需要报国务院环境保护行政主管部门审批的，其入河排污口设置由所在流域的流域管理机构审批。

第六条　设置入河排污口的单位（下称排污单位），应当在向环境保护行政主管部门报送建设项目环境影响报告书（表）之前，向有管辖权的县级以上地方人民政府水行政主管部门或者流域管理机构提出入河排污口设置申请。依法需要办理河道管理范围内建设项目审查手续或者取水许可审批手续的，排污单位应当根据具体要求，分别在提出河道管理范围内建设项目申请或者取水许可申请的同时，提出入河排污口设置申请。依法不需要编制环境影响报告书（表）以及依法不需要办理河道管理范围内建设项目审查手续和取水许可手续的，排污单位应当在设置入河排污口前，向有管辖权的县级以上地方人民政府水行政主管部门或者流域管理机构提出入河排污口设置申请。

第七条　设置入河排污口应当提交以下材料：（一）入河排污口设置申请书；（二）建设项目依据文件；（三）入河排污口设置论证报告；（四）其他应当提交的有关文件。设置入河排污口对水功能区影响明显轻微的，经有管辖权的县级以上地方人民政府水行政主管部门或者流域管理机构同意，可以不编制入河排污口设置论证报告，只提交设置入河排污口对水功能区影响的简要分析材料。

第八条　设置入河排污口依法应当办理河道管理范围内建设项目审查手续的，排污单位提交的河道管理范围内工程建设申请中应当包含入河排污口设置的有关内容，不再单独提交入河排污口设置申请书。设置入河排污口需要同时办理取水许可和入河排污口设置申请的，排污单位提交的建设项目水资源论证报告中应当包含入河排污口设置论证报告的有关内容，不再单独提交入河排污口设置论证报告。

第九条　入河排污口设置论证报告应当包括下列内容：（一）入河排污口所在水域水质、接纳污水及取水现状；（二）入河排污口位置、排放方式；（三）入河污水所含主要污染物种类及其排放浓度和总量；（四）水域水质保护要求，入河污水对水域水质和水功能区的影响；（五）入河排污口设置对有利害关系的第三者的影响；（六）水质保护措施及效果分析；（七）论证结论。设置入河排污口依法应当办理河道管理范围内建设项目审查手续的，还应当按照有关规定就建设项目对防洪的影响进行论证。

第十条 排污单位应当按照有关技术要求，自行或者委托有关单位编制入河排污口设置论证报告。

第十一条 有管辖权的县级以上地方人民政府水行政主管部门或者流域管理机构对申请材料齐全、符合法定形式的入河排污口设置申请，应当予以受理。对申请材料不齐全或者不符合法定形式的，应当当场或者在五日内一次告知需要补正的全部内容，排污单位按照要求提交全部补正材料的，应当受理；逾期不告知补正内容的，自收到申请材料之日起即为受理。受理或者不受理入河排污口设置申请，应当出具加盖印章和注明日期的书面凭证。

第十二条 有管辖权的县级以上地方人民政府水行政主管部门或者流域管理机构应当自受理入河排污口设置申请之日起二十日内作出决定。同意设置入河排污口的，应当予以公告，公众有权查询；不同意设置入河排污口的，应当说明理由，并告知排污单位享有依法申请行政复议或者提起行政诉讼的权利。对于依法应当编制环境影响报告书（表）的建设项目，还应当将有关决定抄送负责该报告书（表）审批的环境保护行政主管部门。有管辖权的县级以上地方人民政府水行政主管部门或者流域管理机构根据需要，可以对入河排污口设置论证报告组织专家评审，并将所需时间告知排污单位。入河排污口设置直接关系他人重大利益的，应当告知该利害关系人。排污单位、利害关系人有权进行陈述和申辩。入河排污口的设置需要听证或者应当听证的，依法举行听证。有管辖权的县级以上地方人民政府水行政主管部门或者流域管理机构作出决定前，应当征求入河排污口所在地有关水行政主管部门的意见。本条第二款规定的专家评审和第四款规定的听证所需时间不计算在本条第一款规定的期限内，有管辖权的县级以上地方人民政府水行政主管部门或者流域管理机构应当将所需时间告知排污单位。

第十三条 设置入河排污口依法应当办理河道管理范围内建设项目审查手续的，有管辖权的县级以上地方人民政府水行政主管部门或者流域管理机构在对该工程建设申请和工程建设对防洪的影响评价进行审查的同时，还应当对入河排污口设置及其论证的内容进行审查，并就入河排污口设置对防洪和水资源保护的影响一并出具审查意见。设置入河排污口需要同时办理取水许可和入河排污口设置申请的，有管辖权的县级以上地方人民政府水行政主管部门或者流域管理机构应当就取水许可和入河排污口设置申请一并出具审查意见。

第十四条　有下列情形之一的，不予同意设置入河排污口：（一）在饮用水水源保护区内设置入河排污口的；（二）在省级以上人民政府要求削减排污总量的水域设置入河排污口的；（三）入河排污口设置可能使水域水质达不到水功能区要求的；（四）入河排污口设置直接影响合法取水户用水安全的；（五）入河排污口设置不符合防洪要求的；（六）不符合法律、法规和国家产业政策规定的；

（七）其他不符合国务院水行政主管部门规定条件的。

第十五条　同意设置入河排污口的决定应当包括以下内容：（一）入河排污口设置地点、排污方式和对排污口门的要求；（二）特别情况下对排污的限制；（三）水资源保护措施要求；（四）对建设项目入河排污口投入使用前的验收要求；（五）其他需要注意的事项。

第十六条　发生严重干旱或者水质严重恶化等紧急情况时，有管辖权的县级以上地方人民政府水行政主管部门或者流域管理机构应当及时报告有关人民政府，由其对排污单位提出限制排污要求。

第十七条　《中华人民共和国水法》施行前已经设置入河排污口的单位，应当在本办法施行后到入河排污口所在地县级人民政府水行政主管部门或者流域管理机构所属管理单位进行入河排污口登记，由其汇总并逐级报送有管辖权的水行政主管部门或者流域管理机构。

第十八条　县级以上地方人民政府水行政主管部门应当对饮用水水源保护区内的排污口现状情况进行调查，并提出整治方案报同级人民政府批准后实施。

第十九条　县级以上地方人民政府水行政主管部门和流域管理机构应当对管辖范围内的入河排污口设置建立档案制度和统计制度。

第二十条　县级以上地方人民政府水行政主管部门和流域管理机构应当对入河排污口设置情况进行监督检查。被检查单位应当如实提供有关文件、证照和资料。监督检查机关有为被检查单位保守技术和商业秘密的义务。

第二十一条　未经有管辖权的县级以上地方人民政府水行政主管部门或者流域管理机构审查同意，擅自在江河、湖泊设置入河排污口的，依照《中华人民共和国水法》第六十七条第二款追究法律责任。虽经审查同意，但未按要求设置入河排污口的，依照《中华人民共和国水法》第六十五条第三款和《中华人民共和国防洪法》第五十八条追究法律责任。在饮用水水源保护区内设置排污口的，以及已设排污口不依照整治方案限期拆除的，依照《中华人民共和国水法》第六十七条第一款追究法律责任。

第二十二条　入河排污口设置和使用的监督管理，本办法有规定的，依照本办法执行；本办法未规定，需要办理河道管理范围内建设项目审查手续的，依照河道管理范围内建设项目管理的有关规定执行。

第二十三条　入河排污口设置申请书和入河排污口登记表等文书格式，由国务院水行政主管部门统一制定。

第二十四条　各省、自治区、直辖市水行政主管部门和流域管理机构，可以根据本办法制定实施细则。

第二十五条　本办法由国务院水行政主管部门负责解释。

第二十六条　本办法自2005年1月1日起施行。

（二）海洋资源

37.填海项目竣工后形成的土地属于谁所有？

《中华人民共和国海域使用管理法》第三十二条规定，填海项目竣工后形成的土地，属于国家所有。海域使用权人应当自填海项目竣工之日起三个月内，凭海域使用权证书，向县级以上人民政府土地行政主管部门提出土地登记申请，由县级以上人民政府登记造册，换发国有土地使用权证书，确认土地使用权。

38.在我国内水、领海使用特定海域不足三个月是否需要办理海域使用证？

《中华人民共和国海域使用管理法》第五十二条规定，在中华人民共和国内水、领海使用特定海域不足三个月，可能对国防安全、海上交通安全和其他用海活动造成重大影响的排他性用海活动，参照本法有关规定办理临时海域使用证。

39.我国对从事深海海底区域资源勘探、开发活动的申请者需要进行哪些审查？

《中华人民共和国深海海底区域资源勘探开发法》第七条规定，中华人民共和国的公民、法人或者其他组织在向国际海底管理局申请从事深海海底区域资源勘探、开发活动前，应当向国务院海洋主管部门提出申请，并提交下列材料：（一）申请者基本情况；（二）拟勘探、开发区域位置、面积、矿产种类等说明；（三）财务状况、投资能力证明和技术能力说明；（四）勘探、开发工作计划，包括勘探、开发活动可能对海洋环境造成影响的相关资料，海洋环境严重损害等的应急预案；（五）国务院海洋主管部门规定的其他材料。同时，第八条第一款明确规定，国务院海洋主管部门应当对申请者提交的材料进行审查，对于符合国家利益并具备资金、技术、装备等能力条件的，应当在六十个工作日内予以许可，并出具相关文件。

40.发生或可能发生严重损害海洋环境等事故，承包者应及时采取哪些措施？

《中华人民共和国深海海底区域资源勘探开发法》第十一条规定，发生或者可能发生严重损害海洋环境等事故，承包者应当立即启动应急预案，并采取下列措施：（一）立即发出警报；（二）立即报告国务院海洋主管部门，国务院海洋主管部门应当及时通报有关机关；（三）采取一切实际可行与合理的措施，防止、减少、控制对人身、财产、海洋环境的损害。

【相关法律】

中华人民共和国海域使用管理法（节录）

（第九届全国人民代表大会常务委员会第二十四次会议于2001年10月27日通过　2001年10月27日中华人民共和国主席第61号令公布　自2022年1月1日起施行）

……

第三条　海域属于国家所有，国务院代表国家行使海域所有权。任何单位或者个人不得侵占、买卖或者以其他形式非法转让海域。单位和个人使用海域，必须依法取得海域使用权。

第四条　国家实行海洋功能区划制度。海域使用必须符合海洋功能区划。国家严格管理填海、围海等改变海域自然属性的用海活动。

第五条　国家建立海域使用管理信息系统，对海域使用状况实施监视、监测。

第六条　国家建立海域使用权登记制度，依法登记的海域使用权受法律保护。国家建立海域使用统计制度，定期发布海域使用统计资料。

第七条　国务院海洋行政主管部门负责全国海域使用的监督管理。沿海县级以上地方人民政府海洋行政主管部门根据授权，负责本行政区毗邻海域使用的监督管理。渔业行政主管部门依照《中华人民共和国渔业法》，对海洋渔业实施监督管理。海事管理机构依照《中华人民共和国海上交通安全法》，对海上交通安全实施监督管理。

第八条　任何单位和个人都有遵守海域使用管理法律、法规的义务，并有权对违反海域使用管理法律、法规的行为提出检举和控告。

……

第十六条　单位和个人可以向县级以上人民政府海洋行政主管部门申请使用海域。申请使用海域的，申请人应当提交下列书面材料：（一）海域使用申请书；（二）海域使用论证材料；（三）相关的资信证明材料；（四）法律、法规规定的其他书面材料。

第十七条　县级以上人民政府海洋行政主管部门依据海洋功能区划，对海域使用申请进行审核，并依照本法和省、自治区、直辖市人民政府的规定，报有批准权的人民政府批准。海洋行政主管部门审核海域使用申请，应当征求同级有关部门的意见。

第十八条　下列项目用海，应当报国务院审批：（一）填海五十公顷以上的项目用海；（二）围海一百公顷以上的项目用海；（三）不改变海域自然属性的用海七百公顷以上的项目用海；（四）国家重大建设项目用海；（五）国务院规定的其他项目用海。前款规定以外的项目用海的审批权限，由国务院授权省、自治区、直辖市人民政府规定。

第十九条　海域使用申请经依法批准后，国务院批准用海的，由国务院海洋行政主管部门登记造册，向海域使用申请人颁发海域使用权证书；地方人民政府批准用海的，由地方人民政府登记造册，向海域使用申请人颁发海域使用权证书。海域使用申请人自领取海域使用权证书之日起，取得海域使用权。

第二十条　海域使用权除依照本法第十九条规定的方式取得外，也可以通过招标或者拍卖的方式取得。招标或者拍卖方案由海洋行政主管部门制订，报有审批权的人民政府批准后组织实施。海洋行政主管部门制订招标或者拍卖方案，应当征求同级有关部门的意见。招标或者拍卖工作完成后，依法向中标人或者买受人颁发海域使用权证书。中标人或者买受人自领取海域使用权证书之日起，取得海域使用权。

第二十一条　颁发海域使用权证书，应当向社会公告。颁发海域使用权证书，除依法收取海域使用金外，不得收取其他费用。海域使用权证书的发放和管理办法，由国务院规定。

第二十二条　本法施行前，已经由农村集体经济组织或者村民委员会经营、管理的养殖用海，符合海洋功能区划的，经当地县级人民政府核准，可以将海域使用权确定给该农村集体经济组织或者村民委员会，由本集体经济组织的成员承包，用于养殖生产。

第二十三条　海域使用权人依法使用海域并获得收益的权利受法律保护，任何单位和个人不得侵犯。海域使用权人有依法保护和合理使用海域的义务；海域使用权人对不妨害其依法使用海域的非排他性用海活动，不得阻挠。

第二十四条 海域使用权人在使用海域期间，未经依法批准，不得从事海洋基础测绘。海域使用权人发现所使用海域的自然资源和自然条件发生重大变化时，应当及时报告海洋行政主管部门。

第二十五条 海域使用权最高期限，按照下列用途确定：（一）养殖用海十五年；（二）拆船用海二十年；（三）旅游、娱乐用海二十五年；（四）盐业、矿业用海三十年；（五）公益事业用海四十年；（六）港口、修造船厂等建设工程用海五十年。

第二十六条 海域使用权期限届满，海域使用权人需要继续使用海域的，应当至迟于期限届满前二个月向原批准用海的人民政府申请续期。除根据公共利益或者国家安全需要收回海域使用权的外，原批准用海的人民政府应当批准续期。准予续期的，海域使用权人应当依法缴纳续期的海域使用金。

第二十七条 因企业合并、分立或者与他人合资、合作经营，变更海域使用权人的，需经原批准用海的人民政府批准。海域使用权可以依法转让。海域使用权转让的具体办法，由国务院规定。海域使用权可以依法继承。

第二十八条 海域使用权人不得擅自改变经批准的海域用途；确需改变的，应当在符合海洋功能区划的前提下，报原批准用海的人民政府批准。

第二十九条 海域使用权期满，未申请续期或者申请续期未获批准的，海域使用权终止。海域使用权终止后，原海域使用权人应当拆除可能造成海洋环境污染或者影响其他用海项目的用海设施和构筑物。

第三十条 因公共利益或者国家安全的需要，原批准用海的人民政府可以依法收回海域使用权。依照前款规定在海域使用权期满前提前收回海域使用权的，对海域使用权人应当给予相应的补偿。

第三十一条 因海域使用权发生争议，当事人协商解决不成的，由县级以上人民政府海洋行政主管部门调解；当事人也可以直接向人民法院提起诉讼。在海域使用权争议解决前，任何一方不得改变海域使用现状。

第三十二条 填海项目竣工后形成的土地，属于国家所有。海域使用权人应当自填海项目竣工之日起三个月内，凭海域使用权证书，向县级以上人民政府土地行政主管部门提出土地登记申请，由县级以上人民政府登记造册，换发国有土地使用权证书，确认土地使用权。

……

第四十二条 未经批准或者骗取批准，非法占用海域的，责令退还非法占用的海域，恢复海域原状，没收违法所得，并处非法占用海域期间内该海域面积应缴纳的海域使用金五倍以上十五倍以下的罚款；对未经批准或者骗取批准，进行围海、填海活动的，并处非法占用海域期间内该海域面积应缴纳的海域使用金十倍以上二十倍以下的罚款。

第四十三条 无权批准使用海域的单位非法批准使用海域的，超越批准权限非法批准使用海域的，或者不按海洋功能区划批准使用海域的，批准文件无效，收回非法使用的海域；对非法批准使用海域的直接负责的主管人员和其他直接责任人员，依法给予行政处分。

第四十四条 违反本法第二十三条规定，阻挠、妨害海域使用权人依法使用海域的，海域使用权人可以请求海洋行政主管部门排除妨害，也可以依法向人民法院提起诉讼；造成损失的，可以依法请求损害赔偿。

第四十五条 违反本法第二十六条规定，海域使用权期满，未办理有关手续仍继续使用海域的，责令限期办理，可以并处一万元以下的罚款；拒不办理的，以非法占用海域论处。

第四十六条 违反本法第二十八条规定，擅自改变海域用途的，责令限期改正，没收违法所得，并处非法改变海域用途的期间内该海域面积应缴纳的海域使用金五倍以上十五倍以下的罚款；对拒不改正的，由颁发海域使用权证书的人民政府注销海域使用权证书，收回海域使用权。

第四十七条 违反本法第二十九条第二款规定，海域使用权终止，原海域使用权人不按规定拆除用海设施和构筑物的，责令限期拆除；逾期拒不拆除的，处五万元以下的罚款，并由县级以上人民政府海洋行政主管部门委托有关单位代为拆除，所需费用由原海域使用权人承担。

第四十八条　违反本法规定，按年度逐年缴纳海域使用金的海域使用权人不按期缴纳海域使用金的，限期缴纳；在限期内仍拒不缴纳的，由颁发海域使用权证书的人民政府注销海域使用权证书，收回海域使用权。

第四十九条　违反本法规定，拒不接受海洋行政主管部门监督检查、不如实反映情况或者不提供有关资料的，责令限期改正，给予警告，可以并处二万元以下的罚款。

第五十条　本法规定的行政处罚，由县级以上人民政府海洋行政主管部门依据职权决定。但是，本法已对处罚机关作出规定的除外。

第五十一条　国务院海洋行政主管部门和县级以上地方人民政府违反本法规定颁发海域使用权证书，或者颁发海域使用权证书后不进行监督管理，或者发现违法行为不予查处的，对直接负责的主管人员和其他直接责任人员，依法给予行政处分；徇私舞弊、滥用职权或者玩忽职守构成犯罪的，依法追究刑事责任。

第五十二条　在中华人民共和国内水、领海使用特定海域不足三个月，可能对国防安全、海上交通安全和其他用海活动造成重大影响的排他性用海活动，参照本法有关规定办理临时海域使用证。

……

中华人民共和国深海海底区域资源勘探开发法（节录）

（第十二届全国人民代表大会常务委员会第十九次会议于2016年2月26日通过　自2016年5月1日起施行）

……

第七条　中华人民共和国的公民、法人或者其他组织在向国际海底管理局申请从事深海海底区域资源勘探、开发活动前，应当向国务院海洋主管部门提出申请，并提交下列材料：（一）申请者基本情况；（二）拟勘探、开发区域位置、面积、矿产种类等说明；（三）财务状况、投资能力证明和技术能力说明；（四）勘探、开发工作计划，包括勘探、开发活动可能对海洋环境造成影响的相关资料，海洋环境严重损害等的应急预案；（五）国务院海洋主管部门规定的其他材料。

第八条　国务院海洋主管部门应当对申请者提交的材料进行审查，对于符合国家利益并具备资金、技术、装备等能力条件的，应当在六十个工作日内予以许可，并出具相关文件。获得许可的申请者在与国际海底管理局签订勘探、开发合同成为承包者后，方可从事勘探、开发活动。承包者应当自勘探、开发合同签订之日起三十日内，将合同副本报国务院海洋主管部门备案。国务院海洋主管部门应当将承包者及其勘探、开发的区域位置、面积等信息通报有关机关。

第九条　承包者对勘探、开发合同区域内特定资源享有相应的专属勘探、开发权。承包者应当履行勘探、开发合同义务，保障从事勘探、开发作业人员的人身安全，保护海洋环境。承包者从事勘探、开发作业应当保护作业区域内的文物、铺设物等。承包者从事勘探、开发作业还应当遵守中华人民共和国有关安全生产、劳动保护方面的法律、行政法规。

第十条　承包者在转让勘探、开发合同的权利、义务前，或者在对勘探、开发合同作出重大变更前，应当报经国务院海洋主管部门同意。承包者应当自勘探、开发合同转让、变更或者终止之日起三十日内，报国务院海洋主管部门备案。国务院海洋主管部门应当及时将勘探、开发合同转让、变更或者终止的信息通报有关机关。

第十一条　发生或者可能发生严重损害海洋环境等事故，承包者应当立即启动应急预案，并采取下列措施：（一）立即发出警报；（二）立即报告国务院海洋主管部门，国务院海洋主管部门应当及时通报有关机关；（三）采取一切实际可行与合理的措施，防止、减少、控制对人身、财产、海洋环境的损害。

第十二条　承包者应当在合理、可行的范围内，利用可获得的先进技术，采取必要措施，防止、减少、控制勘探、开发区域内的活动对海洋环境造成的污染和其他危害。

第十三条 承包者应当按照勘探、开发合同的约定和要求、国务院海洋主管部门规定，调查研究勘探、开发区域的海洋状况，确定环境基线，评估勘探、开发活动可能对海洋环境的影响；制定和执行环境监测方案，监测勘探、开发活动对勘探、开发区域海洋环境的影响，并保证监测设备正常运行，保存原始监测记录。

第十四条 承包者从事勘探、开发活动应当采取必要措施，保护和保全稀有或者脆弱的生态系统，以及衰竭、受威胁或者有灭绝危险的物种和其他海洋生物的生存环境，保护海洋生物多样性，维护海洋资源的可持续利用。

第十五条 国家支持深海科学技术研究和专业人才培养，将深海科学技术列入科学技术发展的优先领域，鼓励与相关产业的合作研究。国家支持企业进行深海科学技术研究与技术装备研发。

第十六条 国家支持深海公共平台的建设和运行，建立深海公共平台共享合作机制，为深海科学技术研究、资源调查活动提供专业服务，促进深海科学技术交流、合作及成果共享。

第十七条 国家鼓励单位和个人通过开放科学考察船舶、实验室、陈列室和其他场地、设施，举办讲座或者提供咨询等多种方式，开展深海科学普及活动。

第十八条 从事深海海底区域资源调查活动的公民、法人或者其他组织，应当按照有关规定将有关资料副本、实物样本或者目录汇交国务院海洋主管部门和其他相关部门。负责接受汇交的部门应当对汇交的资料和实物样本进行登记、保管，并按照有关规定向社会提供利用。承包者从事深海海底区域资源勘探、开发活动取得的有关资料、实物样本等的汇交，适用前款规定。

第十九条 国务院海洋主管部门应当对承包者勘探、开发活动进行监督检查。

第二十条 承包者应当定期向国务院海洋主管部门报告下列履行勘

探、开发合同的事项：（一）勘探、开发活动情况；（二）环境监测情况；（三）年度投资情况；（四）国务院海洋主管部门要求的其他事项。

第二十一条　国务院海洋主管部门可以检查承包者用于勘探、开发活动的船舶、设施、设备以及航海日志、记录、数据等。

第二十二条　承包者应当对国务院海洋主管部门的监督检查予以协助、配合。

第二十三条　违反本法第七条、第九条第二款、第十条第一款规定，有下列行为之一的，国务院海洋主管部门可以撤销许可并撤回相关文件：（一）提交虚假材料取得许可的；（二）不履行勘探、开发合同义务或者履行合同义务不符合约定的；（三）未经同意，转让勘探、开发合同的权利、义务或者对勘探、开发合同作出重大变更的。承包者有前款第二项行为的，还应当承担相应的赔偿责任。

第二十四条　违反本法第八条第三款、第十条第二款、第十八条、第二十条、第二十二条规定，有下列行为之一的，由国务院海洋主管部门责令改正，处二万元以上十万元以下的罚款：（一）未按规定将勘探、开发合同副本报备案的；（二）转让、变更或者终止勘探、开发合同，未按规定报备案的；（三）未按规定汇交有关资料副本、实物样本或者目录的；（四）未按规定报告履行勘探、开发合同事项的；（五）不协助、配合监督检查的。

第二十五条　违反本法第八条第二款规定，未经许可或者未签订勘探、开发合同从事深海海底区域资源勘探、开发活动的，由国务院海洋主管部门责令停止违法行为，处十万元以上五十万元以下的罚款；有违法所得的，并处没收违法所得。

第二十六条　违反本法第九条第三款、第十一条、第十二条规定，造成海洋环境污染损害或者作业区域内文物、铺设物等损害的，由国务院海洋主管部门责令停止违法行为，处五十万元以上一百万元以下的罚款；构成犯罪的，依法追究刑事责任。

　　……

中华人民共和国海洋环境保护法（节录）

（1982年8月23日第五届全国人民代表大会常务委员会第二十四次会议通过 1999年12月25日第九届全国人民代表大会常务委员会第十三次会议第一次修订 根据2013年12月28日第十二届全国人民代表大会常务委员会第六次会议《关于修改〈中华人民共和国海洋环境保护法〉等七部法律的决定》第一次修正 根据2016年11月7日第十二届全国人民代表大会常务委员会第二十四次会议《关于修改〈中华人民共和国海洋环境保护法〉的决定》第二次修正 根据2017年11月4日第十二届全国人民代表大会常务委员会第三十次会议《关于修改〈中华人民共和国会计法〉等十一部法律的决定》第三次修正 2023年10月24日第十四届全国人民代表大会常务委员会第六次会议第二次修订）

......

第十八条 国家和有关地方水污染物排放标准的制定，应当将海洋环境质量标准作为重要依据之一。对未完成海洋环境保护目标的海域，省级以上人民政府生态环境主管部门暂停审批新增相应种类污染物排放总量的建设项目环境影响报告书（表），会同有关部门约谈该地区人民政府及其有关部门的主要负责人，要求其采取有效措施及时整改，约谈和整改情况应当向社会公开。

第十九条 国家加强海洋环境质量管控，推进海域综合治理，严格海域排污许可管理，提升重点海域海洋环境质量。需要直接向海洋排放工业废水、医疗污水的海岸工程和海洋工程单位，城镇污水集中处理设施的运营单位及其他企业事业单位和生产经营者，应当依法取得排污许可证。排污许可的管理按照国务院有关规定执行。实行排污许可管理的企业事业单位和其他生产经营者应当执行排污许可证关于排放污染物的种类、浓度、排放量、排放方式、排放去向和自行监测等要求。禁止通过私设暗管或者篡改、伪造监测数据，以及不正常运行污染防治设施等逃避监管的方式向海洋排放污染物。

第二十条 国务院生态环境主管部门根据海洋环境状况和质量改善

要求，会同国务院发展改革、自然资源、住房和城乡建设、交通运输、水行政、渔业等部门和海警机构，划定国家环境治理重点海域及其控制区域，制定综合治理行动方案，报国务院批准后实施。沿海设区的市级以上地方人民政府应当根据综合治理行动方案，制定其管理海域的实施方案，因地制宜采取特别管控措施，开展综合治理，协同推进重点海域治理与美丽海湾建设。

第二十一条 直接向海洋排放应税污染物的企业事业单位和其他生产经营者，应当依照法律规定缴纳环境保护税。向海洋倾倒废弃物，应当按照国家有关规定缴纳倾倒费。具体办法由国务院发展改革部门、国务院财政主管部门会同国务院生态环境主管部门制定。

……

第二十七条 因发生事故或者其他突发性事件，造成或者可能造成海洋环境污染、生态破坏事件的单位和个人，应当立即采取有效措施解除或者减轻危害，及时向可能受到危害者通报，并向依照本法规定行使海洋环境监督管理权的部门和机构报告，接受调查处理。沿海县级以上地方人民政府在本行政区域近岸海域的生态环境受到严重损害时，应当采取有效措施，解除或者减轻危害。

第二十八条 国家根据防止海洋环境污染的需要，制定国家重大海上污染事件应急预案，建立健全海上溢油污染等应急机制，保障应对工作的必要经费。国家建立重大海上溢油应急处置部际联席会议制度。国务院交通运输主管部门牵头组织编制国家重大海上溢油应急处置预案并组织实施。国务院生态环境主管部门负责制定全国海洋石油勘探开发海上溢油污染事件应急预案并组织实施。国家海事管理机构负责制定全国船舶重大海上溢油污染事件应急预案，报国务院生态环境主管部门、国务院应急管理部门备案。沿海县级以上地方人民政府及其有关部门应当制定有关应急预案，在发生海洋突发环境事件时，及时启动应急预案，采取有效措施，解除或者减轻危害。可能发生海洋突发环境事件的单位，应当按照有关规定，制定本单位的应急预案，配备应急设备和器材，定期组织开展应急演练；应急预案应当向依照本法规定行使海洋环境监督管理权的部门和机构备案。

第二十九条　依照本法规定行使海洋环境监督管理权的部门和机构，有权对从事影响海洋环境活动的单位和个人进行现场检查；在巡航监视中发现违反本法规定的行为时，应当予以制止并调查取证，必要时有权采取有效措施，防止事态扩大，并报告有关部门或者机构处理。被检查者应当如实反映情况，提供必要的资料。检查者应当依法为被检查者保守商业秘密、个人隐私和个人信息。依照本法规定行使海洋环境监督管理权的部门和机构可以在海上实行联合执法。

第三十条　造成或者可能造成严重海洋环境污染、生态破坏的，或者有关证据可能灭失或者被隐匿的，依照本法规定行使海洋环境监督管理权的部门和机构可以查封、扣押有关船舶、设施、设备、物品。

第三十一条　在中华人民共和国管辖海域以外，造成或者可能造成中华人民共和国管辖海域环境污染、生态破坏的，有关部门和机构有权采取必要的措施。

第三十二条　国务院生态环境主管部门会同有关部门和机构建立向海洋排放污染物、从事废弃物海洋倾倒、从事海洋生态环境治理和服务的企业事业单位和其他生产经营者信用记录与评价应用制度，将相关信用记录纳入全国公共信用信息共享平台。

……

第四十六条　向海域排放陆源污染物，应当严格执行国家或者地方规定的标准和有关规定。

第四十七条　入海排污口位置的选择，应当符合国土空间用途管制要求，根据海水动力条件和有关规定，经科学论证后，报设区的市级以上人民政府生态环境主管部门备案。排污口的责任主体应当加强排污口监测，按照规定开展监控和自动监测。生态环境主管部门应当在完成备案后十五个工作日内将入海排污口设置情况通报自然资源、渔业等部门和海事管理机构、海警机构、军队生态环境保护部门。沿海县级以上地方人民政府应当根据排污口类别、责任主体，组织有关部门对本行政区域内各类入海排污口进行排查整治和日常监督管理，建立健全近岸水体、入海排污口、排污管线、污染源全链条治理体系。国务院生态环境主管部门负责制定入海排污口设置和管理的具体办法，制定入海排污口技术规范，组织建设统一的入海排污口信息平台，加强动态更新、信息共享和公开。

第四十八条　禁止在自然保护地、重要渔业水域、海水浴场、生态保护红线区域及其他需要特别保护的区域，新设工业排污口和城镇污水处理厂排污口；法律、行政法规另有规定的除外。在有条件的地区，应当将排污口深水设置，实行离岸排放。

第四十九条　经开放式沟（渠）向海洋排放污染物的，对开放式沟（渠）按照国家和地方的有关规定、标准实施水环境质量管理。

第五十条　国务院有关部门和县级以上地方人民政府及其有关部门应当依照水污染防治有关法律、行政法规的规定，加强入海河流管理，协同推进入海河流污染防治，使入海河口的水质符合入海河口环境质量相关要求。入海河流流域省、自治区、直辖市人民政府应当按照国家有关规定，加强入海总氮、总磷排放的管控，制定控制方案并组织实施。

第五十一条　禁止向海域排放油类、酸液、碱液、剧毒废液。禁止向海域排放污染海洋环境、破坏海洋生态的放射性废水。严格控制向海域排放含有不易降解的有机物和重金属的废水。

第五十二条　含病原体的医疗污水、生活污水和工业废水应当经过处理，符合国家和地方有关排放标准后，方可排入海域。

第五十三条　含有机物和营养物质的工业废水、生活污水，应当严格控制向海湾、半封闭海及其他自净能力较差的海域排放。

第五十四条　向海域排放含热废水，应当采取有效措施，保证邻近自然保护地、渔业水域的水温符合国家和地方海洋环境质量标准，避免热污染对珍稀濒危海洋生物、海洋水产资源造成危害。

第五十五条　沿海地方各级人民政府应当加强农业面源污染防治。沿海农田、林场施用化学农药，应当执行国家农药安全使用的规定和标准。沿海农田、林场应当合理使用化肥和植物生长调节剂。

第五十六条　在沿海陆域弃置、堆放和处理尾矿、矿渣、煤灰渣、垃圾和其他固体废物的，依照《中华人民共和国固体废物污染环境防治法》的有关规定执行，并采取有效措施防止固体废物进入海洋。禁止在岸滩弃置、堆放和处理固体废物；法律、行政法规另有规定的除外。

第五十七条　沿海县级以上地方人民政府负责其管理海域的海洋垃圾污染防治，建立海洋垃圾监测、清理制度，统筹规划建设陆域接收、转运、处理海洋垃圾的设施，明确有关部门、乡镇、街道、企业事业单位等的海洋垃圾管控区域，建立海洋垃圾监测、拦截、收集、打捞、运输、处理体系并组织实施，采取有效措施鼓励、支持公众参与上述活动。国务院生态环境、住房和城乡建设、发展改革等部门应当按照职责分工加强海洋垃圾污染防治的监督指导和保障。

第五十八条　禁止经中华人民共和国内水、领海过境转移危险废物。经中华人民共和国管辖的其他海域转移危险废物的，应当事先取得国务院生态环境主管部门的书面同意。

第五十九条　沿海县级以上地方人民政府应当建设和完善排水管网，根据改善海洋环境质量的需要建设城镇污水处理厂和其他污水处理设施，加强城乡污水处理。建设污水海洋处置工程，应当符合国家有关规定。

第六十条　国家采取必要措施，防止、减少和控制来自大气层或者通过大气层造成的海洋环境污染损害。

第六十一条　新建、改建、扩建工程建设项目，应当遵守国家有关建设项目环境保护管理的规定，并把污染防治和生态保护所需资金纳入建设项目投资计划。

禁止在依法划定的自然保护地、重要渔业水域及其他需要特别保护的区域，违法建设污染环境、破坏生态的工程建设项目或者从事其他活动。

第六十二条　工程建设项目应当按照国家有关建设项目环境影响评价的规定进行环境影响评价。未依法进行并通过环境影响评价的建设项目，不得开工建设。环境保护设施应当与主体工程同时设计、同时施工、同时投产使用。环境保护设施应当符合经批准的环境影响评价报告书（表）的要求。建设单位应当依照有关法律法规的规定，对环境保护设施进行验收，编制验收报告，并向社会公开。环境保护设施未经验收或者经验收不合格的，建设项目不得投入生产或者使用。

第六十三条　禁止在沿海陆域新建不符合国家产业政策的化学制浆造纸、化工、印染、制革、电镀、酿造、炼油、岸边冲滩拆船及其他严重污染海洋环境的生产项目。

第六十四条　新建、改建、扩建工程建设项目，应当采取有效措施，保护国家和地方重点保护的野生动植物及其生存环境，保护海洋水产资源，避免或者减轻对海洋生物的影响。禁止在严格保护岸线范围内开采海砂。依法在其他区域开发利用海砂资源，应当采取严格措施，保护海洋环境。载运海砂资源应当持有合法来源证明；海砂开采者应当为载运海砂的船舶提供合法来源证明。从岸上打井开采海底矿产资源，应当采取有效措施，防止污染海洋环境。

第六十五条　工程建设项目不得使用含超标准放射性物质或者易溶出有毒有害物质的材料；不得造成领海基点及其周围环境的侵蚀、淤积和损害，不得危及领海基点的稳定。

第六十六条　工程建设项目需要爆破作业时，应当采取有效措施，保护海洋环境。海洋石油勘探开发及输油过程中，应当采取有效措施，避免溢油事故的发生。

第六十七条　工程建设项目不得违法向海洋排放污染物、废弃物及其他有害物质。海洋油气钻井平台（船）、生产生活平台、生产储卸装置等海洋油气装备的含油污水和油性混合物，应当经过处理达标后排放；残油、废油应当予以回收，不得排放入海。钻井所使用的油基泥浆和其他有毒复合泥浆不得排放入海。水基泥浆和无毒复合泥浆及钻屑的排放，应当符合国家有关规定。

第六十八条　海洋油气钻井平台（船）、生产生活平台、生产储卸装置等海洋油气装备及其有关海上设施，不得向海域处置含油的工业固体废物。处置其他固体废物，不得造成海洋环境污染。

第六十九条　海上试油时，应当确保油气充分燃烧，油和油性混合物不得排放入海。

第七十条　勘探开发海洋油气资源，应当按照有关规定编制油气污染应急预案，报国务院生态环境主管部门海域派出机构备案。

第七十一条 任何个人和未经批准的单位，不得向中华人民共和国管辖海域倾倒任何废弃物。需要倾倒废弃物的，产生废弃物的单位应当向国务院生态环境主管部门海域派出机构提出书面申请，并出具废弃物特性和成分检验报告，取得倾倒许可证后，方可倾倒。国家鼓励疏浚物等废弃物的综合利用，避免或者减少海洋倾倒。禁止中华人民共和国境外的废弃物在中华人民共和国管辖海域倾倒。

第七十二条 国务院生态环境主管部门根据废弃物的毒性、有毒物质含量和对海洋环境影响程度，制定海洋倾倒废弃物评价程序和标准。可以向海洋倾倒的废弃物名录，由国务院生态环境主管部门制定。

第七十三条 国务院生态环境主管部门会同国务院自然资源主管部门编制全国海洋倾倒区规划，并征求国务院交通运输、渔业等部门和海警机构的意见，报国务院批准。国务院生态环境主管部门根据全国海洋倾倒区规划，按照科学、合理、经济、安全的原则及时选划海洋倾倒区，征求国务院交通运输、渔业等部门和海警机构的意见，并向社会公告。

第七十四条 国务院生态环境主管部门组织开展海洋倾倒区使用状况评估，根据评估结果予以调整、暂停使用或者封闭海洋倾倒区。海洋倾倒区的调整、暂停使用和封闭情况，应当通报国务院有关部门、海警机构并向社会公布。

第七十五条 获准和实施倾倒废弃物的单位，应当按照许可证注明的期限及条件，到指定的区域进行倾倒。倾倒作业船舶等载运工具应当安装使用符合要求的海洋倾倒在线监控设备，并与国务院生态环境主管部门监管系统联网。

第七十六条 获准和实施倾倒废弃物的单位，应当按照规定向颁发许可证的国务院生态环境主管部门海域派出机构报告倾倒情况。倾倒废弃物的船舶应当向驶出港的海事管理机构、海警机构作出报告。

第七十七条 禁止在海上焚烧废弃物。禁止在海上处置污染海洋环境、破坏海洋生态的放射性废物或者其他放射性物质。

第七十八条 获准倾倒废弃物的单位委托实施废弃物海洋倾倒作业的，应当对受托单位的主体资格、技术能力和信用状况进行核实，依法签订书面合同，在合同中约定污染防治与生态保护要求，并监督实施。受托单位实施废弃物海洋倾倒作业，应当依照有关法律法规的规定和合同约定，履行污染防治和生态保护要求。获准倾倒废弃物的单位违反本条第一款规定的，除依照有关法律法规的规定予以处罚外，还应当与造成环境污染、生态破坏的受托单位承担连带责任。

第七十九条　在中华人民共和国管辖海域，任何船舶及相关作业不得违法向海洋排放船舶垃圾、生活污水、含油污水、含有毒有害物质污水、废气等污染物，废弃物，压载水和沉积物及其他有害物质。船舶应当按照国家有关规定采取有效措施，对压载水和沉积物进行处理处置，严格防控引入外来有害生物。从事船舶污染物、废弃物接收和船舶清舱、洗舱作业活动的，应当具备相应的接收处理能力。

第八十条　船舶应当配备相应的防污设备和器材。船舶的结构、配备的防污设备和器材应当符合国家防治船舶污染海洋环境的有关规定，并经检验合格。船舶应当取得并持有防治海洋环境污染的证书与文书，在进行涉及船舶污染物、压载水和沉积物排放及操作时，应当按照有关规定监测、监控，如实记录并保存。

第八十一条　船舶应当遵守海上交通安全法律、法规的规定，防止因碰撞、触礁、搁浅、火灾或者爆炸等引起的海难事故，造成海洋环境的污染。

第八十二条　国家完善并实施船舶油污损害民事赔偿责任制度；按照船舶油污损害赔偿责任由船东和货主共同承担风险的原则，完善并实施船舶油污保险、油污损害赔偿基金制度，具体办法由国务院规定。

第八十三条　载运具有污染危害性货物进出港口的船舶，其承运人、货物所有人或者代理人，应当事先向海事管理机构申报。经批准后，方可进出港口或者装卸作业。

第八十四条　交付船舶载运污染危害性货物的，托运人应当将货物的正式名称、污染危害性以及应当采取的防护措施如实告知承运人。污染危害性货物的单证、包装、标志、数量限制等，应当符合对所交付货物的有关规定。需要船舶载运污染危害性不明的货物，应当按照有关规定事先进行评估。装卸油类及有毒有害货物的作业，船岸双方应当遵守安全防污操作规程。

第八十五条　港口、码头、装卸站和船舶修造拆解单位所在地县级以上地方人民政府应当统筹规划建设船舶污染物等的接收、转运、处理处置设施，建立相应的接收、转运、处理处置多部门联合监管制度。沿海县级以上地方人民政府负责对其管理海域的渔港和渔业船舶停泊点及周边区域污染防治的监督管理，规范生产生活污水和渔业垃圾回收处置，推进污染防治设备建设和环境清理整治。港口、码头、装卸站和船舶修造拆解单位应当按照有关规定配备足够的用于处理船舶污染物、废弃物的接收设施，使该设施处于良好状态并有效运行。装卸油类等污染危害性货物的港口、码头、装卸站和船舶应当编制污染应急预案，并配备相应的污染应急设备和器材。

第八十六条　国家海事管理机构组织制定中国籍船舶禁止或者限制安装和使用的有害材料名录。船舶修造单位或者船舶所有人、经营人或者管理人应当在船上备有有害材料清单，在船舶建造、营运和维修过程中持续更新，并在船舶拆解前提供给从事船舶拆解的单位。

第八十七条　从事船舶拆解的单位，应当采取有效的污染防治措施，在船舶拆解前将船舶污染物减至最小量，对拆解产生的船舶污染物、废弃物和其他有害物质进行安全与环境无害化处置。拆解的船舶部件不得进入水体。

禁止采取冲滩方式进行船舶拆解作业。

第八十八条　国家倡导绿色低碳智能航运，鼓励船舶使用新能源或者清洁能源，淘汰高耗能高排放老旧船舶，减少温室气体和大气污染物的排放。沿海县级以上地方人民政府应当制定港口岸电、船舶受电等设施建设和改造计划，并组织实施。港口岸电设施的供电能力应当与靠港船舶的用电需求相适应。船舶应当按照国家有关规定采取有效措施提高能效水平。具备岸电使用条件的船舶靠港应当按照国家有关规定使用岸电，但是使用清洁能源的除外。具备岸电供应能力的港口经营人、岸电供电企业应当按照国家有关规定为具备岸电使用条件的船舶提供岸电。

国务院和沿海县级以上地方人民政府对港口岸电设施、船舶受电设施的改造和使用，清洁能源或者新能源动力船舶建造等按照规定给予支持。

第八十九条　船舶及有关作业活动应当遵守有关法律法规和标准，采取有效措施，防止造成海洋环境污染。海事管理机构等应当加强对船舶及有关作业活动的监督管理。船舶进行散装液体污染危害性货物的过驳作业，应当编制作业方案，采取有效的安全和污染防治措施，并事先按照有关规定报经批准。

第九十条　船舶发生海难事故，造成或者可能造成海洋环境重大污染损害的，国家海事管理机构有权强制采取避免或者减少污染损害的措施。对在公海上因发生海难事故，造成中华人民共和国管辖海域重大污染损害后果或者具有污染威胁的船舶、海上设施，国家海事管理机构有权采取与实际的或者可能发生的损害相称的必要措施。

第九十一条　所有船舶均有监视海上污染的义务，在发现海上污染事件或者违反本法规定的行为时，应当立即向就近的依照本法规定行使海洋环境监督管理权的部门或者机构报告。民用航空器发现海上排污或者污染事件，应当及时向就近的民用航空空中交通管制单位报告。接到报告的单位，应当立即向依照本法规定行使海洋环境监督管理权的部门或者机构通报。

第九十二条　国务院交通运输主管部门可以划定船舶污染物排放控制区。进入控制区的船舶应当符合船舶污染物排放相关控制要求。

第九十三条　违反本法规定，有下列行为之一，由依照本法规定行使海洋环境监督管理权的部门或者机构责令改正或者责令采取限制生产、停产整治等措施，并处以罚款；情节严重的，报经有批准权的人民政府批准，责令停业、关闭：（一）向海域排放本法禁止排放的污染物或者其他物质的；（二）未依法取得排污许可证排放污染物的；（三）超过标准、总量控制指标排放污染物的；（四）通过私设暗管或者篡改、伪造监测数据，或者不正常运行污染防治设施等逃避监管的方式违法向海洋排放污染物的；（五）违反本法有关船舶压载水和沉积物排放和管理规定的；（六）其他未依照本法规定向海洋排放污染物、废弃物的。有前款第一项、第二项行为之一的，处二十万元以上一百万元以下的罚款；有前款第三项行为的，处十万元以上一百万元以下的罚款；有前款第四项行为的，处十万元以上一百万元以下的罚款，情节严重的，吊销排污许可证；有前款第五项、第六项行为之一的，处一万元以上二十万元以下的罚款。个人擅自在岸滩弃置、堆放和处理生活垃圾的，按次处一百元以上一千元以下的罚款。

第九十四条 违反本法规定，有下列行为之一，由依照本法规定行使海洋环境监督管理权的部门或者机构责令改正，处以罚款：（一）未依法公开排污信息或者弄虚作假的；（二）因发生事故或者其他突发性事件，造成或者可能造成海洋环境污染、生态破坏事件，未按照规定通报或者报告的；（三）未按照有关规定制定应急预案并备案，或者未按照有关规定配备应急设备、器材的；（四）因发生事故或者其他突发性事件，造成或者可能造成海洋环境污染、生态破坏事件，未立即采取有效措施或者逃逸的；（五）未采取必要应对措施，造成海洋生态灾害危害扩大的。有前款第一项行为的，处二万元以上二十万元以下的罚款，拒不改正的，责令限制生产、停产整治；有前款第二项行为的，处五万元以上五十万元以下的罚款，对直接负责的主管人员和其他直接责任人员处一万元以上十万元以下的罚款，并可以暂扣或者吊销相关任职资格许可；有前款第三项行为的，处二万元以上二十万元以下的罚款；有前款第四项、第五项行为之一的，处二十万元以上二百万元以下的罚款。

第九十五条 违反本法规定，拒绝、阻挠调查和现场检查，或者在被检查时弄虚作假的，由依照本法规定行使海洋环境监督管理权的部门或者机构责令改正，处五万元以上二十万元以下的罚款；对直接负责的主管人员和其他直接责任人员处二万元以上十万元以下的罚款。

第九十六条 违反本法规定，造成珊瑚礁等海洋生态系统或者自然保护地破坏的，由依照本法规定行使海洋环境监督管理权的部门或者机构责令改正、采取补救措施，处每平方米一千元以上一万元以下的罚款。

第九十七条 违反本法规定，有下列行为之一，由依照本法规定行使海洋环境监督管理权的部门或者机构责令改正，处以罚款：（一）占用、损害自然岸线的；（二）在严格保护岸线范围内开采海砂的；（三）违反本法其他关于海砂、矿产资源规定的。有前款第一项行为的，处每米五百元以上一万元以下的罚款；有前款第二项行为的，处货值金额二倍以上二十倍以下的罚款，货值金额不足十万元的，处二十万元以上二百万元以下的罚款；有前款第三项行为的，处五万元以上五十万元以下的罚款。

第九十八条　违反本法规定，从事海水养殖活动有下列行为之一，由依照本法规定行使海洋环境监督管理权的部门或者机构责令改正，处二万元以上二十万元以下的罚款；情节严重的，报经有批准权的人民政府批准，责令停业、关闭：（一）违反禁养区、限养区规定的；（二）违反养殖规模、养殖密度规定的；（三）违反投饵、投肥、药物使用规定的；（四）未按照有关规定对养殖尾水自行监测的。

第九十九条　违反本法规定设置入海排污口的，由生态环境主管部门责令关闭或者拆除，处二万元以上十万元以下的罚款；拒不关闭或者拆除的，强制关闭、拆除，所需费用由违法者承担，处十万元以上五十万元以下的罚款；情节严重的，可以责令停产整治。违反本法规定，设置入海排污口未备案的，由生态环境主管部门责令改正，处二万元以上十万元以下的罚款。违反本法规定，入海排污口的责任主体未按照规定开展监控、自动监测的，由生态环境主管部门责令改正，处二万元以上十万元以下的罚款；拒不改正的，可以责令停产整治。自然资源、渔业等部门和海事管理机构、海警机构、军队生态环境保护部门发现前三款违法行为之一的，应当通报生态环境主管部门。

第一百条　违反本法规定，经中华人民共和国管辖海域，转移危险废物的，由国家海事管理机构责令非法运输该危险废物的船舶退出中华人民共和国管辖海域，处五十万元以上五百万元以下的罚款。

第一百零一条　违反本法规定，建设单位未落实建设项目投资计划有关要求的，由生态环境主管部门责令改正，处五万元以上二十万元以下的罚款；拒不改正的，处二十万元以上一百万元以下的罚款。违反本法规定，建设单位未依法报批或者报请重新审核环境影响报告书（表），擅自开工建设的，由生态环境主管部门或者海警机构责令其停止建设，根据违法情节和危害后果，处建设项目总投资额百分之一以上百分之五以下的罚款，并可以责令恢复原状；对建设单位直接负责的主管人员和其他直接责任人员，依法给予处分。建设单位未依法备案环境影响登记表的，由生态环境主管部门责令备案，处五万元以下的罚款。

第一百零二条 违反本法规定，在依法划定的自然保护地、重要渔业水域及其他需要特别保护的区域建设污染环境、破坏生态的工程建设项目或者从事其他活动，或者在沿海陆域新建不符合国家产业政策的生产项目的，由县级以上人民政府按照管理权限责令关闭。违反生态环境准入清单进行生产建设活动的，由依照本法规定行使海洋环境监督管理权的部门或者机构责令停止违法行为，限期拆除并恢复原状，所需费用由违法者承担，处五十万元以上五百万元以下的罚款，对直接负责的主管人员和其他直接责任人员处五万元以上十万元以下的罚款；情节严重的，报经有批准权的人民政府批准，责令关闭。

第一百零三条 违反本法规定，环境保护设施未与主体工程同时设计、同时施工、同时投产使用的，或者环境保护设施未建成、未达到规定要求、未经验收或者经验收不合格即投入生产、使用的，由生态环境主管部门或者海警机构责令改正，处二十万元以上一百万元以下的罚款；拒不改正的，处一百万元以上二百万元以下的罚款；对直接负责的主管人员和其他责任人员处五万元以上二十万元以下的罚款；造成重大环境污染、生态破坏的，责令其停止生产、使用，或者报经有批准权的人民政府批准，责令关闭。

第一百零四条 违反本法规定，工程建设项目有下列行为之一，由依照本法规定行使海洋环境监督管理权的部门或者机构责令其停止违法行为、消除危害，处二十万元以上一百万元以下的罚款；情节严重的，报经有批准权的人民政府批准，责令停业、关闭：（一）使用含超标准放射性物质或者易溶出有毒有害物质的材料的；（二）造成领海基点及其周围环境的侵蚀、淤积、损害，或者危及领海基点稳定的。

第一百零五条 违反本法规定进行海洋油气勘探开发活动，造成海洋环境污染的，由海警机构责令改正，给予警告，并处二十万元以上一百万元以下的罚款。

第一百零六条 违反本法规定，有下列行为之一，由国务院生态环境主管部门及其海域派出机构、海事管理机构或者海警机构责令改正，处以罚款，必要时可以扣押船舶；情节严重的，报经有批准权的人民政府批准，责令停业、关闭：（一）倾倒废弃物的船舶驶出港口未报告的；（二）未取得倾倒许可证，向海洋倾倒废弃物的；（三）在海上焚烧废弃物或者处置放射性废物及其他放射性物质的。有前款第一项行为的，对违法船舶的所有人、经营人或者管理人处三千元以上三万元以下的罚款，对船长、责任船员或者其他责任人员处五百元以上五千元以下的罚款；有前款第二项行为的，处二十万元以上二百万元以下的罚款；有前款第三项行为的，处五十万元以上五百万元以下的罚款。有前款第二项、第三项行为之一，两年内受到行政处罚三次以上的，三年内不得从事废弃物海洋倾倒活动。

第一百零七条 违反本法规定，有下列行为之一，由国务院生态环境主管部门及其海域派出机构、海事管理机构或者海警机构责令改正，处以罚款，暂扣或者吊销倾倒许可证，必要时可以扣押船舶；情节严重的，报经有批准权的人民政府批准，责令停业、关闭：（一）未按照国家规定报告倾倒情况的；（二）未按照国家规定安装使用海洋倾废在线监控设备的；（三）获准倾倒废弃物的单位未依照本法规定委托实施废弃物海洋倾倒作业或者未依照本法规定监督实施的；（四）未按照倾倒许可证的规定倾倒废弃物的。有前款第一项行为的，按次处五千元以上二万元以下的罚款；有前款第二项行为的，处二万元以上二十万元以下的罚款；有前款第三项行为的，处三万元以上三十万元以下的罚款；有前款第四项行为的，处二十万元以上一百万元以下的罚款，被吊销倾倒许可证的，三年内不得从事废弃物海洋倾倒活动。以提供虚假申请材料、欺骗、贿赂等不正当手段申请取得倾倒许可证的，由国务院生态环境主管部门及其海域派出机构依法撤销倾倒许可证，并处二十万元以上五十万元以下的罚款；三年内不得再次申请倾倒许可证。

第一百零八条 违反本法规定，将中华人民共和国境外废弃物运进中华人民共和国管辖海域倾倒的，由海警机构责令改正，根据造成或者可能造成的危害后果，处五十万元以上五百万元以下的罚款。

第一百零九条　违反本法规定，有下列行为之一，由依照本法规定行使海洋环境监督管理权的部门或者机构责令改正，处以罚款：（一）港口、码头、装卸站、船舶修造拆解单位未按照规定配备或者有效运行船舶污染物、废弃物接收设施，或者船舶的结构、配备的防污设备和器材不符合国家防污规定或者未经检验合格的；（二）从事船舶污染物、废弃物接收和船舶清舱、洗舱作业活动，不具备相应接收处理能力的；（三）从事船舶拆解、旧船改装、打捞和其他水上、水下施工作业，造成海洋环境污染损害的；（四）采取冲滩方式进行船舶拆解作业的。有前款第一项、第二项行为之一的，处二万元以上三十万元以下的罚款；有前款第三项行为的，处五万元以上二十万元以下的罚款；有前款第四项行为的，处十万元以上一百万元以下的罚款。

第一百一十条　违反本法规定，有下列行为之一，由依照本法规定行使海洋环境监督管理权的部门或者机构责令改正，处以罚款：（一）未在船上备有有害材料清单，未在船舶建造、营运和维修过程中持续更新有害材料清单，或者未在船舶拆解前将有害材料清单提供给从事船舶拆解单位的；（二）船舶未持有防污证书、防污文书，或者不按照规定监测、监控，如实记载和保存船舶污染物、压载水和沉积物的排放及操作记录的；（三）船舶采取措施提高能效水平未达到有关规定的；（四）进入控制区的船舶不符合船舶污染物排放相关控制要求的；（五）具备岸电供应能力的港口经营人、岸电供电企业未按照国家规定为具备岸电使用条件的船舶提供岸电的；（六）具备岸电使用条件的船舶靠港，不按照国家规定使用岸电的。有前款第一项行为的，处二万元以下的罚款；有前款第二项行为的，处十万元以下的罚款；有前款第三项行为的，处一万元以上十万元以下的罚款；有前款第四项行为的，处三万元以上三十万元以下的罚款；有前款第五项、第六项行为之一的，处一万元以上十万元以下的罚款，情节严重，处十万元以上五十万元以下的罚款。

第一百一十一条　违反本法规定，有下列行为之一，由依照本法规定行使海洋环境监督管理权的部门或者机构责令改正，处以罚款：（一）拒报或者谎报船舶载运污染危害性货物申报事项的；（二）托运人未将托运的污染危害性货物的正式名称、污染危害性以及应当采取的防护措施如实告知承运人的；（三）托运人交付承运人的污染危害性货物的单证、包装、标志、数量限制不符合对所交付货物的有关规定的；（四）托运人在托运的普通货物中夹带污染危害性货物或者将污染危害性货物谎报为普通货物的；（五）需要船舶载运污染危害性不明的货物，未按照有关规定事先进行评估的。有前款第一项行为的，处五万元以下的罚款；有前款第二项行为的，处五万元以上十万元以下的罚款；有前款第三项、第五项行为之一的，处二万元以上十万元以下的罚款；有前款第四项行为的，处十万元以上二十万元以下的罚款。

第一百一十二条　违反本法规定，有下列行为之一，由依照本法规定行使海洋环境监督管理权的部门或者机构责令改正，处一万元以上五万元以下的罚款：（一）载运具有污染危害性货物的船舶未经许可进出港口或者装卸作业的；（二）装卸油类及有毒有害货物的作业，船岸双方未遵守安全防污操作规程的；（三）船舶进行散装液体污染危害性货物的过驳作业，未编制作业方案或者未按照有关规定报经批准的。

第一百一十三条　企业事业单位和其他生产经营者违反本法规定向海域排放、倾倒、处置污染物、废弃物或者其他物质，受到罚款处罚，被责令改正的，依法作出处罚决定的部门或者机构应当组织复查，发现其继续实施该违法行为或者拒绝、阻挠复查的，依照《中华人民共和国环境保护法》的规定按日连续处罚。

第一百一十四条　对污染海洋环境、破坏海洋生态，造成他人损害的，依照《中华人民共和国民法典》等法律的规定承担民事责任。对污染海洋环境、破坏海洋生态，给国家造成重大损失的，由依照本法规定行使海洋环境监督管理权的部门代表国家对责任者提出损害赔偿要求。前款规定的部门不提起诉讼的，人民检察院可以向人民法院提起诉讼。前款规定的部门提起诉讼的，人民检察院可以支持起诉。

第一百一十五条　对违反本法规定，造成海洋环境污染、生态破坏事故的单位，除依法承担赔偿责任外，由依照本法规定行使海洋环境监督管理权的部门或者机构处以罚款；对直接负责的主管人员和其他直接责任人员可以处上一年度从本单位取得收入百分之五十以下的罚款；直接负责的主管人员和其他直接责任人员属于公职人员的，依法给予处分。对造成一般或者较大海洋环境污染、生态破坏事故的，按照直接损失的百分之二十计算罚款；对造成重大或者特大海洋环境污染、生态破坏事故的，按照直接损失的百分之三十计算罚款。

第一百一十六条　完全属于下列情形之一，经过及时采取合理措施，仍然不能避免对海洋环境造成污染损害的，造成污染损害的有关责任者免予承担责任：（一）战争；（二）不可抗拒的自然灾害；（三）负责灯塔或者其他助航设备的主管部门，在执行职责时的疏忽，或者其他过失行为。

第一百一十七条　未依照本法规定缴纳倾倒费的，由国务院生态环境主管部门及其海域派出机构责令限期缴纳；逾期拒不缴纳的，处应缴纳倾倒费数额一倍以上三倍以下的罚款，并可以报经有批准权的人民政府批准，责令停业、关闭。

第一百一十八条　海洋环境监督管理人员滥用职权、玩忽职守、徇私舞弊，造成海洋环境污染损害、生态破坏的，依法给予处分。

第一百一十九条　违反本法规定，构成违反治安管理行为的，依法给予治安管理处罚；构成犯罪的，依法追究刑事责任。

……

防治海洋工程建设项目污染损害海洋环境管理条例

（2006年9月19日中华人民共和国国务院令第475号公布　根据2017年3月1日《国务院关于修改和废止部分行政法规的决定》第一次修订　根据2018年3月19日《国务院关于修改和废止部分行政法规的决定》第二次修订）

第一章　总　则

第一条　为了防治和减轻海洋工程建设项目（以下简称海洋工程）污染损害海洋环境，维护海洋生态平衡，保护海洋资源，根据《中华人民共和国海洋环境保护法》，制定本条例。

第二条　在中华人民共和国管辖海域内从事海洋工程污染损害海洋环境防治活动，适用本条例。

第三条　本条例所称海洋工程，是指以开发、利用、保护、恢复海洋资源为目的，并且工程主体位于海岸线向海一侧的新建、改建、扩建工程。具体包括：（一）围填海、海上堤坝工程；（二）人工岛、海上和海底物资储藏设施、跨海桥梁、海底隧道工程；（三）海底管道、海底电（光）缆工程；（四）海洋矿产资源勘探开发及其附属工程；（五）海上潮汐电站、波浪电站、温差电站等海洋能源开发利用工程；（六）大型海水养殖场、人工鱼礁工程；（七）盐田、海水淡化等海水综合利用工程；（八）海上娱乐及运动、景观开发工程；（九）国家海洋主管部门会同国务院环境保护主管部门规定的其他海洋工程。

第四条　国家海洋主管部门负责全国海洋工程环境保护工作的监督管理，并接受国务院环境保护主管部门的指导、协调和监督。沿海县级以上地方人民政府海洋主管部门负责本行政区域毗邻海域海洋工程环境保护工作的监督管理。

第五条　海洋工程的选址和建设应当符合海洋功能区划、海洋环境保护规划和国家有关环境保护标准，不得影响海洋功能区的环境质量或者损害相邻海域的功能。

第六条　国家海洋主管部门根据国家重点海域污染物排海总量控制指标，分配重点海域海洋工程污染物排海控制数量。

第七条　任何单位和个人对海洋工程污染损害海洋环境、破坏海洋生态等违法行为，都有权向海洋主管部门进行举报。接到举报的海洋主管部门应当依法进行调查处理，并为举报人保密。

第二章　环境影响评价

第八条　国家实行海洋工程环境影响评价制度。海洋工程的环境影响评价，应当以工程对海洋环境和海洋资源的影响为重点进行综合分析、预测和评估，并提出相应的生态保护措施，预防、控制或者减轻工程对海洋环境和海洋资源造成的影响和破坏。海洋工程环境影响报告书应当依据海洋工程环境影响评价技术标准及其他相关环境保护标准编制。编制环境影响报告书应当使用符合国家海洋主管部门要求的调查、监测资料。

第九条　海洋工程环境影响报告书应当包括下列内容：（一）工程概况；（二）工程所在海域环境现状和相邻海域开发利用情况；（三）工程对海洋环境和海洋资源可能造成影响的分析、预测和评估；（四）工程对相邻海域功能和其他开发利用活动影响的分析及预测；（五）工程对海洋环境影响的经济损益分析和环境风险分析；（六）拟采取的环境保护措施及其经济、技术论证；（七）公众参与情况；（八）环境影响评价结论。海洋工程可能对海岸生态环境产生破坏的，其环境影响报告书中应当增加工程对近岸自然保护区等陆地生态系统影响的分析和评价。

第十条　新建、改建、扩建海洋工程的建设单位，应当编制环境影响报告书，报有核准权的海洋主管部门核准。海洋主管部门在核准海洋工程环境影响报告书前，应当征求海事、渔业主管部门和军队环境保护部门的意见；必要时，可以举行听证会。其中，围填海工程必须举行听证会。

第十一条　下列海洋工程的环境影响报告书，由国家海洋主管部门核准：（一）涉及国家海洋权益、国防安全等特殊性质的工程；（二）海洋矿产资源勘探开发及其附属工程；（三）50公顷以上的填海工程，100公顷以上的围海工程；（四）潮汐电站、波浪电站、温差电站等海洋能源开发利用工程；（五）由国务院或者国务院有关部门审批的海洋工程。前款规定以外的海洋工程的环境影响报告书，由沿海县级以上地方人民政府海洋主管部门根据沿海省、自治区、直辖市人民政府规定的权限核准。海洋工程可能造成跨区域环境影响并且有关海洋主管部门对环境影响评价结论有争议的，该工程的环境影响报告书由其共同的上一级海洋主管部门核准。

第十二条　海洋主管部门应当自收到海洋工程环境影响报告书之日起60个工作日内，作出是否核准的决定，书面通知建设单位。需要补充材料的，应当及时通知建设单位，核准期限从材料补齐之日起重新计算。

第十三条 海洋工程环境影响报告书核准后，工程的性质、规模、地点、生产工艺或者拟采取的环境保护措施等发生重大改变的，建设单位应当重新编制环境影响报告书，报原核准该工程环境影响报告书的海洋主管部门核准；海洋工程自环境影响报告书核准之日起超过5年方开工建设的，应当在工程开工建设前，将该工程的环境影响报告书报原核准该工程环境影响报告书的海洋主管部门重新核准。

第十四条 建设单位可以采取招标方式确定海洋工程的环境影响评价单位。其他任何单位和个人不得为海洋工程指定环境影响评价单位。

第三章 海洋工程的污染防治

第十五条 海洋工程的环境保护设施应当与主体工程同时设计、同时施工、同时投产使用。

第十六条 海洋工程的初步设计，应当按照环境保护设计规范和经核准的环境影响报告书的要求，编制环境保护篇章，落实环境保护措施和环境保护投资概算。

第十七条 建设单位应当在海洋工程投入运行之日30个工作日前，向原核准该工程环境影响报告书的海洋主管部门申请环境保护设施的验收；海洋工程投入试运行的，应当自该工程投入试运行之日起60个工作日内，向原核准该工程环境影响报告书的海洋主管部门申请环境保护设施的验收。分期建设、分期投入运行的海洋工程，其相应的环境保护设施应当分期验收。

第十八条 海洋主管部门应当自收到环境保护设施验收申请之日起30个工作日内完成验收；验收不合格的，应当限期整改。海洋工程需要配套建设的环境保护设施未经海洋主管部门验收或者经验收不合格的，该工程不得投入运行。建设单位不得擅自拆除或者闲置海洋工程的环境保护设施。

第十九条 海洋工程在建设、运行过程中产生不符合经核准的环境影响报告书的情形的，建设单位应当自该情形出现之日起20个工作日内组织环境影响的后评价，根据后评价结论采取改进措施，并将后评价结论和采取的改进措施报原核准该工程环境影响报告书的海洋主管部门备案；原核准该工程环境影响报告书的海洋主管部门也可以责成建设单位进行环境影响的后评价，采取改进措施。

第二十条　严格控制围填海工程。禁止在经济生物的自然产卵场、繁殖场、索饵场和鸟类栖息地进行围填海活动。围填海工程使用的填充材料应当符合有关环境保护标准。

第二十一条　建设海洋工程，不得造成领海基点及其周围环境的侵蚀、淤积和损害，危及领海基点的稳定。进行海上堤坝、跨海桥梁、海上娱乐及运动、景观开发工程建设的，应当采取有效措施防止对海岸的侵蚀或者淤积。

第二十二条　污水离岸排放工程排污口的设置应当符合海洋功能区划和海洋环境保护规划，不得损害相邻海域的功能。污水离岸排放不得超过国家或者地方规定的排放标准。在实行污染物排海总量控制的海域，不得超过污染物排海总量控制指标。

第二十三条　从事海水养殖的养殖者，应当采取科学的养殖方式，减少养殖饵料对海洋环境的污染。因养殖污染海域或者严重破坏海洋景观的，养殖者应当予以恢复和整治。

第二十四条　建设单位在海洋固体矿产资源勘探开发工程的建设、运行过程中，应当采取有效措施，防止污染物大范围悬浮扩散，破坏海洋环境。

第二十五条　海洋油气矿产资源勘探开发作业中应当配备油水分离设施、含油污水处理设备、排油监控装置、残油和废油回收设施、垃圾粉碎设备。海洋油气矿产资源勘探开发作业中所使用的固定式平台、移动式平台、浮式储油装置、输油管线及其他辅助设施，应当符合防渗、防漏、防腐蚀的要求；作业单位应当经常检查，防止发生漏油事故。前款所称固定式平台和移动式平台，是指海洋油气矿产资源勘探开发作业中所使用的钻井船、钻井平台、采油平台和其他平台。

第二十六条　海洋油气矿产资源勘探开发单位应当办理有关污染损害民事责任保险。

第二十七条　海洋工程建设过程中需要进行海上爆破作业的，建设单位应当在爆破作业前报告海洋主管部门，海洋主管部门应当及时通报海事、渔业等有关部门。进行海上爆破作业，应当设置明显的标志、信号，并采取有效措施保护海洋资源。在重要渔业水域进行炸药爆破作业或者进行其他可能对渔业资源造成损害的作业活动的，应当避开主要经济类鱼虾的产卵期。

第二十八条　海洋工程需要拆除或者改作他用的，应当在作业前报原核准该工程环境影响报告书的海洋主管部门备案。拆除或者改变用途后可能产生重大环境影响的，应当进行环境影响评价。海洋工程需要在海上弃置的，应当拆除可能造成海洋环境污染损害或者影响海洋资源开发利用的部分，并按照有关海洋倾倒废弃物管理的规定进行。海洋工程拆除时，施工单位应当编制拆除的环境保护方案，采取必要的措施，防止对海洋环境造成污染和损害。

第四章　污染物排放管理

第二十九条　海洋油气矿产资源勘探开发作业中产生的污染物的处置，应当遵守下列规定：（一）含油污水不得直接或者经稀释排放入海，应当经处理符合国家有关排放标准后再排放；（二）塑料制品、残油、废油、油基泥浆、含油垃圾和其他有毒有害残液残渣，不得直接排放或者弃置入海，应当集中储存在专门容器中，运回陆地处理。

第三十条　严格控制向水基泥浆中添加油类，确需添加的，应当如实记录并向原核准该工程环境影响报告书的海洋主管部门报告添加油的种类和数量。禁止向海域排放含油量超过国家规定标准的水基泥浆和钻屑。

第三十一条　建设单位在海洋工程试运行或者正式投入运行后，应当如实记录污染物排放设施、处理设备的运转情况及其污染物的排放、处置情况，并按照国家海洋主管部门的规定，定期向原核准该工程环境影响报告书的海洋主管部门报告。

第三十二条　县级以上人民政府海洋主管部门，应当按照各自的权限核定海洋工程排放污染物的种类、数量，根据国务院价格主管部门和财政部门制定的收费标准确定排污者应当缴纳的排污费数额。排污者应当到指定的商业银行缴纳排污费。

第三十三条　海洋油气矿产资源勘探开发作业中应当安装污染物流量自动监控仪器，对生产污水、机舱污水和生活污水的排放进行计量。

第三十四条　禁止向海域排放油类、酸液、碱液、剧毒废液和高、中水平放射性废水；严格限制向海域排放低水平放射性废水，确需排放的，应当符合国家放射性污染防治标准。严格限制向大气排放含有毒物质的气体，确需排放的，应当经过净化处理，并不得超过国家或者地方规定的排放标准；向大气排放含放射性物质的气体，应当符合国家放射性污染防治标准。严格控制向海域排放含有不易降解的有机物和重金属的废水；其他污染物的排放应当符合国家或者地方标准。

第三十五条　海洋工程排污费全额纳入财政预算，实行"收支两条线"管理，并全部专项用于海洋环境污染防治。具体办法由国务院财政部门会同国家海洋主管部门制定。

第五章　污染事故的预防和处理

第三十六条　建设单位应当在海洋工程正式投入运行前制定防治海洋工程污染损害海洋环境的应急预案，报原核准该工程环境影响报告书的海洋主管部门和有关主管部门备案。

第三十七条　防治海洋工程污染损害海洋环境的应急预案应当包括以下内容：（一）工程及其相邻海域的环境、资源状况；（二）污染事故风险分析；（三）应急设施的配备；（四）污染事故的处理方案。

第三十八条　海洋工程在建设、运行期间，由于发生事故或者其他突发性事件，造成或者可能造成海洋环境污染事故时，建设单位应当立即向可能受到污染的沿海县级以上地方人民政府海洋主管部门或者其他有关主管部门报告，并采取有效措施，减轻或者消除污染，同时通报可能受到危害的单位和个人。沿海县级以上地方人民政府海洋主管部门或者其他有关主管部门接到报告后，应当按照污染事故分级规定及时向县级以上人民政府和上级有关主管部门报告。县级以上人民政府和有关主管部门应当按照各自的职责，立即派人赶赴现场，采取有效措施，消除或者减轻危害，对污染事故进行调查处理。

第三十九条　在海洋自然保护区内进行海洋工程建设活动，应当按照国家有关海洋自然保护区的规定执行。

<h2 style="text-align:center">第六章　监督检查</h2>

第四十条　县级以上人民政府海洋主管部门负责海洋工程污染损害海洋环境防治的监督检查，对违反海洋污染防治法律、法规的行为进行查处。县级以上人民政府海洋主管部门的监督检查人员应当严格按照法律、法规规定的程序和权限进行监督检查。

第四十一条　县级以上人民政府海洋主管部门依法对海洋工程进行现场检查时，有权采取下列措施：（一）要求被检查单位或者个人提供与环境保护有关的文件、证件、数据以及技术资料等，进行查阅或者复制；（二）要求被检查单位负责人或者相关人员就有关问题作出说明；（三）进入被检查单位的工作现场进行监测、勘查、取样检验、拍照、摄像；（四）检查各项环境保护设施、设备和器材的安装、运行情况；（五）责令违法者停止违法活动，接受调查处理；（六）要求违法者采取有效措施，防止污染事态扩大。

第四十二条　县级以上人民政府海洋主管部门的监督检查人员进行现场执法检查时，应当出示规定的执法证件。用于执法检查、巡航监视的公务飞机、船舶和车辆应当有明显的执法标志。

第四十三条　被检查单位和个人应当如实提供材料，不得拒绝或者阻碍监督检查人员依法执行公务。有关单位和个人对海洋主管部门的监督检查工作应当予以配合。

第四十四条　县级以上人民政府海洋主管部门对违反海洋污染防治法律、法规的行为，应当依法作出行政处理决定；有关海洋主管部门不依法作出行政处理决定的，上级海洋主管部门有权责令其依法作出行政处理决定或者直接作出行政处理决定。

<h2 style="text-align:center">第七章　法律责任</h2>

第四十五条　建设单位违反本条例规定，有下列行为之一的，由负责核准该工程环境影响报告书的海洋主管部门责令停止建设、运行，限期补办手续，并处5万元以上20万元以下的罚款：（一）环境影响报告书未经核准，擅自开工建设的；（二）海洋工程环境保护设施未申请验收或

者经验收不合格即投入运行的。

第四十六条　建设单位违反本条例规定，有下列行为之一的，由原核准该工程环境影响报告书的海洋主管部门责令停止建设、运行，限期补办手续，并处5万元以上20万元以下的罚款：（一）海洋工程的性质、规模、地点、生产工艺或者拟采取的环境保护措施发生重大改变，未重新编制环境影响报告书报原核准该工程环境影响报告书的海洋主管部门核准的；（二）自环境影响报告书核准之日起超过5年，海洋工程方开工建设，其环境影响报告书未重新报原核准该工程环境影响报告书的海洋主管部门核准的；（三）海洋工程需要拆除或者改作他用时，未报原核准该工程环境影响报告书的海洋主管部门备案或者未按要求进行环境影响评价的。

第四十七条　建设单位违反本条例规定，有下列行为之一的，由原核准该工程环境影响报告书的海洋主管部门责令限期改正；逾期不改正的，责令停止运行，并处1万元以上10万元以下的罚款：（一）擅自拆除或者闲置环境保护设施的；（二）未在规定时间内进行环境影响后评价或者未按要求采取整改措施的。

第四十八条　建设单位违反本条例规定，有下列行为之一的，由县级以上人民政府海洋主管部门责令停止建设、运行，限期恢复原状；逾期未恢复原状的，海洋主管部门可以指定具有相应资质的单位代为恢复原状，所需费用由建设单位承担，并处恢复原状所需费用1倍以上2倍以下的罚款：（一）造成领海基点及其周围环境被侵蚀、淤积或者损害的；（二）违反规定在海洋自然保护区内进行海洋工程建设活动的。

第四十九条　建设单位违反本条例规定，在围填海工程中使用的填充材料不符合有关环境保护标准的，由县级以上人民政府海洋主管部门责令限期改正；逾期不改正的，责令停止建设、运行，并处5万元以上20万元以下的罚款；造成海洋环境污染事故，直接负责的主管人员和其他直接责任人员构成犯罪的，依法追究刑事责任。

第五十条　建设单位违反本条例规定，有下列行为之一的，由原核准该工程环境影响报告书的海洋主管部门责令限期改正；逾期不改正的，处1万元以上5万元以下的罚款：（一）未按规定报告污染物排放设施、处理设备的运转情况或者污染物的排放、处置情况的；（二）未按规定报告其向水基泥浆中添加油的种类和数量的；（三）未按规定将防治海洋工程污染损害海洋环境的应急预案备案的；（四）在海上爆破作业前未按规定报告海洋主管部门的；（五）进行海上爆破作业时，未按规定设置明显标志、信号的。

第五十一条　建设单位违反本条例规定，进行海上爆破作业时未采取有效措施保护海洋资源的，由县级以上人民政府海洋主管部门责令限期改正；逾期未改正的，处1万元以上10万元以下的罚款。建设单位违反本条例规定，在重要渔业水域进行炸药爆破或者进行其他可能对渔业资源造成损害的作业，未避开主要经济类鱼虾产卵期的，由县级以上人民政府海洋主管部门予以警告、责令停止作业，并处5万元以上20万元以下的罚款。

第五十二条　海洋油气矿产资源勘探开发单位违反本条例规定向海洋排放含油污水，或者将塑料制品、残油、废油、油基泥浆、含油垃圾和其他有毒有害残液残渣直接排放或者弃置入海的，由国家海洋主管部门或者其派出机构责令限期清理，并处2万元以上20万元以下的罚款；逾期未清理的，国家海洋主管部门或者其派出机构可以指定有相应资质的单位代为清理，所需费用由海洋油气矿产资源勘探开发单位承担；造成海洋环境污染事故，直接负责的主管人员和其他直接责任人员构成犯罪的，依法追究刑事责任。

第五十三条　海水养殖者未按规定采取科学的养殖方式，对海洋环境造成污染或者严重影响海洋景观的，由县级以上人民政府海洋主管部门责令限期改正；逾期不改正的，责令停止养殖活动，并处清理污染或者恢复海洋景观所需费用1倍以上2倍以下的罚款。

第五十四条　建设单位未按本条例规定缴纳排污费的，由县级以上人民政府海洋主管部门责令限期缴纳；逾期拒不缴纳的，处应缴纳排污费数额2倍以上3倍以下的罚款。

第五十五条　违反本条例规定，造成海洋环境污染损害的，责任者应当排除危害，赔偿损失。完全由于第三者的故意或者过失造成海洋环境污染损害的，由第三者排除危害，承担赔偿责任。违反本条例规定，造成海洋环境污染事故，直接负责的主管人员和其他直接责任人员构成犯罪的，依法追究刑事责任。

第五十六条　海洋主管部门的工作人员违反本条例规定，有下列情形之一的，依法给予行政处分；构成犯罪的，依法追究刑事责任：（一）未按规定核准海洋工程环境影响报告书的；（二）未按规定验收环境保护设施的；（三）未按规定对海洋环境污染事故进行报告和调查处理的；（四）未按规定征收排污费的；（五）未按规定进行监督检查的。

第八章　附　　则

第五十七条　船舶污染的防治按照国家有关法律、行政法规的规定执行。

第五十八条　本条例自2006年11月1日起施行。

防治海岸工程建设项目污染损害海洋环境管理条例

（1990年6月25日中华人民共和国国务院令第62号公布　根据2007年9月25日《国务院关于修改〈中华人民共和国防治海岸工程建设项目污染损害海洋环境管理条例〉的决定》第一次修订　根据2017年3月1日《国务院关于修改和废止部分行政法规的决定》第二次修订　根据2018年3月19日《国务院关于修改和废止部分行政法规的决定》第三次修订）

第一条　为加强海岸工程建设项目的环境保护管理，严格控制新的污染，保护和改善海洋环境，根据《中华人民共和国海洋环境保护法》，制定本条例。

第二条　本条例所称海岸工程建设项目，是指位于海岸或者与海岸连接，工程主体位于海岸线向陆一侧，对海洋环境产生影响的新建、改建、扩建工程项目。具体包括：（一）港口、码头、航道、滨海机场工程项目；（二）造船厂、修船厂；（三）滨海火电站、核电站、风电站；（四）滨海物资存储设施工程项目；（五）滨海矿山、化工、轻工、冶金等工业工程项目；（六）固体废弃物、污水等污染物处理处置排海工程项目；（七）滨海大型养殖场；（八）海岸防护工程、砂石场和入海河口处的水利设施；（九）滨海石油勘探开发工程项目；（十）国务院环境保护主管部门会同国家海洋主管部门规定的其他海岸工程项目。

第三条　本条例适用于在中华人民共和国境内兴建海岸工程建设项目的一切单位和个人。拆船厂建设项目的环境保护管理，依照《防止拆船污染环境管理条例》执行。

第四条　建设海岸工程建设项目，应当符合所在经济区的区域环境保护规划的要求。

第五条　国务院环境保护主管部门，主管全国海岸工程建设项目的环境保护工作。沿海县级以上地方人民政府环境保护主管部门，主管本行政区域内的海岸工程建设项目的环境保护工作。

第六条　新建、改建、扩建海岸工程建设项目，应当遵守国家有关建设项目环境保护管理的规定。

第七条　海岸工程建设项目的建设单位，应当依法编制环境影响报告书（表），报环境保护主管部门审批。环境保护主管部门在批准海岸工程建设项目的环境影响报告书（表）之前，应当征求海洋、海事、渔业主管部门和军队环境保护部门的意见。禁止在天然港湾有航运价值的区域、重要苗种基地和养殖场所及水面、滩涂中的鱼、虾、蟹、贝、藻类的自然产卵场、繁殖场、索饵场及重要的洄游通道围海造地。

第八条　海岸工程建设项目环境影响报告书的内容，除按有关规定编制外，还应当包括：（一）所在地及其附近海域的环境状况；（二）建设过程中和建成后可能对海洋环境造成的影响；（三）海洋环境保护措施及其技术、经济可行性论证结论；（四）建设项目海洋环境影响评价结论。海岸工程建设项目环境影响报告表，应当参照前款规定填报。

第九条　禁止兴建向中华人民共和国海域及海岸转嫁污染的中外合资经营企业、中外合作经营企业和外资企业；海岸工程建设项目引进技术和设备，应当有相应的防治污染措施，防止转嫁污染。

第十条　在海洋特别保护区、海上自然保护区、海滨风景游览区、盐场保护区、海水浴场、重要渔业水域和其他需要特殊保护的区域内不得建设污染环境、破坏景观的海岸工程建设项目；在其区域外建设海岸工程建设项目的，不得损害上述区域的环境质量。法律法规另有规定的除外。

第十一条　海岸工程建设项目竣工验收时，建设项目的环境保护设施经验收合格后，该建设项目方可正式投入生产或者使用。

第十二条　县级以上人民政府环境保护主管部门，按照项目管理权限，可以会同有关部门对海岸工程建设项目进行现场检查，被检查者应当如实反映情况、提供资料。检查者有责任为被检查者保守技术秘密和业务秘密。法律法规另有规定的除外。

第十三条　设置向海域排放废水设施的，应当合理利用海水自净能力，选择好排污口的位置。采用暗沟或者管道方式排放的，出水管口位置应当在低潮线以下。

第十四条　建设港口、码头，应当设置与其吞吐能力和货物种类相适应的防污设施。港口、油码头、化学危险品码头，应当配备海上重大污染损害事故应急设备和器材。现有港口、码头未达到前两款规定要求的，由环境保护主管部门会同港口、码头主管部门责令其限期设置或者配备。

第十五条　建设岸边造船厂、修船厂，应当设置与其性质、规模相适应的残油、废油接收处理设施，含油废水接收处理设施，拦油、收油、消油设施，工业废水接收处理设施，工业和船舶垃圾接收处理设施等。

第十六条　建设滨海核电站和其他核设施，应当严格遵守国家有关核环境保护和放射防护的规定及标准。

第十七条　建设岸边油库，应当设置含油废水接收处理设施，库场地面冲刷废水的集接、处理设施和事故应急设施；输油管线和储油设施应当符合国家关于防渗漏、防腐蚀的规定。

第十八条　建设滨海矿山，在开采、选矿、运输、贮存、冶炼和尾矿处理等过程中，应当按照有关规定采取防止污染损害海洋环境的措施。

第十九条　建设滨海垃圾场或者工业废渣填埋场，应当建造防护堤坝和场底封闭层，设置渗液收集、导出、处理系统和可燃性气体防爆装置。

第二十条　修筑海岸防护工程，在入海河口处兴建水利设施、航道或者综合整治工程，应当采取措施，不得损害生态环境及水产资源。

第二十一条　兴建海岸工程建设项目，不得改变、破坏国家和地方重点保护的野生动植物的生存环境。不得兴建可能导致重点保护的野生动植物生存环境污染和破坏的海岸工程建设项目；确需兴建的，应当征得野生动植物行政主管部门同意，并由建设单位负责组织采取易地繁育等措施，保证物种延续。在鱼、虾、蟹、贝类的洄游通道建闸、筑坝，对渔业资源有严重影响的，建设单位应当建造过鱼设施或者采取其他补救措施。

第二十二条　集体所有制单位或者个人在全民所有的水域、海涂，建设构不成基本建设项目的养殖工程的，应当在县级以上地方人民政府规划的区域内进行。集体所有制单位或者个人零星经营性采挖砂石，应当在县级以上地方人民政府指定的区域内采挖。

第二十三条　禁止在红树林和珊瑚礁生长的地区，建设毁坏红树林和珊瑚礁生态系统的海岸工程建设项目。

第二十四条　兴建海岸工程建设项目，应当防止导致海岸非正常侵蚀。禁止在海岸保护设施管理部门规定的海岸保护设施的保护范围内从事爆破、采挖砂石、取土等危害海岸保护设施安全的活动。非经国务院授权的有关主管部门批准，不得占用或者拆除海岸保护设施。

第二十五条　未持有经审核和批准的环境影响报告书（表），兴建海岸工程建设项目的，依照《中华人民共和国海洋环境保护法》第七十九条的规定予以处罚。

第二十六条　拒绝、阻挠环境保护主管部门进行现场检查，或者在被检查时弄虚作假的，由县级以上人民政府环境保护主管部门依照《中华人民共和国海洋环境保护法》第七十五条的规定予以处罚。

第二十七条　海岸工程建设项目的环境保护设施未建成或者未达到规定要求，该项目即投入生产、使用的，依照《中华人民共和国海洋环境保护法》第八十条的规定予以处罚。

第二十八条　环境保护主管部门工作人员滥用职权、玩忽职守、徇私舞弊的，由其所在单位或者上级主管机关给予行政处分；构成犯罪的，依法追究刑事责任。

第二十九条　本条例自1990年8月1日起施行。

防治船舶污染海洋环境管理条例

（2009年9月9日中华人民共和国国务院令第561号公布　根据2013年7月18日《国务院关于废止和修改部分行政法规的决定》第一次修订　根据2013年12月7日《国务院关于修改部分行政法规的决定》第二次修订　根据2014年7月29日《国务院关于修改部分行政法规的决定》第三次修订　根据2016年2月6日《国务院关于修改部分行政法规的决定》第四次修订　根据2017年3月1日《国务院关于修改和废止部分行政法规的决定》第五次修订　根据2018年3月19日《国务院关于修改和废止部分行政法规的决定》第六次修订）

第一章　总　则

第一条　为了防治船舶及其有关作业活动污染海洋环境，根据《中华人民共和国海洋环境保护法》，制定本条例。

第二条　防治船舶及其有关作业活动污染中华人民共和国管辖海域适用本条例。

第三条　防治船舶及其有关作业活动污染海洋环境，实行预防为主、防治结合的原则。

第四条　国务院交通运输主管部门主管所辖港区水域内非军事船舶和港区水域外非渔业、非军事船舶污染海洋环境的防治工作。海事管理机构依照本条例规定具体负责防治船舶及其有关作业活动污染海洋环境的监督管理。

第五条　国务院交通运输主管部门应当根据防治船舶及其有关作业活动污染海洋环境的需要，组织编制防治船舶及其有关作业活动污染海洋环境应急能力建设规划，报国务院批准后公布实施。沿海设区的市级以上地方人民政府应当按照国务院批准的防治船舶及其有关作业活动污染海洋环境应急能力建设规划，并根据本地区的实际情况，组织编制相应的防治船舶及其有关作业活动污染海洋环境应急能力建设规划。

第六条　国务院交通运输主管部门、沿海设区的市级以上地方人民政府应当建立健全防治船舶及其有关作业活动污染海洋环境应急反应机制，并制定防治船舶及其有关作业活动污染海洋环境应急预案。

第七条　海事管理机构应当根据防治船舶及其有关作业活动污染海洋环境的需要，会同海洋主管部门建立健全船舶及其有关作业活动污染海洋环境的监测、监视机制，加强对船舶及其有关作业活动污染海洋环境的监测、监视。

第八条　国务院交通运输主管部门、沿海设区的市级以上地方人民政府应当按照防治船舶及其有关作业活动污染海洋环境应急能力建设规划，建立专业应急队伍和应急设备库，配备专用的设施、设备和器材。

第九条　任何单位和个人发现船舶及其有关作业活动造成或者可能造成海洋环境污染的，应当立即就近向海事管理机构报告。

第二章　防治船舶及其有关作业活动污染海洋环境的一般规定

第十条　船舶的结构、设备、器材应当符合国家有关防治船舶污染海洋环境的技术规范以及中华人民共和国缔结或者参加的国际条约的要求。船舶应当依照法律、行政法规、国务院交通运输主管部门的规定以及中华人民共和国缔结或者参加的国际条约的要求，取得并随船携带相应的防治船舶污染海洋环境的证书、文书。

第十一条　中国籍船舶的所有人、经营人或者管理人应当按照国务院交通运输主管部门的规定，建立健全安全营运和防治船舶污染管理体系。海事管理机构应当对安全营运和防治船舶污染管理体系进行审核，审核合格的，发给符合证明和相应的船舶安全管理证书。

第十二条　港口、码头、装卸站以及从事船舶修造的单位应当配备与其装卸货物种类和吞吐能力或者修造船舶能力相适应的污染监视设施和污染物接收设施，并使其处于良好状态。

第十三条　港口、码头、装卸站以及从事船舶修造、打捞、拆解等作业活动的单位应当制定有关安全营运和防治污染的管理制度，按照国家有关防治船舶及其有关作业活动污染海洋环境的规范和标准，配备相应的防治污染设备和器材。港口、码头、装卸站以及从事船舶修造、打捞、拆解等作业活动的单位，应当定期检查、维护配备的防治污染设备和器材，确保防治污染设备和器材符合防治船舶及其有关作业活动污染海洋环境的要求。

第十四条　船舶所有人、经营人或者管理人应当制定防治船舶及其有关作业活动污染海洋环境的应急预案，并报海事管理机构备案。港口、码头、装卸站的经营人以及有关作业单位应当制定防治船舶及其有关作业活动污染海洋环境的应急预案，并报海事管理机构和环境保护主管部门备案。船舶、港口、码头、装卸站以及其他有关作业单位应当按照应急预案，定期组织演练，并做好相应记录。

第三章　船舶污染物的排放和接收

第十五条　船舶在中华人民共和国管辖海域向海洋排放的船舶垃圾、生活污水、含油污水、含有毒有害物质污水、废气等污染物以及压载水，应当符合法律、行政法规、中华人民共和国缔结或者参加的国际条约以及相关标准的要求。船舶应当将不符合前款规定的排放要求的污染物排入港口接收设施或者由船舶污染物接收单位接收。船舶不得向依法划定的海洋自然保护区、海滨风景名胜区、重要渔业水域以及其他需要特别保护的海域排放船舶污染物。

第十六条　船舶处置污染物，应当在相应的记录簿内如实记录。船舶应当将使用完毕的船舶垃圾记录簿在船舶上保留2年；将使用完毕的含油污水、含有毒有害物质污水记录簿在船舶上保留3年。

第十七条　船舶污染物接收单位从事船舶垃圾、残油、含油污水、含有毒有害物质污水接收作业，应当编制作业方案，遵守相关操作规程，并采取必要的防污染措施。船舶污染物接收单位应当将船舶污染物接收情况按照规定向海事管理机构报告。

第十八条　船舶污染物接收单位接收船舶污染物，应当向船舶出具污染物接收单证，经双方签字确认并留存至少2年。污染物接收单证应当注明作业双方名称，作业开始和结束的时间、地点，以及污染物种类、数量等内容。船舶应当将污染物接收单证保存在相应的记录簿中。

第十九条　船舶污染物接收单位应当按照国家有关污染物处理的规定处理接收的船舶污染物，并每月将船舶污染物的接收和处理情况报海事管理机构备案。

第四章　船舶有关作业活动的污染防治

第二十条　从事船舶清舱、洗舱、油料供受、装卸、过驳、修造、打捞、拆解，污染危害性货物装箱、充罐，污染清除作业以及利用船舶进行水上水下施工等作业活动的，应当遵守相关操作规程，并采取必要的安全和防治污染的措施。从事前款规定的作业活动的人员，应当具备相关安全和防治污染的专业知识和技能。

第二十一条　船舶不符合污染危害性货物适载要求的，不得载运污染危害性货物，码头、装卸站不得为其进行装载作业。污染危害性货物的名录由国家海事管理机构公布。

第二十二条　载运污染危害性货物进出港口的船舶，其承运人、货物所有人或者代理人，应当向海事管理机构提出申请，经批准方可进出港口或者过境停留。

第二十三条　载运污染危害性货物的船舶，应当在海事管理机构公布的具有相应安全装卸和污染物处理能力的码头、装卸站进行装卸作业。

第二十四条　货物所有人或者代理人交付船舶载运污染危害性货物，应当确保货物的包装与标志等符合有关安全和防治污染的规定，并在运输单证上准确注明货物的技术名称、编号、类别（性质）、数量、注意事项和应急措施等内容。货物所有人或者代理人交付船舶载运污染危害性不明的货物，应当委托有关技术机构进行危害性评估，明确货物的危害性质以及有关安全和防治污染要求，方可交付船舶载运。

第二十五条　海事管理机构认为交付船舶载运的污染危害性货物应当申报而未申报，或者申报的内容不符合实际情况的，可以按照国务院交通运输主管部门的规定采取开箱等方式查验。海事管理机构查验污染危害性货物，货物所有人或者代理人应当到场，并负责搬移货物，开拆和重封货物的包装。海事管理机构认为必要的，可以径行查验、复验或者提取货样，有关单位和个人应当配合。

第二十六条　进行散装液体污染危害性货物过驳作业的船舶，其承运人、货物所有人或者代理人应当向海事管理机构提出申请，告知作业地点，并附送过驳作业方案、作业程序、防治污染措施等材料。海事管理机构应当自受理申请之日起2个工作日内作出许可或者不予许可的决定。2个工作日内无法作出决定的，经海事管理机构负责人批准，可以延长5个工作日。

第二十七条　依法获得船舶油料供受作业资质的单位，应当向海事管理机构备案。海事管理机构应当对船舶油料供受作业进行监督检查，发现不符合安全和防治污染要求的，应当予以制止。

第二十八条　船舶燃油供给单位应当如实填写燃油供受单证，并向船舶提供船舶燃油供受单证和燃油样品。船舶和船舶燃油供给单位应当将燃油供受单证保存3年，并将燃油样品妥善保存1年。

第二十九条　船舶修造、水上拆解的地点应当符合环境功能区划和海洋功能区划。

第三十条　从事船舶拆解的单位在船舶拆解作业前，应当对船舶上的残余物和废弃物进行处置，将油舱（柜）中的存油驳出，进行船舶清舱、洗舱、测爆等工作。从事船舶拆解的单位应当及时清理船舶拆解现场，并按照国家有关规定处理船舶拆解产生的污染物。禁止采取冲滩方式进行船舶拆解作业。

第三十一条　禁止船舶经过中华人民共和国内水、领海转移危险废物。经过中华人民共和国管辖的其他海域转移危险废物的，应当事先取得国务院环境保护主管部门的书面同意，并按照海事管理机构指定的航线航行，定时报告船舶所处的位置。

第三十二条　船舶向海洋倾倒废弃物，应当如实记录倾倒情况。返港后，应当向驶出港所在地的海事管理机构提交书面报告。

第三十三条　载运散装液体污染危害性货物的船舶和1万总吨以上的其他船舶，其经营人应当在作业前或者进出港口前与符合国家有关技术规范的污染清除作业单位签订污染清除作业协议，明确双方在发生船舶污染事故后污染清除的权利和义务。与船舶经营人签订污染清除作业协议的污染清除作业单位应当在发生船舶污染事故后，按照污染清除作业协议及时进行污染清除作业。

第五章　船舶污染事故应急处置

第三十四条　本条例所称船舶污染事故，是指船舶及其有关作业活动发生油类、油性混合物和其他有毒有害物质泄漏造成的海洋环境污染事故。

第三十五条　船舶污染事故分为以下等级：（一）特别重大船舶污染事故，是指船舶溢油1000吨以上，或者造成直接经济损失2亿元以上的船舶污染事故；（二）重大船舶污染事故，是指船舶溢油500吨以上不足1000吨，或者造成直接经济损失1亿元以上不足2亿元的船舶污染事故；（三）较大船舶污染事故，是指船舶溢油100吨以上不足500吨，或者造成直接经济损失5000万元以上不足1亿元的船舶污染事故；（四）一般船舶污染事故，是指船舶溢油不足100吨，或者造成直接经济损失不足5000万元的船舶污染事故。

第三十六条　船舶在中华人民共和国管辖海域发生污染事故，或者在中华人民共和国管辖海域外发生污染事故造成或者可能造成中华人民共和国管辖海域污染的，应当立即启动相应的应急预案，采取措施控制和消除污染，并就近向有关海事管理机构报告。发现船舶及其有关作业活动可能对海洋环境造成污染的，船舶、码头、装卸站应当立即采取相应的应急处置措施，并就近向有关海事管理机构报告。接到报告的海事管理机构应当立即核实有关情况，并向上级海事管理机构或者国务院交通运输主管部门报告，同时报告有关沿海设区的市级以上地方人民政府。

第三十七条　船舶污染事故报告应当包括下列内容：（一）船舶的名称、国籍、呼号或者编号；（二）船舶所有人、经营人或者管理人的名称、地址；（三）发生事故的时间、地点以及相关气象和水文情况；（四）事故原因或者事故原因的初步判断；（五）船舶上污染物的种类、数量、装载位置等概况；（六）污染程度；（七）已经采取或者准备采取的污染控制、清除措施和污染控制情况以及救助要求；（八）国务院交通运输主管部门规定应当报告的其他事项。作出船舶污染事故报告后出现新情况的，船舶、有关单位应当及时补报。

第三十八条　发生特别重大船舶污染事故，国务院或者国务院授权国务院交通运输主管部门成立事故应急指挥机构。发生重大船舶污染事故，有关省、自治区、直辖市人民政府应当会同海事管理机构成立事故应急指挥机构。发生较大船舶污染事故和一般船舶污染事故，有关设区的市级人民政府应当会同海事管理机构成立事故应急指挥机构。有关部门、单位应当在事故应急指挥机构统一组织和指挥下，按照应急预案的分工，开展相应的应急处置工作。

第三十九条　船舶发生事故有沉没危险，船员离船前，应当尽可能关闭所有货舱（柜）、油舱（柜）管系的阀门，堵塞货舱（柜）、油舱（柜）通气孔。船舶沉没的，船舶所有人、经营人或者管理人应当及时向海事管理机构报告船舶燃油、污染危害性货物以及其他污染物的性质、数量、种类、装载位置等情况，并及时采取措施予以清除。

第四十条　发生船舶污染事故或者船舶沉没，可能造成中华人民共和国管辖海域污染的，有关沿海设区的市级以上地方人民政府、海事管理机构根据应急处置的需要，可以征用有关单位或者个人的船舶和防治污染设施、设备、器材以及其他物资，有关单位和个人应当予以配合。被征用的船舶和防治污染设施、设备、器材以及其他物资使用完毕或者应急处置工作结束，应当及时返还。船舶和防治污染设施、设备、器材以及其他物资被征用或者征用后毁损、灭失的，应当给予补偿。

第四十一条　发生船舶污染事故，海事管理机构可以采取清除、打捞、拖航、引航、过驳等必要措施，减轻污染损害。相关费用由造成海洋环境污染的船舶、有关作业单位承担。需要承担前款规定费用的船舶，应当在开航前缴清相关费用或者提供相应的财务担保。

第四十二条　处置船舶污染事故使用的消油剂，应当符合国家有关标准。

第六章　船舶污染事故调查处理

第四十三条　船舶污染事故的调查处理依照下列规定进行：（一）特

别重大船舶污染事故由国务院或者国务院授权国务院交通运输主管部门等部门组织事故调查处理；（二）重大船舶污染事故由国家海事管理机构组织事故调查处理；（三）较大船舶污染事故和一般船舶污染事故由事故发生地的海事管理机构组织事故调查处理。船舶污染事故给渔业造成损害的，应当吸收渔业主管部门参与调查处理；给军事港口水域造成损害的，应当吸收军队有关主管部门参与调查处理。

第四十四条　发生船舶污染事故，组织事故调查处理的机关或者海事管理机构应当及时、客观、公正地开展事故调查，勘验事故现场，检查相关船舶，询问相关人员，收集证据，查明事故原因。

第四十五条　组织事故调查处理的机关或者海事管理机构根据事故调查处理的需要，可以暂扣相应的证书、文书、资料；必要时，可以禁止船舶驶离港口或者责令停航、改航、停止作业直至暂扣船舶。

第四十六条　组织事故调查处理的机关或者海事管理机构开展事故调查时，船舶污染事故的当事人和其他有关人员应当如实反映情况和提供资料，不得伪造、隐匿、毁灭证据或者以其他方式妨碍调查取证。

第四十七条　组织事故调查处理的机关或者海事管理机构应当自事故调查结束之日起20个工作日内制作事故认定书，并送达当事人。事故认定书应当载明事故基本情况、事故原因和事故责任。

第七章　船舶污染事故损害赔偿

第四十八条　造成海洋环境污染损害的责任者，应当排除危害，并赔偿损失；完全由于第三者的故意或者过失，造成海洋环境污染损害的，由第三者排除危害，并承担赔偿责任。

第四十九条　完全属于下列情形之一，经过及时采取合理措施，仍然不能避免对海洋环境造成污染损害的，免予承担责任：（一）战争；（二）不可抗拒的自然灾害；（三）负责灯塔或者其他助航设备的主管部门，在执行职责时的疏忽，或者其他过失行为。

第五十条　船舶污染事故的赔偿限额依照《中华人民共和国海商法》关于海事赔偿责任限制的规定执行。但是，船舶载运的散装持久性油类物质造成中华人民共和国管辖海域污染的，赔偿限额依照中华人民共和国缔结或者参加的有关国际条约的规定执行。前款所称持久性油类物质，是指任何持久性烃类矿物油。

第五十一条 在中华人民共和国管辖海域内航行的船舶，其所有人应当按照国务院交通运输主管部门的规定，投保船舶油污损害民事责任保险或者取得相应的财务担保。但是，1000总吨以下载运非油类物质的船舶除外。船舶所有人投保船舶油污损害民事责任保险或者取得的财务担保的额度应当不低于《中华人民共和国海商法》、中华人民共和国缔结或者参加的有关国际条约规定的油污赔偿限额。

第五十二条 已依照本条例第五十一条的规定投保船舶油污损害民事责任保险或者取得财务担保的中国籍船舶，其所有人应当持船舶国籍证书、船舶油污损害民事责任保险合同或者财务担保证明，向船籍港的海事管理机构申请办理船舶油污损害民事责任保险证书或者财务保证证书。

第五十三条 发生船舶油污事故，国家组织有关单位进行应急处置、清除污染所发生的必要费用，应当在船舶油污损害赔偿中优先受偿。

第五十四条 在中华人民共和国管辖水域接收海上运输的持久性油类物质货物的货物所有人或者代理人应当缴纳船舶油污损害赔偿基金。船舶油污损害赔偿基金征收、使用和管理的具体办法由国务院财政部门会同国务院交通运输主管部门制定。国家设立船舶油污损害赔偿基金管理委员会，负责处理船舶油污损害赔偿基金的赔偿等事务。船舶油污损害赔偿基金管理委员会由有关行政机关和缴纳船舶油污损害赔偿基金的主要货主组成。

第五十五条 对船舶污染事故损害赔偿的争议，当事人可以请求海事管理机构调解，也可以向仲裁机构申请仲裁或者向人民法院提起民事诉讼。

第八章 法律责任

第五十六条 船舶、有关作业单位违反本条例规定的，海事管理机构应当责令改正；拒不改正的，海事管理机构可以责令停止作业、强制卸载，禁止船舶进出港口、靠泊、过境停留，或者责令停航、改航、离境、驶向指定地点。

第五十七条 违反本条例的规定，船舶的结构不符合国家有关防治船舶污染海洋环境的技术规范或者有关国际条约要求的，由海事管理机构处10万元以上30万元以下的罚款。

第五十八条 违反本条例的规定，有下列情形之一的，由海事管理机构依照《中华人民共和国海洋环境保护法》有关规定予以处罚：（一）船舶未取得并随船携带防治船舶污染海洋环境的证书、文书的；（二）船舶、港口、码头、装卸站未配备防治污染设备、器材的；（三）船舶向海域排放本条例禁止排放的污染物的；（四）船舶未如实记录污染物处置情况的；（五）船舶超过标准向海域排放污染物的；（六）从事船舶水上拆解作业，造成海洋环境污染损害的。

第五十九条 违反本条例的规定，船舶未按照规定在船舶上留存船舶污染物处置记录，或者船舶污染物处置记录与船舶运行过程中产生的污染物数量不符合的，由海事管理机构处2万元以上10万元以下的罚款。

第六十条 违反本条例的规定，船舶污染物接收单位从事船舶垃圾、残油、含油污水、含有毒有害物质污水接收作业，未编制作业方案、遵守相关操作规程、采取必要的防污染措施的，由海事管理机构处1万元以上5万元以下的罚款；造成海洋环境污染的，处5万元以上25万元以下的罚款。

第六十一条 违反本条例的规定，船舶污染物接收单位未按照规定向海事管理机构报告船舶污染物接收情况，或者未按照规定向船舶出具污染物接收单证，或者未按照规定将船舶污染物的接收和处理情况报海事管理机构备案的，由海事管理机构处2万元以下的罚款。

第六十二条 违反本条例的规定，有下列情形之一的，由海事管理机构处2000元以上1万元以下的罚款：（一）船舶未按照规定保存污染物接收单证的；（二）船舶燃油供给单位未如实填写燃油供受单证的；（三）船舶燃油供给单位未按照规定向船舶提供燃油供受单证和燃油样品的；（四）船舶和船舶燃油供给单位未按照规定保存燃油供受单证和燃油样品的。

第六十三条 违反本条例的规定，有下列情形之一的，由海事管理机构处2万元以上10万元以下的罚款：（一）载运污染危害性货物的船舶不符合污染危害性货物适载要求的；（二）载运污染危害性货物的船舶未在具有相应安全装卸和污染物处理能力的码头、装卸站进行装卸作业的；（三）货物所有人或者代理人未按照规定对污染危害性不明的货物进行危害性评估的。

第六十四条　违反本条例的规定，未经海事管理机构批准，船舶载运污染危害性货物进出港口、过境停留或者过驳作业的，由海事管理机构处1万元以上5万元以下的罚款。

第六十五条　违反本条例的规定，有下列情形之一的，由海事管理机构处2万元以上10万元以下的罚款：（一）船舶发生事故沉没，船舶所有人或者经营人未及时向海事管理机构报告船舶燃油、污染危害性货物以及其他污染物的性质、数量、种类、装载位置等情况的；（二）船舶发生事故沉没，船舶所有人或者经营人未及时采取措施清除船舶燃油、污染危害性货物以及其他污染物的。

第六十六条　违反本条例的规定，有下列情形之一的，由海事管理机构处1万元以上5万元以下的罚款：（一）载运散装液体污染危害性货物的船舶和1万总吨以上的其他船舶，其经营人未按照规定签订污染清除作业协议的；（二）污染清除作业单位不符合国家有关技术规范从事污染清除作业的。

第六十七条　违反本条例的规定，发生船舶污染事故，船舶、有关作业单位未立即启动应急预案的，对船舶、有关作业单位，由海事管理机构处2万元以上10万元以下的罚款；对直接负责的主管人员和其他直接责任人员，由海事管理机构处1万元以上2万元以下的罚款。直接负责的主管人员和其他直接责任人员属于船员的，并处给予暂扣适任证书或者其他有关证件1个月至3个月的处罚。

第六十八条　违反本条例的规定，发生船舶污染事故，船舶、有关作业单位迟报、漏报事故的，对船舶、有关作业单位，由海事管理机构处5万元以上25万元以下的罚款；对直接负责的主管人员和其他直接责任人员，由海事管理机构处1万元以上5万元以下的罚款。直接负责的主管人员和其他直接责任人员属于船员的，并处给予暂扣适任证书或者其他有关证件3个月至6个月的处罚。瞒报、谎报事故的，对船舶、有关作业单位，由海事管理机构处25万元以上50万元以下的罚款；对直接负责的主管人员和其他直接责任人员，由海事管理机构处5万元以上10万元以下的罚款。直接负责的主管人员和其他直接责任人员属于船员的，并处给予吊销适任证书或者其他有关证件的处罚。

第六十九条 违反本条例的规定，未按照国家规定的标准使用消油剂的，由海事管理机构对船舶或者使用单位处1万元以上5万元以下的罚款。

第七十条 违反本条例的规定，船舶污染事故的当事人和其他有关人员，未如实向组织事故调查处理的机关或者海事管理机构反映情况和提供资料，伪造、隐匿、毁灭证据或者以其他方式妨碍调查取证的，由海事管理机构处1万元以上5万元以下的罚款。

第七十一条 违反本条例的规定，船舶所有人有下列情形之一的，由海事管理机构责令改正，可以处5万元以下的罚款；拒不改正的，处5万元以上25万元以下的罚款：（一）在中华人民共和国管辖海域内航行的船舶，其所有人未按照规定投保船舶油污损害民事责任保险或者取得相应的财务担保的；（二）船舶所有人投保船舶油污损害民事责任保险或者取得的财务担保的额度低于《中华人民共和国海商法》、中华人民共和国缔结或者参加的有关国际条约规定的油污赔偿限额的。

第七十二条 违反本条例的规定，在中华人民共和国管辖水域接收海上运输的持久性油类物质货物的货物所有人或者代理人，未按照规定缴纳船舶油污损害赔偿基金的，由海事管理机构责令改正；拒不改正的，可以停止其接收的持久性油类物质货物在中华人民共和国管辖水域进行装卸、过驳作业。货物所有人或者代理人逾期未缴纳船舶油污损害赔偿基金的，应当自应缴之日起按日加缴未缴额的万分之五的滞纳金。

第九章 附 则

第七十三条 中华人民共和国缔结或者参加的国际条约对防治船舶及其有关作业活动污染海洋环境有规定的，适用国际条约的规定。但是，中华人民共和国声明保留的条款除外。

第七十四条 县级以上人民政府渔业主管部门负责渔港水域内非军

事船舶和渔港水域外渔业船舶污染海洋环境的监督管理，负责保护渔业水域生态环境工作，负责调查处理《中华人民共和国海洋环境保护法》第五条第四款规定的渔业污染事故。

第七十五条　军队环境保护部门负责军事船舶污染海洋环境的监督管理及污染事故的调查处理。

第七十六条　本条例自 2010 年 3 月 1 日起施行。1983 年 12 月 29 日国务院发布的《中华人民共和国防止船舶污染海域管理条例》同时废止。

第三篇　案例篇

典型案例1 占用基本农田发展林果业合同无效
——阳谷某专业合作社诉郭某义土地承包经营权合同纠纷案

【基本案情】

2020年10月16日，原告阳谷某专业合作社与被告郭某义签订协议书，约定：原告把流转土地承包给被告共计100亩，被告每年支付给原告承包费每亩650元；原告免费给被告提供梨树苗、花椒苗，由被告种植，被告保证90%的成活率；三年后被告种植的梨树、花椒树，属于原、被告双方，以后费用由双方共同承担；被告不得改变种植，保证树的成活率，否则包赔损失，原告有权收回承包土地等。山东省高级人民法院再审查明，案涉土地为基本农田，而阳谷某专业合作社与郭某义签订协议，把100亩基本农田承包给郭某义，用来种植梨树苗、花椒树苗，协议的内容和目的系种植树苗发展经济，事实上已经改变了土地的耕种用途，明显违反国家法律的禁止性规定，属无效协议；原审认定协议有效，系适用法律错误，依法纠正。

【典型意义】

粮食安全尤为重要，耕地保护是关乎吃饭的大事。我国实行基本农田保护制度，法律禁止占用基本农田发展林果业，明确土地经营权流转不得改变土地所有权的性质和土地的农业用途，不得破坏农业综合生产能力和农业生态环境。本案的农村土地流转合同约定改变基本农田农业种植用途，违反法律禁止性规定，合同无效。合同被确认无效后，各方当事人均有过错的，根据过错程度各自承担相应责任。

【关联法条索引】

《中华人民共和国土地管理法》第三十七条第三款 禁止占用永久基本农田发展林果业和挖塘养鱼。

《中华人民共和国农村土地承包法》第三十八条第（二）项 "土地

经营权流转应当遵循的原则" 土地经营权流转不得改变土地所有权的性质和土地的农业用途，不得破坏农业综合生产能力和农业生态环境。

《基本农田保护条例》第十七条第二款 禁止任何单位和个人占用基本农田发展林果业和挖塘养鱼。

典型案例2　约定在自然保护区内开采矿产资源的合同无效
——某矿业公司诉某电力公司、某煤业公司合同纠纷案

【基本案情】

2015年9月14日，宁夏回族自治区林业厅对某煤业公司发出《责令停止违法行为通知书》，责令其立即停止违法行为，限期恢复原状。2015年12月19日，宁夏贺兰山国家级自然保护区管理局作出《关于某煤业公司申请恢复生产的复函》，认为某煤业公司在贺兰山自然保护区核心区内开采与《中华人民共和国自然保护区条例》和宁夏回族自治区人民政府通告的有关规定不符。2016年3月19日，宁夏回族自治区人民政府办公厅下发《关于印发宁夏贺兰山国家级自然保护区总体整治方案的通知》，要求某煤业公司矿井于2016年5月20日前停产，于2018年12月31日前关闭并退出贺兰山自然保护区，拆除生产设施设备。但某矿业公司、某电力公司、某煤业公司在明知沙巴台矿区处于贺兰山国家级自然保护区核心区，生产经营活动已按国家有关政策规定停止的情况下，于2016年12月5日签订《合同变更协议》，对处于自然保护区核心区内的煤炭资源开发事项重新约定合同履行主体、价款、支付方式和期限等内容。

最高人民法院作出民事裁定，二审判决根据以上事实认定案涉《合同变更协议》违反法律、行政法规的强制性规定，损害社会公共利益，认定为无效合同并无不当，驳回某矿业公司的再审申请。

【典型意义】

自然保护区是我国自然保护地体系的重要组成部分。自然保护地是生态建设的核心载体、中华民族的宝贵财富、美丽中国的重要象征，在

维护国家生态安全中居于首要地位，2021年2月《最高人民法院最高人民检察院关于执行〈中华人民共和国刑法〉确定罪名的补充规定（七）》也规定了破坏自然保护地罪罪名。本案当事人签订在自然保护区内开采矿产资源的合同，违反法律、行政法规的强制性规定、损害社会公共利益，应当无效。

【关联法条索引】

《最高人民法院关于适用〈中华人民共和国民法典〉时间效力的若干规定》第一条第二款　民法典施行前的法律事实引起的民事纠纷案件，适用当时的法律、司法解释的规定，但是法律、司法解释另有规定的除外。

《中华人民共和国合同法》第五十二条第五款　有下列情形之一的，合同无效：……（五）违反法律、行政法规的强制性规定。

【法条变迁】《中华人民共和国民法典》第一百五十三条

《中华人民共和国自然保护区条例》第二十六条　禁止在自然保护区内进行砍伐、放牧、狩猎、捕捞、采药、开垦、烧荒、开矿、采石、挖沙等活动；但是，法律、行政法规另有规定的除外。

《中华人民共和国自然保护区条例》第三十二条第一款　在自然保护区的核心区和缓冲区内，不得建设任何生产设施。……

典型案例3　破坏自然遗迹损害公共利益担责不以主观故意为前提

——江西省上饶市人民检察院诉张某明、张某、毛某明生态破坏民事公益诉讼案

【基本案情】

2017年4月，被告张某明、张某、毛某明约定前往三清山风景名胜区攀爬"巨蟒出山"岩柱体（又称巨蟒峰）。2017年4月15日凌晨4时，三人携带电钻、岩钉、铁锤、绳索等工具到达巨蟒峰底部。在攀爬过程中，被告在有危险的地方打岩钉，使用电钻在巨蟒峰岩体上钻孔，再用铁锤将岩钉打入孔内，用扳手拧紧，然后在岩钉上布绳索。后经现场勘

查，被告在巨蟒峰上打入岩钉26枚。2018年3月28日，江西财经大学专家组针对三人攀爬巨蟒峰时打入的26枚岩钉对巨蟒峰乃至三清山风景名胜区造成的损毁进行价值评估，评估结果为：三名当事人的行为对巨蟒峰作为世界自然遗产的存在造成了极大的负面影响，加速了山体崩塌的可能性，此次"巨蟒峰案的价值损失评估值"不应低于该事件对巨蟒峰非使用价值造成的损失最低阈值，即1190万元。

法院裁判认为：三人的行为对巨蟒峰自然遗迹的损害，属于生态环境资源保护领域损害社会公共利益的行为，检察机关请求三被告依法承担破坏自然遗迹、对风景名胜造成的生态环境损害的赔偿责任，应予支持。综合考虑本案的法律、社会、经济因素，结合三被告已被追究刑事责任的情形、本案查明的事实、当事人的过错程度、当事人的履行能力、当地的经济发展水平等，酌定赔偿金额为600万元。江西省上饶市中级人民法院一审判决：三被告在全国性媒体上刊登公告向社会公众赔礼道歉，连带赔偿环境资源损失计人民币600万元用于公共生态环境保护和修复、赔偿公益诉讼起诉人上饶市检察院支出的专家费15万元。后江西省高级人民法院二审终审判决：驳回上诉，维持原判。

【典型意义】

自然资源是生存之基、发展之要、民生之本、生态之依，对国家自然资源的破坏即是对国家生态安全的破坏。我国法律明确将自然遗迹、风景名胜区作为环境要素加以保护，规定一切单位和个人都有保护环境的义务，因破坏生态环境造成损害的，应当承担侵权责任。巨蟒峰作为独一无二的自然遗迹，是不可再生的珍稀自然资源型资产。张某明等人虽然主观没有过错也没有造成巨蟒峰的严重损毁，但事实上三人的行为已给巨蟒峰造成不可修复的永久性伤害，损害了社会公共利益，构成共同侵权。

【关联法条索引】

《中华人民共和国宪法》第二十六条第一款　国家保护和改善生活环境和生态环境，防治污染和其他公害。

《中华人民共和国环境保护法》第二条　本法所称环境，是指影响人类生存和发展的各种天然的和经过人工改造的自然因素的总体，包括大气、水、海洋、土地、矿藏、森林、草原、湿地、野生生物、自然遗迹、人文遗迹、自然保护区、风景名胜区、城市和乡村等。

《最高人民法院关于审理环境民事公益诉讼案件适用法律若干问题的解释》第二十三条 生态环境修复费用难以确定或者确定具体数额所需鉴定费用明显过高的，人民法院可以结合污染环境、破坏生态的范围和程度，生态环境的稀缺性，生态环境恢复的难易程度，防治污染设备的运行成本，被告因侵害行为所获得的利益以及过错程度等因素，并可以参考负有环境资源保护监督管理职责的部门的意见、专家意见等，予以合理确定。

典型案例4 为强制性标准进行环保技术改造不属于可抵扣损害赔偿金范围
——重庆市人民检察院第五分院诉重庆YH电力设备制造有限公司等环境污染民事公益诉讼案

【基本案情】

重庆市PZ化工有限公司（以下简称PZ公司）、重庆YH电力设备制造有限公司（以下简称YH公司）、重庆ST铁塔制造有限公司（以下简称ST公司）均无危险废物经营资质。2015年4月10日，PZ公司分别与YH公司、ST公司签订合同，约定PZ公司以420元/吨的价格向YH公司、ST公司出售盐酸，由PZ公司承担运费。前述价格含销售盐酸的价格和PZ公司将废盐酸运回进行处置的费用。2015年7月始，PZ公司将废盐酸从YH公司、ST公司运回后，将废盐酸直接非法排放。2015年7月至2016年3月，PZ公司非法排放废盐酸累计至少达717.14吨，造成跳蹬河受到污染。但本次污染事件发生后，YH公司和ST公司投入资金开展酸雾收集、助镀槽再生系统等多个方面的技术改造，环境保护水平有所提升。

重庆市高级人民法院二审判决：PZ公司赔偿因非法排放废盐酸产

生的生态环境修复费用6479360元、技术咨询费5000元，合计6484360元；YH公司、ST公司对PZ公司应承担的生态环境损害赔偿金分别承担3242180元的连带清偿责任，在向法院提供有效担保后分三期支付；如YH公司、ST公司在本判决生效后实施技术改造，在相同产能的前提下明显减少危险废物的产生或降低资源的消耗，且未因环境违法行为受到处罚，其已支付的技术改造费用可以凭技术改造效果评估意见和具有法定资质的中介机构出具的技术改造投入资金审计报告，可在支付第三期款项时申请抵扣；PZ公司、YH公司和ST公司在重庆市市级以上媒体向社会公众赔礼道歉。

最高院发布的该则指导案例亦明确，为达到环境影响评价要求、排污许可证设定的污染物排放标准或者履行其他生态环境保护法律法规规定的强制性义务而实施环保技术改造发生的费用，侵权人申请抵扣其应承担的生态环境损害赔偿金的，人民法院不予支持。

【典型意义】

环保意识和环保技术的提升是保障生态安全的基础。本案中，YH公司、ST公司作为危险废物的生产者，却将涉案危险废物交由未取得危险废物经营许可证的PZ公司处置，违反了危险废物污染防治的法定义务。在环境民事公益诉讼案件中，既要确保受损的生态环境得到及时有效修复，又要给予正确面对自身环境违法行为、愿意积极承担环境法律责任的企业继续合法生产经营的机会，通过督促引导环境侵权人实施环境修复，鼓励企业走生态安全优先、绿色和谐发展的道路。

【关联法条索引】

《中华人民共和国固体废物污染环境防治法》（2015年修正）第五十七条　从事收集、贮存、处置危险废物经营活动的单位，必须向县级以上人民政府环境保护行政主管部门申请领取经营许可证；从事利用危险废物经营活动的单位，必须向国务院环境保护行政主管部门或者省、自治区、直辖市人民政府环境保护行政主管部门申请领取经营许可证。

典型案例5 非法采砂犯罪还应承担生态环境损害赔偿责任
——湖南省益阳市人民检察院诉夏某某等15人生态破坏民事公益诉讼案

【基本案情】

2016年6月至11月，夏某某等人为牟取非法利益，分别驾驶九江采158号、湘沅江采1168号、江苏籍999号等采砂船至洞庭湖下塞湖区域非规划区非法采砂，非法获利2243.333万元。夏某某等人的非法采砂行为构成非法采矿罪，被相关刑事生效判决予以认定。2019年7月，湖南省益阳市人民检察院提起民事公益诉讼。湖南省环境保护科学研究院生态环境损害司法鉴定中心按照全面赔偿原则，对非法采砂行为所导致的采砂区域河床、水源涵养、生物栖息地、鱼虾生物资源、水环境质量等遭受的破坏进行全方位的鉴定，根据抽取砂土总量、膨胀系数、水中松散砂土的密度、含水比例，以及洞庭湖平均鱼类资源产量等指标量化了各类损失程度。

湖南省益阳市中级人民法院判令被告夏某某对非法采砂造成的采砂水域河床原始结构、水源涵养量修复费用865.61万元、水生生物资源修复费用7.969万元，共计873.579万元生态环境修复费用承担赔偿责任；其他14名被告依据其具体侵权行为分别在824万元至3.8万元不等范围内承担连带责任；涉案15人就非法采矿行为在国家级媒体公开赔礼道歉。后湖南省高级人民法院作出二审生效判决：驳回上诉，维持原判。

【典型意义】

矿产资源的合理开发利用对国家经济社会发展具有重要战略意义，我国法律规定矿产资源属于国家所有，开采矿产资源必须依法申请许可证。夏某某等15人挖取的砂石系国家矿产资源，未依法获得许可，被认定为非法采砂。矿产资源兼具经济属性和生态属性，重视矿产资源的经济价值保护的同时，也应当关注矿产资源生态价值救济。非法采砂行为不仅造成国家资源损失，还对生态环境造成损害，致使国家利益和社会公共利益遭受损失。为此，非法采砂违法犯罪行为不仅需要依法承担刑事责任，还应当依法承担生态环境损害赔偿民事责任。

【关联法条索引】

《中华人民共和国环境保护法》第六十四条　因污染环境和破坏生态造成损害的，应当依照《中华人民共和国侵权责任法》的有关规定承担侵权责任。

《中华人民共和国侵权责任法》第八条　二人以上共同实施侵权行为，造成他人损害的，应当承担连带责任。

【法条变迁】《中华人民共和国民法典》第一千一百六十八条

《最高人民法院关于审理环境民事公益诉讼案件适用法律若干问题的解释》第二十条第二款　人民法院可以在判决被告修复生态环境的同时，确定被告不履行修复义务时应承担的生态环境修复费用；也可以直接判决被告承担生态环境修复费用。

典型案例6　环卫作业取水应办理取水许可证并缴纳水资源税费

——河北省安新县人民检察院诉河北省安新县水利局履行法定职责行政公益诉讼案

【基本案情】

保定某公司是一家承担雄安新区安新县道路清扫、洒水作业的专门公司，其开挖自备井供洒水车取水依法应当取得取水许可证。但从2014年至2018年，该公司取水过程属于无证作业，且未依规缴纳水资源费税，故安新县人民检察院督促安新县水利局切实履行职责，针对该公司加强水资源监管，追缴欠缴的水资源费税。在检察机关发出检察建议后，安新县水利局仍未引起足够重视，监管不力，安新县人民检察院遂提起行政公益诉讼，诉请法院判决确认该局对保定某公司未申办取水许可证、安装水计量措施的监管缺失的行为违法，并责令该局依法追缴该公司未缴纳的水资源费税。

河北省安新县人民法院作出判决：确认被告安新县水利局对第三人保定某公司未申办取水许可证、安装水计量措施，监管缺失的行为违法；

责令被告安新县水利局于本判决生效后对第三人保定某公司未履行的（安水）责缴字〔2019〕第01号责令缴纳水资源费通知书所确定的义务，继续履行监督、管理的法定职责；驳回公益诉讼起诉人安新县人民检察院其他诉讼请求。一审判决之后，安新县水利局未提出上诉，并按照判决内容切实履行了相关职责。

【典型意义】

取水许可管理是我国水资源管理的重要组成部分，是保障水资源合理利用和保护水环境安全的重要方式。通过取水许可管理，可以控制水资源的开发和利用，保障水资源的可持续利用，促进经济社会的可持续发展。负有水行政监督管理职责的行政执法部门应当依法履职尽责，依法规范取用水秩序，落实水资源管理制度。本案作为行政公益诉讼的公益特殊性，判断行政机关依法履职的标准应为国家和社会公共利益的受侵害状态是否已经消除。在检察建议书限定的两个月期限届满后，被告既不回复也未依法履行法定职责督促保定某公司申领取水证、安装水计量措施，为此存在监管缺失的行为违法。

【关联法条索引】

《中华人民共和国水法》第七条 国家对水资源依法实行取水许可制度和有偿使用制度。但是，农村集体经济组织及其成员使用本集体经济组织的水塘、水库中的水的除外。国务院水行政主管部门负责全国取水许可制度和水资源有偿使用制度的组织实施。

《中华人民共和国水法》第十二条第四款 县级以上地方人民政府水行政主管部门按照规定的权限，负责本行政区域内水资源的统一管理和监督工作。

《中华人民共和国水法》第七十条 拒不缴纳、拖延缴纳或者拖欠水资源费的，由县级以上人民政府水行政主管部门或者流域管理机构依据职权，责令限期缴纳；逾期不缴纳的，从滞纳之日起按日加收滞纳部分千分之二的滞纳金，并处应缴或者补缴水资源费一倍以上五倍以下的罚款。

《取水许可和水资源费征收管理条例》第二条第一款和第二款 本条

例所称取水，是指利用取水工程或者设施直接从江河、湖泊或者地下取用水资源。

取用水资源的单位和个人，除本条例第四条规定的情形外，都应当申请领取取水许可证，并缴纳水资源费。

《取水许可和水资源费征收管理条例》第二十三条第二款 直接利用已有的取水工程或者设施取水的，经审批机关审查合格，发给取水许可证。

典型案例7 矿业权价值评估应以评审备案的勘查报告为基本依据

——某矿业公司诉某铁路公司、铁路某局、某项目部、某指挥部财产损害赔偿纠纷案

【基本案情】

2010年10月，某铁路公司与铁路某局签订协议，约定某铁路公司委托铁路某局代建新建张唐铁路。张唐铁路建设项目依规办理了各种压覆矿产审批手续后，于2015年12月30日建设完成并开通运营。某矿业公司是大西沟铁矿的采矿权人，该公司以张唐铁路压覆了大西沟铁矿为由，诉至法院要求某铁路公司、铁路某局等四被告对压覆造成的损失承担赔偿责任。诉讼中双方对压覆采矿权补偿价值发生争议。经法院委托，某地质工程设计研究院对压覆大西沟铁矿矿产资源储量进行评估鉴定。鉴定程序中，经鉴定机构某地质工程设计研究院及某铁路公司申请，法院向原承德市国土资源局调取了经评审备案的《大西沟铁矿资源储量核实报告》（以下简称《核实报告》）及相关备案、评审资料。

法院裁判认为，某铁路公司作为张唐铁路的建设单位已依法履行了矿业权压覆审批手续，案涉压覆行为不具侵权违法性，系合法压覆，但须依法给予被压覆矿业权人相应的补偿。原国土资源部下发的"137号文"第四条第三项规定："建设项目压覆已设置矿业权矿产资源的，新的土地使用权人还应同时与矿业权人签订协议，协议应包括矿业权人同意放弃被压覆矿区范围及相关补偿内容。"该规范性文件确立了矿业权压覆补偿

范围原则上应包括的损失项目，尽管没有排除其他可能的损失，但蕴含着以直接损失为补偿的一般原则。此外，矿产资源储量评审备案是自然资源主管部门落实矿产资源国家所有的法律要求、履行矿产资源所有者职责，作为国家管理矿产资源重要依据的行政行为。案涉《核实报告》系经过当地自然资源主管部门的评审备案，真实性可以确认。而某矿业公司主张应作为采矿权价值评估依据的《详查报告》系其单方委托勘探机构作出的，尚未依法报经自然资源主管部门评审备案并取得新的储量备案登记证书。故，北京市高级人民法院一审判决：某铁路公司支付某矿业公司采矿权价值损失9022600元、设备设施投入损失43359650元、勘查投资费用损失1000000元、压覆停产裁员补偿损失500000元、压覆停产的维持费用1000000元，驳回某矿业公司其他诉讼请求。后最高人民法院作出终审判决：驳回上诉，维持原判。

【典型意义】

矿产资源储量评审备案制度是政府保障国家投资安全，掌握资源家底和维护矿产资源国家所有者权益的基本手段之一，系由自然资源主管部门落实矿产资源国家所有的法律要求、履行矿产资源所有者职责，依申请对申请人申报的矿产资源储量进行审查确认，纳入国家矿产资源实物账户，作为国家管理矿产资源重要依据的行政行为。为此，矿业权价值评估应以经主管部门评审备案的勘查报告为基本依据。

【关联法条索引】

《中华人民共和国矿产资源法》第三十三条 在建设铁路、工厂、水库、输油管道、输电线路和各种大型建筑物或者建筑群之前，建设单位必须向所在省、自治区、直辖市地质矿产主管部门了解拟建工程所在地区的矿产资源分布和开采情况。非经国务院授权的部门批准，不得压覆重要矿床。

《中华人民共和国物权法》第一百二十三条 依法取得的探矿权、采矿权、取水权和使用水域、滩涂从事养殖、捕捞的权利受法律保护。

【法条变迁】《中华人民共和国民法典》第三百二十九条

典型案例8   产能指标置换纠纷应兼顾政策性、有偿性与公益性

——贵州某电力燃料开发有限公司、国家电投集团某产业有限公司诉宁夏某煤业有限公司合同纠纷案

【基本案情】

2017年8月，国家电投集团贵州某元股份有限公司所属煤矿企业的贵州8家案涉煤矿（该八家煤矿的采矿权人为贵州某电力燃料开发有限公司及国家电投集团某产业有限公司）与国家电投集团宁夏某铝业有限公司（以下简称宁夏某铝业公司）签订《产能置换指标转让合同》，约定贵州退出煤矿8处，总计退出产能330万吨/年，根据国家相关文件折算后取得产能置换指标219万吨/年，该219万吨/年的产能置换指标以111元/吨的交易价格（总计24309万元）出让给宁夏某铝业公司，用于宁夏某铝业公司某一煤矿产能置换，合同约定最终交易指标以国家能源局认可的指标数量为准。

2018年，煤炭产业政策调整，已审核确认的新建煤矿（含未批先建煤矿）产能置换方案，实际关闭退出产能（含核减产能）大于新增产能部分，可用于其他建设煤矿（含未批先建煤矿）产能置换，不再进行折算。为此，宁夏某煤业有限公司编制《某二煤矿产能置换方案》，将已审核确认的某一煤矿产能置换方案取得置换产能中大于新增产能的部分用于某二煤矿产能置换（开办），获国家能源局批准。2019年6月，案涉八矿与宁夏某煤业有限公司签订《补充协议》，载明：某一煤矿产能置换方案涉及的贵州5处煤矿领用了国家奖补资金，按照规定，该5处煤矿用于某一煤矿产能置换的产能合计174万吨/年，只能按30%比例折算产能置换指标。后双方对案涉8家煤矿最终的产能指标交易价款发生争议。

生效裁判认为，案涉某二煤矿的成功开办，是宁夏某煤业有限公司在宏观政策调整的大背景下，以贵州8处煤矿及新疆案涉煤矿的关闭退出产能为客观前提，且双方当事人虽就产能置换指标的数量在2019年《补充协议》中进行了变更，但未在《补充协议》中就最终价款达成一致；在没有明确法律规定及交易习惯的情况下，对某一煤矿的产能置换指标转让价款应按照2019年的补充协议的约定计算。鉴于某二煤矿开办系因

合同签订后尚未履行完毕前政策发生调整，且客观上确实利用了贵州8处煤矿的退出产能，故考量贵州8处煤矿实际关闭退出产能对某二煤矿成功开办存在贡献度的情况，由被告对原告作出适当补偿，作为贵州8处煤矿退出产能整体交易对价的补充。

贵州省高级人民法院作出二审判决：撤销一审判决，改判宁夏某煤业有限公司支付贵州某电力燃料开发有限公司、国家电投集团某产业有限公司转让款71428500元及相应逾期付款利息；支付贵州某电力燃料开发有限公司、国家电投集团某产业有限公司补偿款4500万元及逾期付款利息。

【典型意义】

节能降碳是积极稳妥推进碳达峰碳中和、全面推进美丽中国建设、促进经济社会发展全面绿色转型的重要举措。全国碳市场是我国控制温室气体排放、落实碳达峰碳中和目标的重要政策工具，涉产能指标置换纠纷属于"双碳"领域中涉产业和能源结构调整的新类型案件，具有政策性、有偿性、公益性法律特征。对于此类纠纷的处理，应当把握以下三个基本原则：第一，尊重国家"双碳"目标政策的整体要求；第二，综合考虑国家产业政策变迁对案涉合同进行解释，以整体探究当事人订立合同时的真意；第三，必须兼顾产能退出方与产能新增方之间的权利义务平衡。

【关联法条索引】

《中华人民共和国环境保护法》第六条第一款 沿海县级以上地方人民政府可以建立海洋环境保护区域协作机制，组织协调其管理海域的环境保护工作。

典型案例9 海洋环境污染"污染物"不限于国家或地方标准列举物质

——吕某1等79人诉山海关船舶重工有限责任公司海上污染损害责任纠纷案

【基本案情】

2010年8月2日上午，秦皇岛山海关老龙头东海域海水出现异常。根据现场巡查情况，海水呈红褐色、浑浊。秦皇岛市环境保护局的工作人员同时对海水进行取样监测，并于8月3日作出《监测报告》。大连海事大学海事司法鉴定中心对污染源进行分析，通过排除赤潮、大面积的海洋溢油等污染事故，推测出污染海水源地系某重工公司，泄漏时间约在2010年8月2日北京时间00时至04时。吕某1等79人诉至法院，以某重工公司排放的大量红色污水造成扇贝大量死亡，使其受到重大经济损失为由，请求判令该公司赔偿。但该公司主张，《鉴定意见》采用的评价标准中不存在对海水中铁含量的规定和限制，故铁含量不是评价海水水质的标准；且即使铁含量是标准之一，其达到多少才能构成污染损害亦无相关指标。

法院认为，《中华人民共和国海洋环境保护法》明确规定，只要行为人将物质或者能量引入海洋造成损害，即视为污染；《中华人民共和国侵权责任法》第六十五条亦未将环境污染责任限定为排污超过国家标准或者地方标准。本案出具《鉴定意见》的鉴定人具备海洋污染鉴定专业知识，作出涉案海域水质中铁物质对渔业和养殖水域危害程度较大的评价具有科学性，应当作为认定涉案海域被铁物质污染的依据。至此，王某某等21人已完成海上污染损害赔偿纠纷案件的证明责任。遂天津市高级人民法院作出二审判决，判令某重工公司赔偿王某某等21人养殖损失共计1377696元，驳回吕某1等79人的其他诉讼请求。

【典型意义】

保护好海洋生态环境，对保障国家生态安全、促进海洋可持续发展、实现人海和谐共生具有重要作用。根据海洋环境保护法等有关规定，海洋环境污染中的"污染物"不限于国家或者地方环境标准明确列举的物质。本案中，污染者向海水水域排放未纳入国家或者地方环境标准的含有铁物质等成分的污水，造成渔业生产者养殖物损害，污染者应当承担环境侵权责任。

【关联法条索引】

《中华人民共和国侵权责任法》第六十六条　因污染环境发生纠纷，污染者应当就法律规定的不承担责任或者减轻责任的情形及其行为与损害之间不存在因果关系承担举证责任。

【法条变迁】《中华人民共和国民法典》第一千二百三十条

《中华人民共和国海洋环境保护法》第九十五条第（一）项 海洋环境污染损害，是指直接或者间接地把物质或者能量引入海洋环境，产生损害海洋生物资源、危害人体健康、妨害渔业和海上其他合法活动、损害海水使用素质和减损环境质量等有害影响。

【法条变迁】《中华人民共和国海洋环境保护法》（2023年修订）第一百二十条第一款第（一）项

典型案例10 不具备相应资质的施工人签订的涉海工程建设合同无效

——江苏某工程公司诉上海某风电公司、深圳某担保公司建设工程合同纠纷案

【基本案情】

2021年6月，原告江苏某工程公司因海上风电项目风机安装工程施工建设需要，计划使用被告上海某风电公司船舶设备配合其施工，双方签订《工程施工合同》。被告深圳某担保公司接受被告上海某风电公司的委托向原告出具预付款保函后，原告向被告上海某风电公司预付施工费500万元。8月，上海某风电公司用于施工的"晟治1"轮到达风场外围，但该轮实际施工配置不符合技术要求，上海某风电公司虽作出多次承诺，"晟治1"轮始终不能满足海上风机吊装需求。9月，上海某风电公司向原告申请解除案涉合同。因上海某风电公司一直未退款，原告诉至法院。被告上海某风电公司辩称，企业必须具备港口与海岸工程专业一级资质才可以从事海上风电安装工程，该公司不具备该一级资质。

南京海事法院认为，我国《建筑法》对建筑施工企业实行强制性资质管理制度。承包人未取得建筑业企业资质或者超越资质等级的，应当依法认定无效。遂作出判决：被告上海某风电公司于本判决发生法律效力之日起十日内返还原告江苏某工程公司预付款500万元；驳回原告的其余诉讼请求。宣判后，双方均未提起上诉。

【典型意义】

海上风电作为新能源使沿海地区实现绿色电力、就近生产，降低用能成本，为我国的经济增长和产业升级提供支撑；同时，进一步开发的深远海风电，还可巩固海上主权，促进海洋富国与海洋强国相统一。但相较于陆上风电，海上风电设施架设成本更高，施工难度更大。建设工程质量是工程建设的生命，施工企业的建筑施工能力是保证建设工程质量的前提条件，施工单位必须具备相应资质和施工能力方可进行海上风电、海岸与近海等工程建设施工，不具备相应资质的施工人签订的涉海工程建设合同无效。

【关联法条索引】

《中华人民共和国民法典》第七百九十一条第三款　禁止承包人将工程分包给不具备相应资质条件的单位。禁止分包单位将其承包的工程再分包。建设工程主体结构的施工必须由承包人自行完成。

《最高人民法院关于审理建设工程施工合同纠纷案件适用法律问题的解释（一）》第一条第一款　建设工程施工合同具有下列情形之一的，应当依据民法典第一百五十三条第一款的规定，认定无效：（一）承包人未取得建筑业企业资质或者超越资质等级的。